职业院校
体育与健康教程

主　编◎郭　娟　段晶晶　鲍　丰
副主编◎李谷兴　董　薇　邸晓朋　任晓灿　张博文
参　编◎赵森泉　代学钢　王学通　柴　然　王佳伟
安玉瑶　辛　恬　马小龙　徐亚北

同济大学出版社
TONGJI UNIVERSITY PRESS
·上海·

内 容 提 要

本书结合高等职业院校体育教学的实际情况，落实立德树人根本任务，旨在引导学生树立正确的体育与健康观念，培养积极参与体育锻炼的习惯，促进学生身心全面发展。本书内容丰富，涵盖认识体育与健康、认识体能与职业体能训练、科学健身和体重管理、球类运动、民族传统体育、田径运动和健身健美与休闲运动七个方面。本书特色鲜明，将思想政治教育融入教学内容，弘扬中华优秀传统文化，注重理论与实践相结合，强调团队合作与社交能力培养。通过学习本书，学生不仅能提升体育素养和健康水平，还能增强文化自信、团队协作能力和自主学习能力，为未来的职业生涯和个人发展奠定坚实基础。

本书可作为高等职业院校各专业学生的体育教材，也可作为体育运动爱好者入门学习的参考书。

图书在版编目（CIP）数据

职业院校体育与健康教程 / 郭娟，段晶晶，鲍丰主编；李谷兴等副主编. -- 上海：同济大学出版社，2025. 8. -- ISBN 978-7-5765-1753-8

Ⅰ. G807.4；G647.9

中国国家版本馆 CIP 数据核字第 2025P2E965 号

职业院校体育与健康教程

主编 郭 娟 段晶晶 鲍 丰

副主编 李谷兴 董 薇 邸晓朋 任晓灿 张博文

责任编辑 张 莉 **助理编辑** 竺奕辰 **责任校对** 徐逢乔 **封面设计** 党 凡

出版发行 同济大学出版社 www.tongjipress.com.cn

（地址：上海市四平路 1239 号 邮编 200092 电话 021-65985622）

经　销 全国各地新华书店

印　刷 启东市人民印刷有限公司

开　本 787mm×1092mm 1/16

印　张 18

字　数 371 000

版　次 2025 年 8 月第 1 版

印　次 2025 年 8 月第 1 次印刷

书　号 ISBN 978-7-5765-1753-8

定　价 45.00 元

前言 PREFACE

2016年10月25日，中共中央、国务院发布了《“健康中国2030”规划纲要》，明确提出“将健康教育纳入国民教育体系”，全方位、全周期保障人民健康。体育作为健康生活的重要组成部分，其战略地位得到空前提升。教育部也多次强调高校体育教育的重要性，要求各高校加强体育课程建设、提升体育教学质量，增强学生的体质，提升学生的健康水平。随着生活水平的提高，人们对健康的重视程度越来越高。大学生作为未来的栋梁，其健康状况不仅关乎个人的成长和发展，也直接影响国家的未来竞争力。因此，培养大学生的健康意识和运动习惯已成为全社会的共同期待。

对于职业院校的学生而言，掌握科学的体育知识，树立健康理念，不仅有助于提升自身的身体素质和运动能力，更能为未来的职业生涯和个人发展奠定坚实的基础。基于这一目标，我们精心编写了《职业院校体育与健康教程》，旨在引导学生树立正确的体育与健康观念，养成积极参与体育锻炼的习惯，促进学生身心全面发展。

本书在参考、借鉴部分同类书籍的基础上，形成了自己的编写特色。

1. 立德树人，弘扬中华优秀传统文化

党的二十大报告指出，育人的根本在于立德。本书将思政教育元素融入具体的教学内容，旨在潜移默化地对学生的思想意识、行为举止产生影响。为此，本书设置“楷模风范”模块，通过介绍体育模范人物事迹，培养学生追求卓越、不断进步、坚韧不拔的精神；结合中国丰富的民族传统体育资源，将武术、八段锦等传统体育项目纳入本书，通过介绍民族传统体育项目的历史背景、动作技术和文化内涵，激发学生对中华优秀传统文化的热爱，传承和弘扬优秀传统文化，增强学生的文化自信和民族自豪感。

2. 理论与实践相结合

本书不仅涵盖体育与健康的基本理论知识，还注重实践操作技能的培养。本书将理论学习与实践操作有机结合，帮助学生更好地理解和应用所学知识。例如，每一章都设计了“实训营”环节，鼓励学生将理论知识转化为实际能力。

3. 以“健康第一”为指导思想

本书以“健康第一”为指导思想，强调体育与健康的深度融合，注重培养学生的健康意识和自我管理能力。内容涵盖科学健身、体重管理、运动损伤预防等多个方面，帮助学

生树立全面的健康观念，促进身心协调发展。

4. 紧跟时代潮流，引入时尚体育项目

本书紧跟时代发展，引入时尚体育项目，如瑜伽、花样跳绳等，提升教材的趣味性和吸引力。这些时尚体育项目不仅具有较高的趣味性，还能满足学生多样化的运动需求，激发学生对体育运动的热情。

5. 强调团队合作精神与社交能力的培养

球类运动、团队体能训练等活动有利于培养学生的团队合作精神和社交能力。本书设计了丰富的团队活动和比赛项目，鼓励学生在合作中学习、在竞争中成长，提升团队合作精神和集体荣誉感。

6. 丰富的数字资源

本书融入“互联网 +”思维，打造立体化教材，大力开发数字化资源。书中的二维码使学生可以随时随地扫码学习，凸显现代化学习方式的互动性、移动性、随时性，以提高学生自主学习的积极性。

本书由郭娟、段晶晶、鲍丰任主编，李谷兴、董薇、邸晓朋、任晓灿、张博文任副主编，赵森泉、代学钢、王学通、柴然、王佳伟、安玉瑶、辛恬、马小龙、徐亚北参与编写工作。

本书在编写过程中，参考、借鉴了部分专家学者的研究成果，在此对这些专家学者表示由衷的感谢。由于编者水平有限，书中难免会存在不足之处，敬请广大读者批评指正，以便日后修订完善，不胜感激！

编　者

2025 年 3 月

目录 CONTENTS

第一章　认识体育与健康

学习目标

知识目标

1. 掌握体育、健康的概念和身体健康的标准。
2. 掌握科学锻炼的方法，熟悉体育运动对身体健康和心理健康的影响。
3. 了解常见的运动损伤类别及应急处理方法。

能力目标

1. 提高体育运动时的安全意识和针对意外损伤的处理能力。
2. 增强体质，促进身心健康，全面发展。

素质目标

1. 享受体育乐趣，保持积极的精神状态，树立终身体育的观念。
2. 科学锻炼，养成健康的生活方式。

第一节 体育概述

一、体育的概念

“体育”是一个专业术语，其作为人类的一种社会活动早已存在。据资料记载，“体育”一词最早出现于1760年法国报刊上一篇论述儿童身体健康教育的论文，它的本意是以身体活动为手段的教育，与现在国际上对“体育（physical education）”的理解一致。

随着社会的进步和体育事业的发展，现代体育的含义和内容不断丰富，超出了原有范畴。现代体育有狭义和广义之分。狭义的体育是指以锻炼身体为基本手段，以增强体质、增进健康、提高运动技术水平和丰富社会活动为目的的有意识、有组织的社会活动。广义的体育是指一切身体运动，如竞技运动、健身锻炼运动、消遣娱乐活动等。

近年来，不少学者对体育的概念提出了新的阐述，他们将体育定义为以身体活动为媒介，以谋求个体身心健康、全面发展为直接目的，以培养合格的社会公民为终极目标的一种社会文化现象或教育过程。体育的这一定义既说明了它的本质属性，又指出了它的归属范畴，同时也把体育与其他相似的社会现象进行了区分。但是，体育的概念并非一成不变，随着社会的发展和进步，人们对体育的认识也在进一步深化。从学校教育的角度看，体育与德育、智育、美育、劳育等都是教育的重要组成部分。体育是一种有目的、有组织、有计划的教育过程，通过这一过程可以增强学生的体质，培养学生良好的思想品德和意志品质，促进学生全面发展。

二、体育的分类

（一）竞技体育

当今世界所开展的竞技运动项目是社会历史发展的产物。早在公元前700多年的古希腊时期，就出现了赛跑、投掷、角力等项目，发展至今已增加到数百种。普遍开展的项目有田径、体操、篮球、排球、足球、乒乓球、羽毛球、举重、游泳、自行车等。各国、各地区还有自己特殊的民族传统项目，如中华武术，东南亚地区的藤球、卡巴迪等。竞技运动的发展与国家、地区的政治、经济、文化、科学技术水平密切相关。

（二）娱乐体育

娱乐体育是指人们在闲暇时间或特定时间所进行的一种以愉悦身心为目的的体育活动，具有业余性、消费性、文娱性等特点。内容一般有球类游戏、活动性游戏、棋类游戏和传统民族体育活动等。按活动的组织方式可分为个人的、家庭的和集体的活动；按活动条件可分为室内的、室外的活动；按竞争性可分为竞赛性的和非竞赛性的活动；按经营方式可分为商业性的和非商业性的活动；按参加活动的方式可分为观赏性活动和运动性活动。

参加娱乐体育活动，有益于加强身心健康、陶冶情操、培养高尚品格。

（三）大众体育

大众体育亦称社会体育或群众体育，它是为了娱乐身心、增强体质、防治疾病和培养体育后备人才而在社会上广泛开展的体育活动的总称，其主要包括职工体育、农民体育、社区体育、老年人体育、妇女体育、伤残人体育等。主要形式有锻炼小组、运动队、辅导站、体育之家、体育活动中心、体育俱乐部，以及个人自由体育运动等。开展大众体育活动应遵循因人、因地、因时制宜和业余、自愿、小型、多样、文明的原则。广泛开展大众体育活动，是发挥体育的社会功能，提高公民素质的重要途径。

（四）医疗体育

医疗体育是指运用体育手段治疗某些疾病与创伤，恢复和改善机体功能的一种医疗方法。与其他治疗方法相比，其特点如下。

①医疗体育是一种主动疗法，要求患者主动参与治疗过程，通过锻炼治疗疾病。

②医疗体育是一种全身治疗，通过神经反射机制、神经—体液调节机制改善全身机能，达到增强体质、提高抵抗力的目的。

③医疗体育是一种自然疗法，利用人类固有的自然功能（运动）作为治疗手段，一般不受时间、地点、设备条件的限制。

医疗体育通常将医疗体操、慢跑、散步、自行车、气功、太极拳和特制的器械（如拉力器、自动跑台等）运动，以及日光浴、空气浴、水浴等作为治疗手段。同时医疗体育宜因人而异、持之以恒、循序渐进，并配合药物、手术治疗和心理疏导。我国早在两千多年前已用“导引”“养生”作为防治疾病的手段，后又不断发展改进，使其成为中国运动医学的重要组成部分。

三、体育运动

体育运动是人类在社会发展过程中，在长期的生产和生活实践基础上，为了适应社会需要、增进健康和提高生活质量而逐渐形成和发展起来的有目的、有意识、有组织的身体活动。它是以身体练习为基本手段，结合日光、空气、水等自然因素和卫生措施，达到增强体质、增进健康、丰富社会文化生活等目的的一种社会活动。

（一）体育运动的特点

1. 以身体练习为基本手段

无论是何种类型的体育运动，都离不开身体的活动。体育运动通过各种动作，如走、跑、跳、投、攀、爬等，来刺激身体的各个系统，包括肌肉骨骼系统、心血管系统、呼吸系统等，从而促使身体产生适应性变化。

2. 具有广泛的适应性

体育运动不受年龄、性别、职业等因素的限制。从儿童到老年人，都可以找到适合自己的运动方式。儿童可以通过游戏性的体育运动来促进身体发育和培养兴趣；年轻人可以选择竞技性较强的运动来展现自己的能力；老年人则可以进行一些舒缓的健身运动，如散步、瑜伽等，来保持身体的健康和灵活性。同时，不同身体状况的人也能找到合适的运动，比如残疾人可以进行残奥会中的某些项目，通过特殊的训练和辅助设备进行体育运动。

3. 对场地和器材的要求多样

体育运动可以在各种不同的环境中进行，对场地和器材的要求多样。有些运动只需要简单的空地，如跑步可以在公园、操场、街边跑道等地方进行；而有些运动则需要专门的场地和器材，如网球运动需要网球场和网球拍，游泳需要游泳池。但随着科技的发展和普及，也出现了一些简易的替代器材和场地，让更多人有机会参与体育运动。

（二）体育运动的功能

1. 强身健体功能

体育运动能够促进身体的正常发育和发展。适当的运动可以增强肌肉力量、提高骨骼密度、改善心血管功能、增强呼吸系统功能等。例如，长期进行力量训练可以增加肌肉量，使身体更加强壮；有氧运动能有效降低心血管疾病的风险，增强心肺功能，增强身体的耐力和代谢能力。

2. 心理健康功能

参与体育运动对心理健康有着积极的影响。它可以缓解压力，减轻焦虑和抑郁情绪。在运动过程中，身体会分泌内啡肽等神经递质，这些物质能够使人产生愉悦感，帮助人们放松身心。同时，体育运动也是一种良好的社交手段，通过参与团队运动或者在运动场所与他人交流，可以增强人际交往能力，减少孤独感，提高自信心和自尊心。

3. 教育功能

体育运动在教育领域有着重要的作用。在学校体育中，学生通过参与各种体育活动，可以学习到运动技能，培养竞争意识和团队协作精神。例如，在篮球比赛中，学生需要学会运球、传球、投篮等技能，同时要懂得与队友配合，制订战术，遵守比赛规则，正确对待胜利和失败。这些经历有助于提升学生的综合素质，为他们今后的社会生活和工作打下良好的基础。

4. 社会功能

在社会层面，体育运动具有凝聚人心、促进社会和谐发展的作用。大型国际体育赛事，如奥运会、世界杯等，能够激发民族自豪感和爱国主义情感，并将全世界的人们聚集在一起，超越种族和国界，促进文化交流和相互理解。在社区中，体育活动可以增强居民之间

的联系和互动，营造良好的社区氛围，提高社区的凝聚力和活力。

四、现代体育的构成

现代体育主要由学校体育、竞技体育和社会体育三个部分构成。

（一）学校体育

学校体育是指为满足社会长远发展的要求，面向全体学生，以开发学生的体力潜能和全面提高学生的身体素质为根本目的的教育过程。

学校体育具有以下三个特点。

①根据学生的身心发展特点和教学大纲，有计划地组织与开展多种体育教学活动。

②教学方法和教学形式丰富多样，让学生在快乐中学习、在快乐中锻炼。

③竞技比重小，危险系数低，动作难度适中。

学校体育的目标有两个：一是帮助学生强身健体；二是通过体育教育使学生掌握正确锻炼的方法，为学生养成终身锻炼的习惯奠定良好的基础。

（二）竞技体育

竞技体育是指在全面发展身体，最大限度地挖掘和发挥人（个人或群体）在体力、智力、心理等方面的潜力的基础上，以攀登运动技术高峰和创造优异运动成绩为主要目的的运动过程。

竞技体育具有以下五个特点。

①竞技项目具有较强的竞争性与对抗性。

②竞技过程具有较高的公开性。

③竞技规则具有规范性。

④竞技条件具有公平性。

⑤竞技成绩具有不确定性。

（三）社会体育

社会体育属于文化娱乐的范畴，是指普通大众自愿参加的，以强身、健体、娱乐、休闲等为目的，内容广泛、形式多样的体育运动，一般不追求取得高水平的运动成绩。

社会体育具有以下三个特点。

①参与目的的多样性。社会体育可以满足人们健身、健美、康复、休闲、娱乐、陶冶情操等多种需要。

②参与对象的广泛性。全体社会成员都可以是社会体育的参与者。不论其年龄、性别、爱好和职业，所有人都可以在社会体育中找到适合自己的项目。

③活动时间的灵活性。社会体育是人们在业余时间开展的一种活动。随着人们生活水平的提高和闲暇时间的增多，社会体育的发展也驶入快车道。

拓展阅读

中华体育精神

2021 年 9 月 15 日晚，第十四届全国运动会在千年古都陕西西安开幕。曾有人在网络平台上提问：“在全运会上夺冠是什么难度？”获得点赞数最多的回答是“也不难，几个奥运冠军争一个全国冠军”。网友这个幽默的回答，以一种云淡风轻的方式，指出了当今中国体育在世界体坛的分量。

今天，体育已经成为全民话题，获得举国关注。人们关注体育、热爱体育，既因为体育赛事无比精彩，也因为体育精神无比动人。赛场上运动员争分夺秒、自强不息，激励着全社会群众只争朝夕、拼搏奋进。体育以深入肌理的方式，广泛地影响着人们的生活方式，使人们的身体素质显著增强。在这个过程中，中华体育精神也由运动会辐射到全社会，在“野蛮体魄”的同时“文明精神”，凝聚全民族的精气神。

体育史也是文明史，体育标记了中华民族一个个激动人心的历史时刻。从刘长春“一个人的奥运”，到东京奥运会中国体育代表团 431 名运动员参加 30 个大项、225 个小项的比赛；从“中国何时才能办一届奥运”的喟叹，到北京成为全球首个举办夏季、冬季奥运会的“双奥之城”；从积贫积弱，到现在全民运动、全民健身蔚然成风。一路走来，何其不易！透过历史进程我们看到，中国体育强起来了，“为国争光、无私奉献、科学求实、遵纪守法、团结协作、顽强拼搏”的中华体育精神立起来了，中华民族伟大复兴越来越近了！

（资料来源：求是网，有删改）

第二节　健康概述

健康的身体是我们实现人生价值的基础。健康是人类追求的永恒目标，拥有健康的人才能享受生活。以往人们普遍认为“健康就是没有疾病”，但随着科学的发展和社会的进步，健康的定义早已不局限于身体的健康。

一、健康的概念

1948 年，《世界卫生组织宪章》明确指出：“健康不仅仅是免于疾病和衰弱，而且是保持身体上、精神上和社会适应能力等方面的良好状态。”这一定义将人类的健康与生理、心理和社会因素联系在一起。

这个定义包括三层含义：一是躯体健康，指躯体的结构完好，功能正常；二是心理健康，又称精神健康，指人的心理处于良好状态，包括能正确地认识自我、认识环境，及时适应环境等；三是社会适应能力良好，指个人的能力在社会系统内得到充分的发挥，个体能够有效地扮演与其身份相适应的角色，个人的行为与社会规范和谐一致。

1989 年，世界卫生组织对健康进行了重新定义，提出健康应包括躯体健康、心理健康、社会适应良好和道德健康，这就是所谓的四维健康观念，如图 1-1 所示。继四维健康观念之后，美国学者提出了一个类似的健康定义，即健康是人对环境适应后所达到的一种生命质量，个体只有在身体、情绪、智力、精神和社会各方面达到完美状态才称得上真正的健康，这种健康观又称健康五要素，如图 1-2 所示。这种观念将人们对健康的认识提高到了一个崭新的高度，并为世界各国广泛接受。

图 1-1　四维健康观念

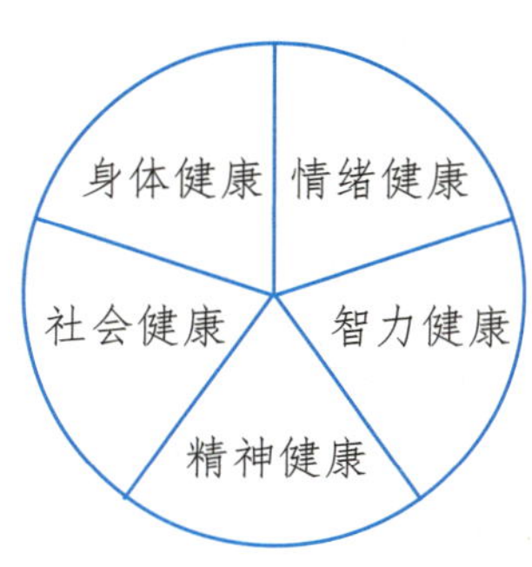

图 1-2　健康五要素

健康五要素的内涵包括以下五个方面。

①身体健康不仅包括无病，还包括体能充沛。体能是指能满足生活需要和拥有足够能量去完成各种活动的能力。体能充沛可以预防疾病，提高生活质量。

②情绪涉及我们对自己和他人的感受。情绪健康的主要标志是情绪稳定。当然在生活中偶尔有些情绪波动均属正常，关键是在大部分时间能保持情绪稳定。

③智力健康是指具有认识、理解客观事物，并运用知识、经验等解决问题的能力，包括但不限于记忆、观察、想象、思考、判断等能力。

④精神健康是指能够认识自己的潜力，自如应对正常生活压力，以及关心和尊重所有生命。

⑤社会健康是指个体与他人及社会环境相互作用，形成和谐的人际关系，以及个体能够恰当扮演社会角色。社会健康使人们在人际交往中充满自信和安全感，进而减少烦恼，保持心情愉快。

值得注意的是，健康的五个要素是相互联系、相互影响的。例如，身体不健康会导致情绪不健康，精神不健康会导致身体、情绪和智力的不健康。因此，只有每一个健康要素平衡地发展，人们才能真正健康、幸福地生活。

二、身体健康的标准

世界卫生组织在给健康下定义时并未给出具体的量化标准。因为当地域、种族、年龄、性别、职业等因素不同时，衡量健康的具体标准也会有所不同。所以说，健康没有一个确切的概念和具体的指标，它只能是对个体在不同时间和空间的状态描述。也就是说，衡量

健康的标准是很广泛的。

近年来，为了便于普及健康知识，世界卫生组织提出了衡量人体健康的 10 条标准。

①精力充沛，能从容应对日常生活和工作，不感到过分紧张和劳累。

②处事乐观，态度积极，乐于承担责任。

③善于休息，睡眠质量好。

④应变能力强，能适应各种环境的变化。

⑤对一般传染性疾病（如感冒）具有一定的抵抗力。

⑥体形匀称，体重正常，身体各部分比例协调发展。

⑦眼睛明亮，思维反应敏捷。

⑧牙齿清洁，无损伤，无病痛，齿龈无出血。

⑨头发有光泽，无头屑。

⑩走路轻松，肌肉、皮肤富有弹性。

人们在日常生活中也形成了一些关于健康的标准，实际上是对世界卫生组织提出的标准的延伸，包括以下方面。

①胃口好，进餐适量，不挑剔食物。

②排泄顺畅，胃肠功能良好。

③能很快入睡，且睡眠程度深，醒后精神饱满，头脑清醒。

④语言表达正确，说话流利。

⑤行动自如、敏捷，精力充沛。

⑥性格温和，意志坚强，感情丰富，具有坦荡的胸怀与通达乐观的心境。

⑦具有良好的处世能力和自我控制能力，看问题客观、理性。

⑧能适应复杂的社会环境，对事物的变化保持良好的情绪，能保持社会外环境与机体内环境的平衡。

⑨具有良好的人际关系，待人接物大度、和善，不过分计较，助人为乐，与人为善。

现代健康观揭示了人体的整体性及人体与自然环境和社会环境的统一。人类对疾病的预测从对个体的诊断延伸到对群体乃至整个社会的健康评价，而对健康的评价标准由单纯的生理标准扩展到心理、社会标准。

思考与练习

1. 什么是真正的健康？
2. 如何通过运动改善不良体态？

三、影响健康的主要因素

（一）行为和生活方式因素

自身不良行为和生活方式直接或间接给身体带来不利的影响。例如，糖尿病、高血压、冠心病、结肠癌、前列腺癌、乳腺癌、肥胖症、性传播疾病和艾滋病、精神疾病、自杀等均与行为和生活方式有关。

1. 行为因素

行为是影响健康的重要因素，几乎所有影响健康的因素都与行为有关。例如吸烟与肺癌、慢性阻塞性肺疾病、缺血性心脏病和其他心血管疾病密切相关。酗酒、吸毒、无保护性行为等不良行为也会严重危害人类健康。

2. 生活方式因素

不良生活方式导致非传染性慢性疾病、性病、艾滋病的患病人数迅速增加，近年来恶性肿瘤、脑血管疾病和心血管疾病已成导致我国人口死亡的主要原因。

美国的一项调查显示，只要有效地控制不良生活方式，如不合理饮食、缺乏体育运动、吸烟、酗酒和滥用药物等，就能减少早死和残疾的风险。

（二）环境因素

环境因素强调人体与自然环境和社会环境的统一，强调健康、环境与人类发展问题不可分割。

1. 自然环境

保持自然环境与人类的和谐关系，对维护、促进健康有着十分重要的意义。若破坏了人与自然的和谐，人类就会遭到大自然的惩罚。

2. 社会环境

社会环境包括社会制度、法律、经济、文化、教育、人口、民族、职业等。社会制度确定了与健康相关的政策、法律法规等。

（三）生物学因素——遗传

《中国出生缺陷防治报告（2012）》指出，我国新生婴儿出生缺陷总发生率约5.6%，每年新增约90万例出生缺陷儿。此外，高血压、糖尿病、肿瘤等多种疾病的发生也与遗传有关。

（四）医疗卫生服务

医疗卫生服务水平指社会医疗卫生设施和制度的完善状况。

影响健康的四个因素中，遗传因素虽影响较小，但一旦出现遗传病，则不可逆转。这四个因素彼此独立又相互依存。

知识小课堂

健康公式

有关专家经过长期研究后，得出了一个健康公式：

$$健康=\frac{情绪稳定+运动适量+饮食合理}{懒惰+嗜烟+嗜酒}$$

以上公式说明，有益于健康的是“长寿三要素”，公式中分子越大身体越健康，分母越大身体素质越差。

第三节　体育运动与健康的关系

一、体育运动促进身体健康

健康是人类共同的愿望，是进行一切活动的基础和保障，是社会发展的潜在动力。体育运动则是获取健康的最佳途径。

（一）体育运动对身体发育的影响

我们可以将人体生命的全部过程大致分为三个时期，即少年时期、青年时期和中老年时期。青少年时期是由少年向青年过渡的阶段，是人体生长发育的黄金时期，也是奠定人的体形、体力和身体素质基础的关键时期。此时，后天因素对机体的影响比任何时期都大。实践证明，青少年时期经常参加体育运动有利于塑形和提高身体机能与素质。

（二）体育运动对身体各个器官的影响

人体是一个完整的、统一的有机体，它由不同的器官构成。人体器官按功能可分为神经系统、呼吸系统、循环系统（包括心血管系统）、消化系统、泌尿系统、生殖系统、内分泌系统、运动系统和免疫系统。体育运动可以对人体各个器官产生积极的影响，促进机体全面发展。

1. 体育运动对神经系统的影响

神经系统由中枢神经系统和周围神经系统组成。人的所有活动都是反射活动，即由感觉器官将体内和体外的刺激传送到大脑，大脑经过综合分析给出相应的反应指令，再由周围神经将行动反应指令传达给各器官系统去执行。

当人体发育进入成熟阶段，人脑体积就不再增加，但大脑皮层的结构和功能仍在发展，因此体育运动仍对大脑功能有改善作用。

①体育运动可以提高人体对刺激的反应速度。体育运动的项目种类和技术动作繁多，

越是对抗性和技术性强的运动，越能有效地强化脑细胞的生理功能，使神经细胞的兴奋强度和反应速度都得到提高。

②体育运动有助于增强记忆力，提高大脑工作效率。原因有两方面：第一，运动使心脏供血能力提高、脑细胞的供血量增加，从而使得脑细胞的活跃性增强。第二，人体在长时间思考和学习之后，其专管学习及相关活动的神经细胞会产生疲劳，进而由兴奋转为抑制。此时进行体育运动，可以使运动神经细胞群兴奋起来，而其他细胞群就可以得到良好的休息，从而有助于提高大脑工作效率。

③体育运动可以帮助改善神经衰弱。经常从事体育运动，可以使大脑皮质兴奋增强、抑制加深，且使兴奋和抑制都更加集中，进而使大脑的兴奋与抑制两种功能保持平衡。

2. 体育运动对呼吸系统的影响

呼吸系统包括鼻、咽、喉、气管、支气管和肺。其中，肺是气体交换的场所，其他器官是气体交换的通道。

在安静状态下，呼吸系统的各个器官只需很小的工作强度就能完成呼吸过程，长此以往很可能会导致呼吸系统功能有所减弱。进行体育运动时人体对氧的需求量增加，呼吸频率加快，坚持进行体育运动可以使呼吸肌逐渐发达、有力，可以提高练习者的呼吸深度，增加其肺活量。

3. 体育运动对心血管系统的影响

心血管系统是由心脏和血管组成的封闭的管道系统。心脏相当于生命的“发动机”，推动血液在血管里不断地流动，以便把氧气和营养物质运送到身体各处，同时把细胞代谢过程中产生的废物和二氧化碳运出体外。

①体育运动可以使心脏组织功能增强。体育运动时血液循环会加速，这会改善心肌的供血机能，使心肌得到更多的营养物质，进而使心壁增厚、心脏容量增加，也使心脏搏动更加有力。一般来说，长期运动的人正常状态下的心跳频率要比一般人每分钟减少 20 次左右。

②体育运动可以使血管功能变强、血红蛋白增多、血液循环加快。体育运动使血液循环加快，血流量变大，血管经常收缩或扩张使得血管壁弹性增强、血管表面积增大，使血管对血液的运输功能增强。体育运动还能使血液中的白细胞、红细胞和血红蛋白含量增多，使人体代谢和耐缺氧的能力增强，从而改善人体心血管系统的功能。

4. 体育运动对消化系统的影响

消化系统由口腔、咽、食管、胃、肠、胰腺、肝脏和肛门等器官组成。

①体育运动可以促进食物的消化和营养物质的吸收。一方面，经常参加体育运动使消化腺分泌的消化液增多；另一方面，腹部运动能使消化道的蠕动得到加强，胃肠的血液循环得到改善，最终使食物的消化和营养物质的吸收更加充分。

②体育运动可以促进肝脏健康。体育运动使体内糖分的消耗增加，促使肝脏将储备的

糖原及时向外输送。这使得肝脏的工作量增加，进而使其机能得到巩固和提高。

5. 体育运动对运动系统的影响

运动系统由骨骼、关节和肌肉三部分组成。骨骼是人体的支架，是构成体形的基础，起着保护脑、脊髓、心和肺等重要器官的作用。关节是骨与骨之间连接的枢纽，人体以其为支点进行运动。肌肉附着在骨骼表面，并在神经系统的支配下交替收缩与舒张，进而完成屈伸、旋转等肢体动作。

体育运动是在运动系统的协调工作下完成的，在完成运动的同时会使运动系统的各个部位更加坚固、灵活、结实且有力。

①体育运动可以使骨骼性能、形态发生良好变化。长期的体育运动能使骨骼变得粗壮、坚固，增强其抗折、抗弯、抗压缩和抗扭转等性能。

②体育运动可以增强关节的稳固性，提高关节的灵活性。经常进行体育运动能使关节囊、肌腱和韧带增厚，关节的稳固性、延展性增强，关节的弹性、灵活性和柔韧性得到提高。

③体育运动可以增大肌肉体积，增强肌肉性能。运动过程中肌肉工作加强，能使肌纤维增粗，肌肉体积增大，从而使肌肉更加发达有力。

知识小课堂

预防颈椎病

颈椎病是颈椎间盘退行性变、颈椎骨质增生所引起的一系列临床症状的疾病，分为颈型、神经型、脊髓型、椎动脉型、交感神经型和其他型。

通过练习颈椎操等运动方式，增强颈部肌肉的力量和柔韧性，可以有效预防颈椎病。常见的锻炼方式包括平板支撑、俯卧撑等，也可以进行游泳、跑步等全身运动。

（三）体育运动对活动能力的影响

1. 体育运动与肌肉力量

（1）肌肉力量的增强

体育运动，尤其是力量训练，对肌肉力量有着显著的提升作用。例如，举重、俯卧撑、引体向上等抗阻训练，能够刺激肌肉纤维的收缩和生长。在进行举重练习时，随着负荷逐渐增加，肌肉的适应性增强。肌肉收缩蛋白的合成量增加，肌纤维的横截面积增大，这使得肌肉力量增强。无论是在日常生活中提重物，还是在运动中展现爆发力，经常运动的人都能表现得更为出色。

（2）肌肉耐力的改善

除了力量，体育运动还能提高肌肉耐力。像长跑、游泳等有氧运动，可以增强慢肌纤维的功能。慢肌纤维富含线粒体，能够持续利用氧气产生能量。长期进行有氧锻炼的人，其肌肉在长时间的活动中不易疲劳。例如，马拉松运动员的腿部肌肉经过长期训练，能够

在数小时的奔跑过程中保持稳定的收缩和舒张，为身体持续提供动力，保障活动能力在长时间内维持在较高水平。

2. 体育运动与关节灵活性

（1）关节活动范围的扩大

体育运动可以增强关节的灵活性。瑜伽、体操等运动涉及大量的伸展和扭转动作，能够有效拉伸关节周围的韧带、肌腱和肌肉。以瑜伽中的三角式为例，通过身体向侧面伸展和扭转，髋、膝和脊柱等关节都能得到充分的拉伸。这种拉伸可以减少关节周围组织的粘连，扩大关节的活动范围，使人们在日常活动中，如弯腰捡东西、伸手取高处物品时，能够更加自如地完成动作。

（2）关节稳定性的提高

体育运动在增强关节灵活性的同时，也有助于提高关节的稳定性。许多运动需要关节周围的肌肉协同收缩来维持关节的正确位置。例如，在篮球运动中，运动员在快速变向、起跳和落地过程中，需要周围的肌肉快速而准确地收缩来稳定膝关节和踝关节，防止受伤。长期进行这类运动，可以使关节周围的肌肉力量和关节协调性得到提升，从而增强关节在各种复杂动作中的稳定性，保障活动的顺利进行。

3. 体育运动与平衡能力

（1）本体感觉的优化

体育运动对于平衡能力的提升首先体现在对本体感觉的优化上。本体感觉是人体对自身肢体位置和运动状态的感知能力。比如太极拳、滑冰等运动，要求参与者在不断变化姿势和动作时保持平衡。在练习太极拳时，身体重心的缓慢移动和姿势的转换，能够刺激本体感受器官，如肌肉中的肌梭和腱梭器官，使其更加敏感。这使得人们在站立、行走等日常活动中，能够更准确地感知身体的位置，及时调整姿势，保持平衡。

（2）平衡调节系统的强化

体育运动还可以强化平衡调节系统，包括内耳的前庭系统、视觉系统和肌肉骨骼系统之间的协同作用。例如，在平衡木运动中，运动员需要观察平衡木的位置，内耳的前庭器官感知头部的位置和运动变化，同时肌肉根据这些信息快速调整身体的姿势。长期进行此类训练，可以提高这三个系统之间的信息传递和协调能力，从而在各种活动环境中更好地维持平衡，降低因失去平衡而摔倒受伤的风险。

4. 体育运动与身体协调性

（1）神经系统的协调发展

体育运动能够促进神经系统的协调发展，从而提高身体的协调性。在进行动作复杂的运动时，如舞蹈、球类运动等，大脑需要精确地控制不同肌肉群的收缩和舒张顺序、时间和力度。例如，在足球比赛中，球员在带球、传球和射门的过程中，需要腿部、脚部、腰部等多个部位的肌肉协同工作。长期参与这类运动可以锻炼神经系统的控制能力，使神经信号在大脑和肌肉之间的传递更加高效、准确，提高身体各部分在活动中的协调性。

（2）运动技能的整合与优化

体育运动有助于整合和优化运动技能，进一步提高身体协调性。通过反复练习特定的运动动作，如乒乓球的击球动作、武术套路等，不同的动作环节在大脑中形成了特定的神经程序。随着练习的深入，这些神经程序不断优化，使得各个动作之间的衔接更加流畅。这种优化后的运动技能可以使人们在完成复杂活动时，能够更加自如地协调身体各个部分，提高活动效率和质量。

知识小课堂

预防肥胖的运动方式

运动强度：心率 130 ～ 145 次 / 分钟。

运动时间：60 分钟。

准备活动：肩、肘、腕、髋、膝、踝的柔韧性与灵活性练习，用时 5 分钟。

主体活动：快走 + 慢跑交替，用时 20 分钟（5 分钟一换）；仰卧起坐 30 个 + 俯卧撑 30 个 + 提踵 40 次，用时 10 分钟；开合跳两组，用时 10 分钟；全身韧带拉伸，用时 10 分钟。

整理活动：慢跑、快走、拉伸练习等，用时 5 分钟。

（四）体育运动对适应环境能力的影响

适应环境能力主要是指人体对自然环境的适应能力，具体表现为对气候、水土的适应能力及对季节变化引起的一些流行性疾病的抵抗能力。适应环境能力的强弱是身体状况好坏的标志。

经常进行体育运动可增强神经系统的功能，使人体对外界刺激的反应变得迅速而准确；可使人体体温调节能力增强，有利于提高机体对环境条件的适应能力和对疾病的抵抗能力。此外，经常进行体育运动有利于培养个体克服困难的拼搏精神和坚韧不拔的意志品质。

二、体育运动促进心理健康

心理健康是生理健康的基础，是指具有一种持续而稳定的心理状态，具有正常的智力、正常的群体归属感、坚强的意志、良好的性格和融洽的人际关系等。科学研究证明，许多身体疾病都是由心理疾病引起的，长期坚持体育运动不但对身体健康有积极作用，还可以促进心理健康，减少心理疾病的发生。

（一）体育运动有助于发展智力

正常的智力是正确感知和认识世界的前提，是心理健康的基础。经常参加体育运动不

仅能提高个体的注意力、记忆力、反应力、思维力、想象力等，还可以使个体情绪稳定、性格开朗。而这些非智力因素对人的智力发展具有促进作用。

（二）体育运动有助于培养良好的情绪体验

个体在复杂多变的社会环境中常常会产生紧张、压抑、忧虑等不良情绪反应，体育运动能帮助其从烦恼和痛苦中抽离出来。

体育运动之所以能够调节情绪，是因为人们能体验到运动带来的愉悦感。心理学家认为，适度的体育运动能够促进人体释放一种多肽物质——内啡肽，它能使人们获得愉快、兴奋的情绪体验。因此参加体育运动尤其是参加自己喜爱和擅长的体育运动，可以使人从中得到乐趣，振奋精神，从而产生良好的情绪状态。

（三）体育运动有助于形成和谐的人际关系

现代社会生活节奏的加快使人们越来越趋向封闭的状态，从而造成彼此之间情感交流缺乏，人际关系渐渐疏远。体育运动可以打破这种封闭，让不同年龄、性别、家庭背景的人们聚集在运动场上，进行平等、友好、和谐的交往，使大家互相产生信任感，从而有效地进行信息和情感的交流。

（四）体育运动有助于促进坚强品质的形成

一个人的意志品质体现在一个人的果断性、坚韧性、自制力、主动性和独立性等方面。意志品质既是在克服困难的过程中表现出来的，也是在克服困难的过程中培养出来的。参加体育运动的过程就是不断克服主观和客观上的各种障碍（如懒惰、胆怯、疲劳和气候条件不佳等）的过程，可以帮助个体培养果断、坚韧等优秀的意志品质。

（五）体育运动有助于减轻或消除心理疾病

就目前而言，心理疾病的大部分病因及体育运动有助于治疗心理疾病的机理尚未完全清楚，但体育运动作为一种心理治疗手段在国外已经开始流行。对于个体来说，通过体育运动可以减轻或消除由学习、生活、情感等各方面的挫折引起的焦虑和抑郁等症状，同时也为不良情绪的宣泄提供了一种合理有效的途径，能有效防止心理障碍或者心理疾病的发生。

楷模风范

李宁精神：坚韧不拔，追求卓越

李宁是著名的体操运动员，他在体操领域取得了辉煌成就。在 1982 年的第六届世界杯体操赛上，李宁一人揽获男子项目 7 枚金牌中的 6 枚，创造了世界体操史上的神话。他的体操动作难度高、姿态优美，如他的“吊环正吊后悬垂前摆上接直角支撑”和“双杠大回环转体 180 度成倒立”等动作，不仅展现了他卓越的技巧，还推动了体操技术的发展。

李宁的体育精神激励了无数人。他在训练中极其刻苦，为了完美展现一个动作，常常反复练习，辛勤的汗水洒满了训练场。即使面对伤病的困扰，他依然坚持训练和比赛。退役后，他创立了“李宁”品牌，将体育精神融入商业理念，继续激励人们追求健康、积极向上的生活方式。

第四节　运动损伤预防与应急处理

一、常见的运动损伤

运动参与者在体育运动中所发生的损伤统称为运动损伤。了解运动损伤的分类、成因及其防治方法，有利于合理预防运动损伤，从而更好地发挥体育运动对身心健康的促进作用。

（一）运动损伤的分类

运动损伤的分类方法较多，常见的有以下三种。

①按损伤组织的种类划分，运动损伤可分为肌肉与肌腱损伤、滑囊损伤、关节囊与韧带损伤、骨折、关节脱位、内脏损伤、脑震荡和神经损伤等。

②按有无伤口划分，运动损伤可分为开放性损伤与闭合性损伤。伤部皮肤或黏膜破裂，有组织液渗出或血液自伤口流出的损伤称为开放性损伤，如擦伤与刺伤等。伤口部位皮肤或黏膜完整，损伤后的出血积聚在组织内的损伤称为闭合性损伤，如肌肉拉伤与关节韧带损伤等。

③按发病的缓急程度划分，运动损伤可分为急性损伤与慢性损伤。瞬间遭受直接或间接暴力而产生的损伤称为急性损伤，其特点是发病急、症状骤起、病程短。因局部长期负担过重，反复、细微的损伤积累而成的损伤称为慢性损伤，其特点是发病缓、症状渐起、病程较长。此外，若运动参与者在急性损伤处理不当或损伤未痊愈的情况下过早地开始运动，则会使急性损伤转变为慢性损伤。

（二）运动损伤的成因

造成运动损伤的原因是多方面的，既与运动参与者的运动基础、体质水平有关，也与运动项目的特点、技术难度，以及运动环境等外部因素有关。

具体而言，运动损伤的成因主要有以下七个方面。

①思想麻痹大意。这是造成运动损伤的主要因素，其中包括对预防损伤的认识不足，运动前没有检查器械，预防措施不当，在运动过程中盲目、冒失等。

②准备活动不充分。运动前不做准备活动或准备活动不充分，特别是缺乏有针对性的准备活动，会使运动器官与内脏器官因没有达到运动状态而产生损伤。

③缺乏运动经验与自我保护能力。多数运动参与者由于缺乏运动经验与自我保护能力而受伤。例如，人在摔倒时用肘部或直臂撑地，容易造成尺骨、桡骨或肘关节损伤。

④技术动作不规范。例如，在排球运动中，传球时若手形不正确易引起手指扭伤或挫伤。

⑤纪律松懈或组织方法不当。例如，在场地狭窄、人员拥挤的地方任意冲撞容易造成运动损伤。

⑥运动环境不佳。造成运动损伤的环境因素如下：运动器械不牢固或年久失修；运动场地高低不平、空气污浊、噪声过大、光线暗淡、当天气温过高或过低；运动参与者在运动时穿着的服装与鞋袜不符合体育卫生要求；等等。

⑦身体状况不佳。在睡眠不足、身患伤病和伤病初愈的情况下，以及疲劳与营养状况不良时，人体的生理功能与运动能力相对较弱。运动参与者在这种情况下进行剧烈运动，常常会因肌肉力量较弱、反应较迟钝和身体协调能力较差等造成运动损伤。

二、常见的运动损伤处理

（一）出血

出血是运动损伤中较为常见的一种情况，可分为外出血与内出血两类。其中，外出血分为动脉出血、静脉出血和毛细血管出血。这三种出血可根据出血的颜色与出血的情形进行区分：动脉出血呈喷射状，血色鲜红；静脉出血表现为血漫涌而出，血色暗红；毛细血管出血表现为血缓慢渗出。

成人的血液总量一般为 4000 ～ 5000 毫升。若出血量达到全身总血量的 20%，人会出现面色苍白、头晕乏力、口渴等急性贫血的症状；若出血量超过全身总血量的 30%，将会危及生命。因此，对于外出血的伤者，尤其是大动脉出血的伤者，必须立即为其止血，同时将其送往医院进行救治；对于内出血或疑似内出血的伤者，应尽快将其送往医院进行救治。

止血的方法主要有抬高患肢法和压迫法。

1. 抬高患肢法

抬高患肢法适用于四肢出血的情况，具体的操作方法为抬高伤者的患肢，使伤处血压降低、血流量减少，以达到减少出血的目的。

2. 压迫法

压迫法包括指压法、绷带加压包扎法和止血带法。

（1）指压法

指压法是用手指的指腹压迫出血动脉近心端相应的骨面，以阻断血液的流动来达到暂时止血的目的。这种止血方法常用于动脉出血，操作简便，止血迅速，是一种临时性止血的好方法。

现根据出血部位的不同，分别介绍以下六种指压法。

①额部、颞部出血：用一只手扶住伤者的头部并将其固定，然后用另一只手的拇指在伤者耳屏前上方一指宽处摸到颞浅动脉搏动后，将该动脉压迫在颞骨上，可止同侧额部、颞部出血。

②眼以下面部出血：在下颌角前约 1.5 厘米处摸到颈外动脉搏动后，用手指将该动脉压迫在下颌骨上，可止同侧面部出血。

③肩部、腋部和上臂出血：在锁骨上窝内 1/3 处摸到锁骨下动脉搏动后，用手指将该血管压向第一肋骨，可止同侧肩、腋部及上臂出血。

④前臂和手出血：将伤臂稍外展、外旋，在肱二头肌内缘中点处摸到肱动脉搏动后用拇指或食指、中指、无名指三指将该动脉压迫在肱骨上，可止同侧前臂与手部出血。

⑤大腿和小腿出血：使伤者仰卧，将其受伤的腿稍外展、外旋，在腹股沟中点稍下方摸到股动脉搏动后，用重叠的双手拇指（或用掌根）将该动脉压迫在耻骨上，可止同侧下肢出血。

⑥足部出血：在踝关节背侧，于胫骨远端摸到胫前动脉搏动后，将该动脉压迫在胫骨上；在内踝后方，将胫后动脉压迫在胫骨上，可止足部出血。

（2）绷带加压包扎法

绷带加压包扎法是用数层无菌敷料覆盖伤口，再用绷带加压包扎，以压住出血的血管，同时抬高伤肢，以达到止血的目的。该方法适用于小动脉出血、小静脉出血和毛细血管出血的止血。

（3）止血带法

止血带法是用胶管或绳子（宽布条、三角巾和毛巾均可）绑扎伤口的近心端。若肢体动脉出血量较大且为方便地运送伤者，则应使用止血带。若是上肢出血，则应将止血带捆扎在上臂的上 1/3 处（切忌将其捆扎在上臂中段，以免损伤桡神经）；若是下肢出血，则应将止血带捆扎在大腿中部。

需要注意的是，使用止血带前应先将伤肢抬高，以使静脉血回流，并用无菌敷料垫好局部伤处后再捆扎止血带，捆扎松紧度以不出血为宜。捆扎上止血带后，每隔 0.5 ～ 1 小时必须放松一次，放松 3 ～ 5 分钟后再扎上。放松止血带是为了防止局部组织因长时间缺氧而坏死。放松止血带时可暂用指压法止血。

（二）软组织损伤

软组织是指人体的皮肤、皮下组织、肌肉、肌腱、韧带、关节囊、滑膜囊、神经和血管等。这些组织在外力作用下发生的机能或结构的异常，称为软组织损伤。软组织损伤分为开放性损伤与闭合性损伤两类。前者包括擦伤与撕裂伤等，后者包括挫伤与肌肉拉伤等。

1. 开放性损伤

（1）擦伤

擦伤是运动中最常发生的一种损伤，多发生于对抗性体育项目及摔倒等意外情况。

①擦伤的主要症状：皮肤被擦破出血或有组织液渗出，有一定的伤口。

②擦伤的处理方法：对于小面积轻度擦伤且伤口干净者，只需涂抹一些聚维酮碘（又称碘伏）即可；对于大面积重度擦伤者，应先用生理盐水清洗伤口，再涂抹碘伏，覆盖无菌敷料，最后用纱布包扎，并将伤者送往医院进行进一步的检查和处理。

（2）撕裂伤

人在剧烈运动或受到强烈撞击时会发生撕裂伤，常见的撕裂伤有眉际皮肤撕裂等。

①撕裂伤的主要症状：伤口周边多不整齐，常伴有周围软组织的损伤。

②撕裂伤的处理方法：轻度伤用碘伏涂抹即可；若伤口较大，则必须立即为伤者止血，并将其送往医院进行救治。

2. 闭合性损伤

（1）挫伤

挫伤是指身体因碰撞或突然挤压而形成的损伤。挫伤又分为单纯性挫伤与混合性挫伤。前者是指单纯的皮肤或皮下组织的挫伤，后者是指在皮肤或皮下组织挫伤的同时，还伴有其他组织器官的损伤（如腹部挫伤可能会伴有内脏器官的破裂）。

①挫伤的主要症状：单纯性挫伤表现为局部疼痛、肿胀、出血、压痛和运动功能障碍等。当内脏器官出现损伤时，伤者会出现头晕、面色苍白、心慌气短、出虚汗、四肢发凉，甚至休克等症状。

②挫伤的处理方法：对于单纯性挫伤的伤者，可在 24 小时内进行冷敷或加压包扎，并抬高伤肢，然后将其送往医院进行进一步的治疗；对于混合性挫伤并出现休克的伤者，应在急救处理后尽快将其送往医院进行检查与治疗。

（2）肌肉拉伤

肌肉拉伤是指肌肉在运动过程中急剧收缩或过度牵拉引起的损伤。这是常见的运动损伤之一，容易发生在做引体向上与仰卧起坐练习时。

①肌肉拉伤的主要症状：肌肉拉伤后，伤处会疼痛、肿胀，用手可触摸到肌肉因紧张而形成的条状硬块，触痛明显，且活动受到限制。肌肉严重拉伤时，伤者可听到断裂声，伤处疼痛与肿胀明显，肌肉出现收缩畸形，皮下出血显著，运动功能出现严重障碍。肌纤维部分断裂时，伤处可摸到凹陷；肌腹中间完全断裂时，会出现“双驼峰”畸形；肌肉一端完全断裂时，肌肉呈球状畸形。

②肌肉拉伤的处理方法：对于轻度肌肉拉伤的伤者，可即刻实施冷敷、局部加压包扎并抬高患肢，24 小时后可实施按摩或理疗；若伤者的肌肉完全断裂，则应在加压包扎后，立即将其送往医院进行救治。

（三）关节韧带损伤

关节韧带损伤是指关节因外力异常扭转而造成的韧带损伤，以及关节附近其他软组织结构的损伤。在体育运动中，关节韧带损伤以腰部关节、肩关节、髌骨和踝关节的损伤最为常见。例如，跳水时，因双腿后摆幅度过大导致腰部关节扭伤；打球时，因投球、扣球和发球动作不当导致肩关节扭伤；跳高、跳远时，因踏跳不合理或摔倒受到撞击导致髌骨损伤；由高处跳下时失去平衡，踝关节过度内翻或外翻导致踝关节扭伤；等等。

①关节韧带损伤的主要症状：关节韧带损伤一般表现为关节疼痛或压痛，在急性期会出现肿胀、皮下瘀血和关节功能障碍等症状。

②关节韧带损伤的处理方法：对于一般性关节韧带损伤的伤者，可在 24 小时内为其实施冷敷，必要时加压包扎，24 小时后可采取理疗、按摩和针灸治疗。待疼痛减轻后，伤者可遵医嘱进行功能性练习。对于急性腰部损伤且出现剧烈疼痛的伤者，切忌轻易移动伤者，应使伤者平卧在担架上，并尽快将其送往医院进行诊治。

（四）关节脱位

关节脱位又称“脱臼”，是指由外力作用导致关节的两个骨端相互移开，对合关系全部丧失的病症。关节脱位可分为全脱位与半脱位（又称“错位”）两种，以肩、肘关节脱位较为常见。严重的关节脱位会伴有关节囊损伤。

①关节脱位的主要症状：发生关节脱位时，伤者会即刻产生剧烈疼痛与明显压痛，关节周围肿胀显著并伴有关节畸形，关节功能丧失，有时还会产生肌肉痉挛。严重时，伤者会出现休克。

②关节脱位的处理方法：用夹板或三角巾为伤者固定伤肢，并尽快将其送往医院进行治疗。如果施救者没有整复技术与经验，切不可随意对伤处进行复位，以免加重伤情。

（五）骨折

骨折是指骨的完整性与连续性在外力的作用下遭到破坏的一种损伤。常见的骨折有肱骨骨折、尺骨骨折、手指骨折、小腿骨骨折和肋骨骨折等。例如，摔倒时用手臂直接撑地会引起尺骨骨折或桡骨骨折。

①骨折的主要症状：发生骨折时，伤者受伤的部位通常会肿胀、畸形且疼痛难忍，肢体失去正常的功能，肌肉产生痉挛。骨折严重时，伤者会伴有出血、神经损伤和发烧，甚至出现休克。

②骨折的处理方法：对于骨折的伤者，切忌随意移动其伤肢，应先用夹板或其他代用品固定伤肢，然后及时护送伤者到医院进行治疗。若伤者出现休克，则应先对其实施人工呼吸；若伤者伴有伤口出血，则应同时实施止血操作。

（六）脑震荡

脑震荡是指头部在受到外力击打后，即刻发生的短暂的脑神经功能障碍。除外力击打

以外，摔倒时头部着地也是脑震荡的常见原因。脑震荡是较轻的一种脑损伤，经治疗后大多可以痊愈。脑震荡可以单独发生，也可与其他颅脑损伤（如颅内血肿）合并存在，应注意及时前往医院进行检查与治疗。

①脑震荡的主要症状：发生脑震荡时，伤者会即刻出现意识丧失、呼吸表浅、脉搏缓慢、肌肉松弛，瞳孔稍放大但左右对称等现象；清醒后常伴有头晕、头痛、恶心或呕吐、失眠、耳鸣和记忆力减退等症状。

②脑震荡的处理方法：使伤者平卧，不可使其坐起或立起，为其冷敷头部并注意保暖。对于昏迷者，可用手指掐点其人中、内关穴，以促使其清醒；对于呼吸困难者，可实施人工呼吸，并立即将其送往医院进行治疗。在恢复期，伤者要在安静的环境中卧床休息，直至头痛、头晕等症状消失，切忌过早地参加体育运动与脑力劳动。

（七）溺水

溺水是指被水淹的人由于呼吸道遇水的刺激而发生痉挛，收缩梗阻，最终造成窒息和缺氧的情况。如果时间稍长，则会因缺氧而危及生命。

①溺水的主要症状：窒息后，脸色苍白、眼睛充血、口鼻充满泡沫、四肢冰冷、神志昏迷、胃腹满水鼓起，直至呼吸、心跳停止。

②溺水的处理方法：将溺水者救上岸后，应立即清除口腔内的异物，并进行倒水；及时进行人工呼吸；溺水者清醒后立即将其送往医院进一步治疗。在运送途中密切观察溺水者情况，必要时继续进行人工呼吸。人工呼吸法有多种，其中口对口人工呼吸法和胸外心脏按压法最有效。必要时口对口人工呼吸法和胸外心脏按压法同时进行。两种急救方法应密切配合。

口对口人工呼吸法：急救者松开溺水者的衣领、裤带和胸腹部衣服，使溺水者仰卧，头部后仰。急救者一手捏住溺水者的鼻孔，一手托起下颌，并压住环状软骨（压迫食管）以防空气进入胃内，然后深吸一口气，缓缓吹入溺水者口中，吹气后将捏鼻子的手松开。如此反复并有节律地（每分钟吹 10 ～ 12 次）进行，直至溺水者恢复自主呼吸为止。

胸外心脏按压法：急救者使溺水者仰卧在木板或平地上，急救者两手上下重叠，将掌根置于溺水者胸骨下端，肘关节伸直，借助自身体重和肩臂部力量，适度用力下压（不能用力太猛，以防骨折），以将胸骨下压 5 ～ 6 厘米为宜，随即松手（手不离开胸骨），使胸骨复原，如此反复有节律地（每分钟 100 ～ 120 次）进行，直至溺水者心跳恢复为止。

三、运动损伤的预防

预防运动损伤应做到以下五点。

①加强运动安全教育。克服麻痹思想，提高预防运动损伤的意识。

②认真做好准备活动。对容易发生运动损伤的关节等部位，要认真做准备活动，及时采取预防措施。

③合理安排运动量。练习时要防止局部器官运动负担过重。

④加强保护与帮助。在加强同伴间的相互保护与帮助的同时，更要加强与提高自我保护能力。例如，摔倒时应立即屈肘、低头、团身滚动；由高处跳下时用前脚掌着地，同时屈膝缓冲等。

⑤加强医务监督，提高自我保健意识。

思考与练习

1. 怎么预防运动损伤？
2. 请说说肌肉拉伤的原因以及拉伤后如何处理。

四、应急处理

（一）现场急救的意义和原则

急救是对遇到意外或突然发生伤病的伤者进行紧急的、临时性的处理，其目的是保护伤者的生命安全，避免或减轻伤者的痛苦，预防并发症，并为伤者转运医院和进一步治疗创造条件。

急救力求迅速、准确、有效，做到快抢、快救和快送医院处理。在急救的过程中，施救者切不可惊慌失措、顾此失彼，即使遇到危急情况，也应保持镇定，迅捷而有条不紊地开展急救工作。对于急救处理后的伤者，应及时将其送至医院，并向医生介绍伤者的情况及急救过程。

当发生骨折、关节脱位、严重的软组织损伤或合并其他损伤时，伤者常因出血、疼痛等发生休克，这对伤者的生命安全造成了极大的威胁。因此，在现场急救时，施救者应首先注意预防伤者发生休克，若有伤者休克，则必须优先对其进行急救。

（二）现场急救的方法

1. 休克与抗休克

（1）休克产生的原因及症状

休克是一种由有效循环血量锐减引发的综合征，其核心病理机制在于组织血流灌注广泛、持续、显著地减少，进而导致全身微循环功能不良，人体重要器官机能受到严重损害。在运动过程中，引起休克的原因主要有以下两个。

①剧烈疼痛，如骨折等。剧烈疼痛通过神经反射使伤部周围血管扩张，进而导致有效循环血量相对减少。

②大出血，如腹部挫伤、肝脾破裂出血等。大出血会使有效循环血量急速减少。伤者在休克早期常出现烦躁不安、呻吟、表情紧张、脉搏稍快、呼吸浅而急促等症状，这一时期的症状常常会被忽略。至休克中期，伤者会出现精神萎靡、表情淡漠、面色苍白、口渴、

畏寒、头晕、出冷汗、四肢发冷、脉搏无力、血压和体温下降等症状，严重者会出现昏迷。休克晚期，伤者会出现多器官功能衰竭。

（2）抗休克措施

①一般处理。让伤者安静平卧，松解其衣领，注意为其保暖，给予其亲切的安慰和鼓励，并适当地喂伤者饮用纯净水、盐水等，以减轻其口渴症状；若伤者头部受伤或出现呼吸困难，应将其头部稍微抬高，以避免其颅内压增高，静脉回流受阻而造成呼吸困难。

②对症处理。若伤者大量出血，则应立即为其止血，并将其送往医院进行救治；若伤者已昏迷，则应使之平躺，密切观察伤者的生命体征，并及时将其送往医院进行救治。

2. 心跳、呼吸停止的急救——心肺复苏术

溺水、严重损伤、休克、重病等会使伤者呼吸或心搏骤停，心肺复苏术是抢救这类伤者的重要手段，其目的是帮助伤者恢复自主呼吸与血液循环。心肺复苏术的主要操作程序如下。

（1）判断意识

轻拍伤者的肩部，靠近其耳边大声呼唤“先生 / 女士，您怎么了”，如图 1–3 所示。如果伤者没有任何反应，则可判定其丧失意识。

图 1–3　判断意识

（2）高声呼救

高声呼救，请周围的人帮忙拨打 120 急救电话或协助抢救，如图 1–4 所示。

图 1–4　高声呼救

（3）复苏体位（仰卧位）

如果伤者是以俯卧位趴在地上，则必须将其翻转成仰卧位，并将其上肢放置于其身体两侧。调整伤者的体位时，要注意保护其头部，保证其头部、颈部、脊柱整体移动，如图 1-5 所示。

（4）查看呼吸和颈动脉搏动

迅速清除伤者口腔内的异物（如口香糖、呕吐物等），观察伤者的口鼻有无呼吸，将耳朵贴近伤者口鼻，听其口鼻处有无呼吸声，并侧头注视伤者的胸部约 6 秒，观察其胸部有无起伏。同时，用食指和中指轻摸伤者的喉结处，然后两指向外侧滑至其颈动脉（气管与颈部肌肉之间），查看伤者的颈动脉是否搏动，如图 1-6 所示。

图 1-5　复苏体位

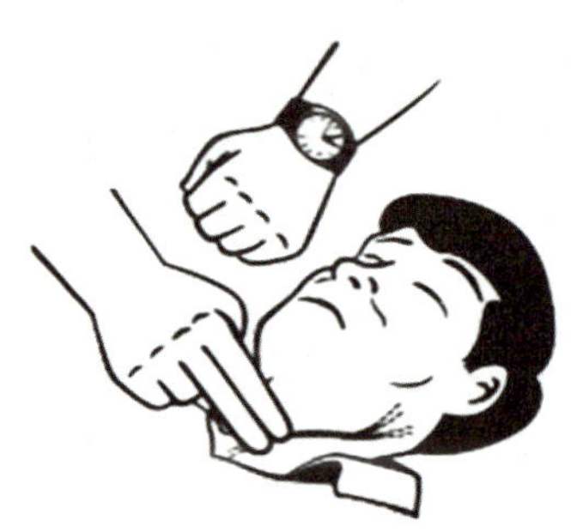

图 1-6　查看颈动脉是否搏动

（5）胸外心脏按压和口对口人工呼吸

若伤者有自主呼吸，则继续保持其气道通畅；若伤者无自主呼吸和脉搏，则应迅速对其进行胸外心脏按压、打开气道和人工呼吸。

①胸外心脏按压。胸外心脏按压的目的是建立人工循环，恢复伤者的自主心跳。其具体操作方法如图 1-7 所示，直至伤者恢复自主心跳为止，具体步骤不再赘述。

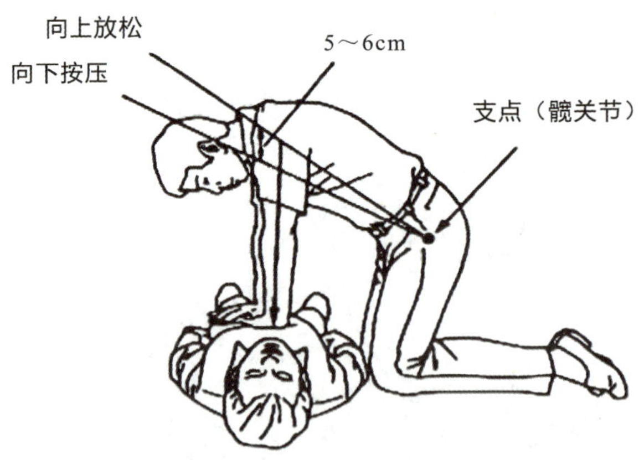

图 1-7　胸外心脏按压

②打开气道。进行胸外心脏按压后，伤者可能会出现呕吐的情况，这时需要用仰头举

颌法帮其打开气道，其操作方法如下：一只手置于伤者前额，另一只手的食指和中指置于伤者下颌，将下颌骨上提，使伤者下颌尖和耳垂的连线与地面垂直，如图 1-8 所示，然后用两手扶住伤者头部使其偏向一侧，以利于液体状异物从伤者口部顺势流出，也可以将食指或小指包上纱布或手帕，从伤者口腔中掏出异物。

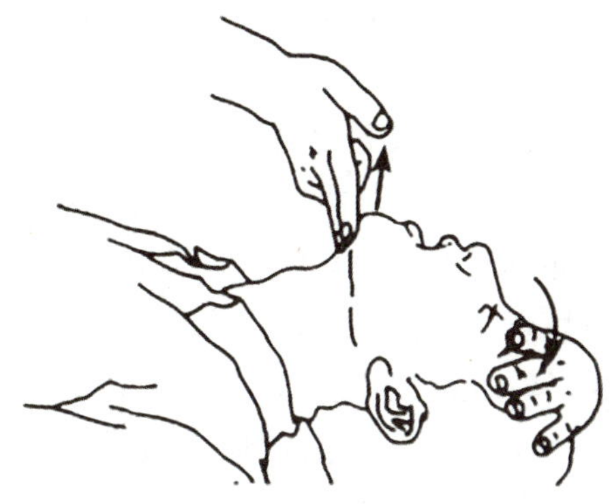

图 1-8　打开气道

③人工呼吸。打开伤者的口腔，捏住其鼻孔，先深吸一口气，然后用嘴包住伤者的嘴，缓缓向里吹气，同时注意观察伤者的胸部有无隆起，如图 1-9 所示，直至伤者恢复自主呼吸为止，具体步骤不再赘述。

图 1-9　人工呼吸

④人工呼吸与胸外心脏按压的协调。胸外心脏按压与人工呼吸的比例为 30：2，即连续胸外心脏按压 30 次，再做人工呼吸 2 次，如此反复进行。每做完一轮吹气按压后，都要检查伤者是否恢复脉搏与自主呼吸，但注意检查所用的时间不要超过 5 秒。

⑤判断操作是否成功。对伤者实施人工呼吸和胸外心脏按压后，若能感觉到伤者的大动脉搏动，或者发现伤者恢复了自主呼吸、双瞳孔由大变小、肤色（特别是唇与指甲的颜色）由苍白或青紫转为红润，则表示操作成功。

3. 溺水救援

当自己溺水或遭遇他人溺水时，要保持冷静，并实施恰当的救护措施。

（1）自我救护

自我救护是指在水中遇到意外险情时采取的自我保护措施。

①当游进过程中自感体力不支时，应立即采取仰卧漂浮泳姿，向岸边或浮标和有固定支撑的目标靠近，同时发出求救信号。

②当游进中发生肌肉痉挛，可按以下方法实施自救：发生小腿肌肉痉挛时，应及时仰浮在水面上，一只手握住肌肉痉挛肢体的脚趾，同时用力将其拉向身体，另一只手按下膝盖，帮助发生肌肉痉挛的腿伸直；发生手部肌肉痉挛时，应反复握拳再张开，直到肌肉痉挛消除为止；发生腹部肌肉痉挛时，应仰浮在水面上，迅速弯曲双腿并向胸部靠近，双手抱膝，随即松手并伸展身体，然后重复以上动作，直到肌肉痉挛消除为止。

③若在水中被长藤植物缠住，则可采取仰卧姿势解脱，再从原路游出水面。

④若被水中的旋涡吸住，则可采取仰卧姿势向旋涡外沿全速游出。

（2）他人救护

①间接救护。间接救护是指利用救生器材，对较为清醒的溺水者实施救护。救生器材主要包括救生圈、竹竿、木板、轮胎、泡沫块、绳子等。

②直接救护。直接救护是指不借助任何救生器材，徒手对溺水者进行施救。在接近或寻找溺水者时，施救者要使溺水者背向自己，以避免被溺水者抱住，然后将其拖带出水面，如图 1-10 所示。需要注意的是，施救者必须经过专业训练才可以实施直接救护。

（a）接近溺水者　　（b）使溺水者背向自己

图 1-10　直接救护

第五节　运动疗法

一、运动疗法概述

（一）运动疗法的基本概念

运动疗法（movement therapy）或称治疗性运动（therapeutic exercise），是指徒手及应用器械和仪器进行运动训练，以治疗伤、病、残患者，使其恢复或改善功能障碍的方法，是依据生物力学、人体运动学、神经生理学和神经发育学的基本原理，对各种运动功能障碍患者进行针对性治疗和训练的方法。运动疗法多为主动性的康复治疗，即在治疗师的指导和监督下，由患者主动进行运动治疗的活动，如各种运动训练、行走功能训练、轮椅使用训练等。运动疗法是一种重要的康复治疗手段，它和作业治疗技术、言语治疗技术、物理治疗技术一起被称为现代康复四大技术。运动疗法随着康复医学基础理论研究的深入和神经生理学的引入，已经获得了极大的丰富和发展，形成了针对各种运动功能障碍性疾病（如偏瘫、脑瘫、截瘫等）的独具特色的治疗体系。

（二）运动疗法的发展简史

运动疗法是康复医学的重要组成部分。几千年前的古埃及就有体育训练可以配合医术治疗疾病的记载。公元前 4 世纪，古希腊医学家希波克拉底在其著作中就谈到利用矿泉、日光、海水和体育活动可以防病健身，延缓衰老，保持健康。18 世纪，被誉为骨科先驱的尼古拉斯·安德里（Nicolas Andry）教授指出，运动治疗有助于预防小儿畸形的发生，并能起到矫正畸形的作用。骨科基础研究第一人约翰·亨特（John Hunter）提出，肌肉的运动对疾病和外伤的治疗有重要价值，与被动运动相比，按患者自己的意志进行的主动运动更有意义。

近代，运动疗法发展更快。1813 年，瑞典的斯德哥尔摩设立了中央体操研究所，研究运动疗法。学者将体操训练尽量规范化，提出了“等长运动”“离心性运动”“向心性运动”等名词术语。这一时期，美国的詹德（Zander）开设了一家医学研究机构，设置了许多运动装置，推动了运动疗法中利用器械训练的发展。波士顿大学健康与康复科学院（萨金特学院）将运动疗法作为课程纳入教育体系。在 19 世纪后期，许多专家也将运动疗法应用到了偏瘫、截瘫、骨关节疾病的治疗等方面。

进入 20 世纪，运动疗法获得了较快的发展。1904 年，德国医学家科莱普（Klapp）开始应用运动疗法矫治小儿脊柱侧弯。1907 年，运动疗法被引入小儿麻痹后遗症，如肢体瘫痪的治疗。波士顿的外科学教授罗维特（Lovett）和他的助手莱特（Wright），提出徒手肌力检查法（manual muscle test，MMT），之后经许多专家不断改进技术，最终该方法在 1946 年基本确定。美国的洛曼（Lowman）于 1924 年研制了训练肢体麻痹患儿的水池，

1928 年，卡尔·哈伯德（Carl Hubbard）制作了能让患者整个躯体进入池中进行水中治疗的水池，即“哈伯德浴池”。

第一次世界大战爆发后，交战国的军医院开始重视针对伤病员恢复伤残肢体功能的运动训练。1917 年，美国在陆军中设立了为伤者服务的早期物理治疗组织。1920 年，被誉为“物理治疗法之母”的麦克米兰（McMillan）在大学医学部开设了物理疗法课程并任主任，成为美国最早的物理疗法教师。

第二次世界大战时期，芝加哥陆军医院骨科医生托马斯·德洛姆（Thomas Delorme）提出了增强股四头肌肌力的渐进性抗阻训练法（progressive resistance exercise，PRE），治疗膝关节术后股四头肌无力，获得令人满意的效果。穆勒（Muller）和马尔代尔（Mardale）在此基础上提出了等长运动增强肌力的训练方法。

20 世纪 40 年代，人们发现运动疗法对于偏瘫、脑瘫等中枢性神经功能障碍患者是不适用的，从而促进了神经生理学的研究与运动疗法的结合。美国神经外科医生坦朴·菲（Temple Fay）开始应用神经反射机制治疗患者。随后，菲奥伦蒂诺（Fiorentino）、多曼（Doman）将这一技术用于治疗脑瘫患儿。1946 年，美国神经心理学家赫尔曼·卡巴特（Herman Kabat）提出了引起运动单位最大限度的兴奋，改善运动功能的本体感觉神经肌肉促进技术（proprioceptive neuromuscular facilitation，PNF）。也是在这一时期，英国的布巴斯（Bobath）夫妇将抑制患者的原始反射、促进正常反应的方法应用于偏瘫和脑瘫的治疗。1951 年，瑞典物理治疗师布伦斯特伦（Brunnstrom）通过对大量偏瘫患者的临床观察，提出了偏瘫患者病程变化的六阶段，并提出了相应的运动疗法技术手段。1940—1954 年，美国的鲁德（Rood）提出了感觉输入对运动反应的重要作用，强调对神经固有感受器和外感受器进行刺激可改善运动功能。1954 年以后，德国的沃伊塔（Vojta）提出对小儿中枢神经性运动功能障碍施行反射性运动模式训练，通过不断、反复的刺激，促使反射运动变成主动运动，从而促进患儿的运动功能发育。1980 年，澳大利亚的卡尔（Carr）和谢菲尔德（Shepherd）提出运动再学习疗法（motor relearning program，MRP），强调对偏瘫患者的肢体加强训练，使之重新恢复运动功能，这一疗法取得了良好的效果。从 20 世纪 40 年代至今，以神经生理学及神经发育学为特色的运动疗法，获得了极大的发展。

运动疗法在我国有着悠久的历史，我国古代武术中的功夫被认为是运动疗法的先驱。战国时期《黄帝内经·素问》中详细记载了利用导引（呼吸体操）、按跷（按摩）等治疗疾病的方法。湖南长沙马王堆汉墓出土的文物《导引图》证实了秦汉之际我国已应用导引方法治病健体。东汉末年的华佗在继承古代导引方法的基础上，模仿虎、鹿、熊、猿、鸟五种动物，编制了五禽戏，这成为我国最早的运动体操，对促进患者身体的康复和保健起到了重要的作用。隋唐时期，巢元方的《诸病源候论》、孙思邈的《备急千金要方》等均对气功、按摩、导引等进行了相关叙述。宋朝至明朝时期，对按摩、导引、体育疗法等的记述更多，如明朝人整理的《正统道藏》对上述技术资料记载很多。到了清朝，康熙年间的《古今图书集成·医部全录》中对许多疾病都列出了康复疗法。

20 世纪 80 年代，我国引入现代康复医学，国家派出了许多专家及学者赴国外考察、留学，把先进的康复医学理论及技术带回国内，促进了中国康复医学事业的发展，其中运动疗法就是康复医学中极具活力的专业之一。近几十年间，运动疗法在我国飞速发展。

思考与练习

1. 中国古代还有哪些运动疗法？
2. 如何更好地传承和发展中国传统医学？

二、运动疗法的适应证和禁忌证

（一）运动疗法的适应证

1. 神经系统疾病

神经系统疾病主要包括脑卒中、小儿脑瘫、脊髓损伤、颅脑外伤、脑肿瘤、帕金森病、脊髓灰质炎、多发性硬化症、周围神经疾病、急性感染性多发性神经根炎等。

2. 肌肉骨骼系统疾病

肌肉骨骼系统疾病主要包括骨折、颈椎病、腰椎间盘突出、关节炎、肩周炎、截肢、运动损伤后功能障碍、肌营养不良等。

3. 内外科疾病

内外科疾病主要包括冠心病、原发性高血压、心力衰竭、慢性阻塞性肺疾病、支气管哮喘、糖尿病、骨质疏松、肥胖症、类风湿性关节炎、强直性脊柱炎等。

（二）运动疗法的禁忌证

①全身情况不佳、脏器功能失代偿期者，如有心力衰竭表现、安静时脉搏次数超过 100 次 / 分钟、血压不正常、患者临床症状明显等。

②有明确的急性炎症存在者，如体温超过 38℃，血液中白细胞计数明显升高等。

③患者病情不稳定，处于疾病的急性期或亚急性期。

④运动治疗过程中有可能发生严重并发症者，如动脉瘤破裂、静脉血栓脱落。

⑤运动器官损伤未进行妥善处理者。

⑥有大出血倾向或癌细胞有明显转移倾向者。

⑦身体衰弱，难以承受训练者。

⑧休克、神志不清或明显不合作者。

⑨剧烈疼痛，运动后加重者。

三、运动疗法的特点

运动疗法是以各种形式的主动和被动运动进行合理的、有效的训练，以提高和促进患者各种功能的恢复，加速疾病的康复，使患者最大限度地恢复生活自理能力和劳动能力的治疗方法。其主要特点包括以下四点。

①主动积极参与：运动疗法要求患者主动参与治疗过程，通过积极地锻炼来促进身体功能的恢复。

②局部与全身治疗相结合：虽然运动疗法主要通过肌肉和关节活动达到局部器官的锻炼，但它也通过神经反射和体液调节机制来改善全身功能状态，增强体质。

③预防和治疗疾病相结合：运动疗法不仅能促进疾病的临床治愈和身体功能恢复，还能预防疾病的发展和并发症的发生。

④运动类型多样：根据治疗目的的不同，运动疗法包括耐力性运动、力量性运动、恢复功能性运动和放松性训练等，如散步、慢跑、游泳、力量训练、康复体操等。

这些特点使得运动疗法成为一种全面的康复治疗手段，适用于多种情况的患者，特别是需要恢复运动功能或预防疾病的人群。

四、运动疗法的具体分类

运动疗法可以根据不同的标准进行分类，具体包括以下内容。

（一）根据运动方式分类

1. 被动运动

由治疗师徒手或借助器械对患者进行治疗活动，患者不做主动运动。

①适用情况：患者肢体肌肉瘫痪或肌肉力量极弱（肌力 0 级或 1 级）。

②作用：预防软组织挛缩和粘连形成，恢复软组织弹性；保持肌肉休息状态时的长度及牵拉缩短的肌肉；刺激肢体屈伸反射；施加本体感觉刺激；为主动运动发生做准备。

2. 助力运动

在治疗师的帮助或借助器械的情况下，患者通过自己主动的肌肉收缩来完成运动训练。

①适用情况：患者肢体肌肉已能自己收缩，但力量尚不足以抵抗肢体的自重或对抗地心引力（肌力 2 级）。

②作用：增强肌力和改善肢体功能，帮助患者从被动运动向主动运动过渡。

3. 主动运动

在既不施加外来辅助，又不给予任何阻力的情况下，由患者自己主动完成运动训练。

①适用情况：患者肌肉力量较弱，能够移动肢体抵抗地心引力进行运动，但尚不能对抗任何额外阻力（肌力 3 级）。

②作用：增强肌力、改善肢体功能，并通过运动达到改善心肺功能和全身状况的目的。

4. 抗阻运动

在治疗师用手或利用器械对人体施加阻力的情况下，由患者主动进行抗阻力的运动。

①适用情况：患者肌肉力量不但能够移动肢体，抵抗地心引力进行运动，而且还能够对抗其他阻力（肌力 4、5 级）。

②作用：增强肌力。

5. 牵伸运动

用被动或主动的方法，对身体局部进行强力牵拉。被动牵伸时，牵引力由治疗师或器械提供；主动牵伸时，牵引力由拮抗肌群的收缩来提供。

①适用情况：治疗软组织病变所致的关节挛缩，以及治疗组织压迫性疾病，缓解疼痛。

②作用：恢复或缓解因软组织弹性丧失而引起的肢体活动范围受限；减轻对某些局部组织的压迫。

（二）根据肌肉收缩形式分类

1. 等张运动

等张运动又称为动力性运动，肌肉收缩时张力基本保持不变，肌纤维长度变化，产生关节运动。等张运动又可分为向心性等张运动和离心性等张运动。肌肉在发力时缩短的动作是向心收缩，肌肉在发力时伸长的动作是离心收缩。

2. 等长运动

等长运动又称为静力性运动，肌肉收缩时肌纤维长度保持不变，肌张力增大，不产生关节运动。

3. 等速运动

利用专门设备，使整个关节依据预先设定的速度运动，运动过程中肌肉用力仅使肌张力增大，力矩输出增加。

思考与练习

分别举例说明哪些运动是等张运动、等长运动和等速运动。

知识小课堂

运动疗法的注意事项

在实施运动疗法时，需要注意以下七点，这些注意事项可以帮助确保运动疗法的效果，同时保护身体健康不受影响。

①适度运动：运动疗法应该是适度的，根据个人的体能和健康状况选择合适的运动

强度和时间，避免过度运动导致身体不适。

②循序渐进：运动强度应逐渐增大，以适应身体的变化，避免急于求成导致身体受伤害。

③关注身体反应：在运动过程中，应密切观察身体的反应。如果出现严重的呼吸困难、胸部压迫感、头晕、面色苍白等症状，应立即停止运动，并确保有足够的休息。

④早晨锻炼：早晨是进行锻炼的黄金时段，空气清新，精力充沛。

⑤餐后 1 小时运动：餐后 1 小时是进行运动的最佳时机，此时运动有助于增强身体的代谢能力，有效防止低血糖的发生。

⑥选择合适项目：选择适合自己的运动项目，如散步、太极拳等，并坚持长期锻炼。

⑦注意身体状况：如果出现食欲减退、失眠、体重明显下降、脉搏搏动次数超过原来的 30% 等症状，应适当调整运动强度和时间。

◆ 实训营

运动损伤预防与康复综合实践

一、实训目标

①学会运动损伤的初步判断方法和急救处理技能（如止血、包扎、固定等）。

②掌握常见运动损伤的康复训练方法，如关节活动度训练、本体感觉训练等。

③能够根据个体情况制订运动损伤预防和康复计划。

二、实训设备与材料

急救包、绷带、冰袋、夹板等急救用品，平衡板、弹力带、康复训练器械，模拟人（或同伴互助练习）。

三、实训内容

1. 急救技能训练

①模拟场景：擦伤、扭伤、骨折等常见运动损伤的急救处理。

②实操内容：伤口清洁、止血、包扎、固定、搬运等。

③分组练习：学生分组进行实操练习，教师巡回指导。

2. 康复技术训练

①关节活动度训练：通过被动和主动运动恢复关节活动范围。

②本体感觉训练：利用不稳定器械（如平衡板）进行关节稳定性训练。

③力量与耐力训练：针对受伤部位进行渐进性力量训练。

3. 案例分析与计划制订

①分析典型的运动损伤案例，讨论损伤原因及处理方法。

②根据案例制订个性化的预防和康复计划，包括训练内容、时间安排和注意事项。

4. 综合实训

①设计一个模拟运动场景（如篮球比赛、户外登山等），学生需在场景中识别潜在的运动损伤风险，并采取预防措施。

②模拟运动损伤发生后，学生须迅速进行急救处理，并制订后续康复计划。

四、实训评价

1. 技能考核

学生在模拟场景中完成急救处理和康复训练，教师根据操作的规范性、准确性进行评分。

2. 小组汇报与展示

小组展示运动损伤预防与康复计划，教师和学生共同评价。

3. 实训总结

学生撰写实训报告，总结学习收获和不足之处。

第二章　认识体能与职业体能训练

学习目标

知识目标

1. 理解体能的定义与分类。
2. 掌握科学评价体能水平的方法。
3. 了解职业体能训练的定义、任务、意义和内容。

能力目标

1. 能够通过实践检验体能训练的效果。
2. 能够制订个人体能训练计划。

素质目标

1. 在体能训练过程中，能够克服训练中的困难和挫折，培养吃苦耐劳的精神和坚韧不拔的意志品质，增强自信心和自我效能感。

2. 认识到体能是健康的重要组成部分，体能训练不仅是运动员的专属，也是普通人群保持健康、提高生活质量的重要手段，从而树立科学、积极的体能训练观念。

第一节　认识体能

一、体能概述

体能通常是指一个人从事体力活动的能力。体能一般可以分为健康体能和运动体能。健康体能，是指以维护、促进健康和提高基本活动能力、身体素质为主的体能；运动体能，是指以提高专门的竞技技能和提升竞技水平为主的体能。

（一）健康体能

健康体能以促进健康和提高基本活动能力为目标，是人们所具备的维系健康的身体能力。健康体能使我们以饱满的精力、向上的姿态去面对学习和生活。

从生理层面而言，健康体能和以下三个因素息息相关。

①心肺耐力。心肺耐力指在持续性身体活动时循环系统和呼吸系统供应氧的能力。体能锻炼能有效地发展心肺耐力，预防冠心病等心血管疾病。

②肌肉力量、肌肉耐力。前者是指肌肉或肌肉群竭尽全力收缩一次时对抗阻力的能力；后者指肌肉或肌肉群多次重复收缩而不疲劳的能力。人体所有活动都离不开肌肉收缩，良好的肌肉力量和肌肉耐力是健康生活的保障，也是发展其他体能的基础。

③身体成分。身体成分指人体内水、蛋白质、脂肪、糖类、无机盐、维生素的含量和占比。在运动方面我们主要考察人体总体重中脂肪成分的重量和非脂肪成分重量（瘦体重）的相对数量关系。

（二）运动体能

运动体能是在健康体能的基础上，人们所具备的与运动相关的身体能力。运动体能对于人的能力提出了更高层次的要求。对于健身者而言，发展运动体能有利于从事更多种类的体育运动，如提升灵敏度与速度的球类运动，提升平衡性的跳绳，提升协调性的赛艇等。对于竞技者而言，发展运动体能可以帮助他们在赛场上获得更好的成绩。对于学生而言，发展运动体能可以帮助他们应对体育测试，同时有机会在课余时间尝试不同的体育项目，感受体育的乐趣。

运动体能和如下要素密切相关。

①灵敏度。灵敏度指人体在复杂条件下，快速、准确、协调地变换身体姿势和运动方向并随机应变的能力。

②速度。速度指在单位时间内，全身或身体的任一部位从一个位置快速移动到另一个位置的能力。

③协调性。协调性指人体各部分肢体或肌肉在动作中的配合能力。

④平衡性。平衡性指人体在相对静止状态或动态条件下维持身体姿势稳定的能力。

知识小课堂

体能是运动表现的基石

体能是我们完成各种动作的基础。无论是需要力量的投篮、需要速度的冲刺，还是需要耐力的长跑，这些都是体能训练的重要组成部分。例如，想要在篮球比赛中扣篮，你需要力量和爆发力；想要在足球场上跑得更快，你需要速度和耐力；想要在羽毛球场上灵活移动，你需要速度、协调性和平衡性。

体能训练还能帮助我们避免运动伤害。通过强健肌肉、关节和韧带，我们可以更好地保护自己，避免在剧烈的运动中受伤。如果没有进行适当的体能训练，我们的身体可能无法承受高强度的运动，这会增加受伤的风险。

二、科学评价体能水平

（一）健康体能的技术标准

科学评价体能水平需要遵循一定的步骤和方法，以确保评估的准确性和有效性。

1. 运动量

运动量是由运动的强度、时间（持续时间）和频率共同决定的。每周的总运动量可以用来评价运动量是否达到了促进健康的推荐量。

运动量的推荐值是 500 ～ 1000METs- 分钟 / 周，大约相当于每周消耗 1000 千卡的热量，大约每周做 150 分钟中等强度的运动，或每天步行 5400 ～ 7900 步。小的运动量能为低体力水平的人带来健康，而体重管理者则可能需要更大的运动量。不同运动项目的推荐运动量见表 2-1。

表2-1　不同运动项目的推荐运动量

运动项目	运动强度	运动时间（分钟）	运动频率（天 / 周）
快走、慢跑、游泳、自行车、扭秧歌	中	≥ 30	5 ～ 7
跑步、快节奏健美操	大	≥ 20	2 ～ 3
太极拳、气功	中	≥ 30	3 ～ 7
篮球、足球、网球、羽毛球、乒乓球	中、大	≥ 30	3
力量练习	中	≥ 20	2 ～ 3
牵拉练习	—	5 ～ 10	5 ～ 7

运动时间是指每次运动的持续时间，是组成运动量的重要因素。

一般锻炼者建议每天运动 30 ～ 60 分钟；每周做 150 ～ 300 分钟中等强度运动，或每周做 75 ～ 150 分钟大强度运动，或中等强度、大强度运动交替进行。以管理体重为目标的运动者，需要更长的运动时间（每天至少 60 ～ 90 分钟）以达到降低体重的目的。

需要注意的是，可以连续完成推荐运动量，也可以一天中以每次至少 10 分钟的多次活动累计完成。即便运动时间低于最小推荐运动量，也能对健康产生一定益处。

我们要根据实际情况和自身情况对运动的强度、持续时间和频率进行调整，逐步达到运动目标。如果一开始还不能达到预期的运动强度和时间，可以先减量完成。运动开始的4～6周中，每1～2周将单次训练的时间延长5～10分钟。规律运动1个月后，在接下来的4～8个月中，逐渐增加运动量、延长运动时间，直到达到推荐的运动量。循序渐进的运动方法可以降低运动损伤风险。

2. 运动方式

不同人群的身体状况各异，应该根据个人情况选择适合自己的运动方式。运动前，要初步了解自己的身体情况以减少运动风险。不同运动方式的推荐人群见表2-2。

表2-2　不同运动方式的推荐人群

运动类型	推荐人群	运动举例
需要最少技能或体能的耐力活动	所有成年人	步行、休闲骑行、水中体能运动、慢舞
需要最少技能的较大强度耐力运动	有规律锻炼计划的成年人或至少中等体能水平者	慢跑、跑步、划船、有氧健身操、动感单车、椭圆机运动、爬台阶、快舞
需要技能的耐力运动	有技能的成年人或至少中等体能水平者	游泳、越野滑雪、滑冰
休闲运动	有规律锻炼计划的成年人或至少中等体能水平者	网球、羽毛球、篮球、足球、高山速降、滑雪、徒步旅行

（二）体能运动的强度评价

体能运动的强度监测分为心率监测、呼吸监测和主观体力感觉监测三种方式。前两种有一定的计算方法和计算公式，监测结果准确客观；后一种凭借个人主观感觉，简单易行，可操作性更强。

1. 心率监测

我们可以使用储备心率（heart rate reserve，HRR）法来测算运动的靶心率（目标心率）范围，运动过程中，可以通过对心率这一客观数据的监测来达到监测运动强度的目的。最大心率推测公式见表2-3。

表2-3　最大心率推测公式

研究者	公式	适用人群
福克斯（Fox）	最大心率=220-年龄	少部分男性和女性
阿斯特兰（Astrand）	最大心率=216.6-0.84×年龄	4～34岁男性和女性
格里什（Gelish）	最大心率=207-0.7×年龄	适用所有年龄段和体能水平的成年男女

我们可以根据最大心率，利用 HRR 法公式计算靶心率范围：

靶心率 =（最大心率 - 安静心率）× 期望心率 %+ 安静心率。

其中，安静心率可通过测量自己在安静状态下一分钟的脉搏次数而得，一般运动时，期望心率的范围在 40% ～ 60%。

例如，一名大学生年龄为 22 岁，使用第三个计算公式，最大心率 =207-0.7×22=191.6 次 / 分钟；安静心率为 63 次 / 分钟，靶心率 =（191.6-63）×（40% ～ 60%）+ 63，计算出靶心率的范围为 114.44 ～ 140.16 次 / 分钟，故此次运动的心率范围控制在 114 ～ 140 次 / 分钟为宜。

思考与练习

监测运动心率的方法有哪些？试在运动中运用这些方法。

2. 呼吸监测

体能运动会引起人体呼吸频率和呼吸深度变化，可以根据运动中的呼吸变化监测运动强度。不同呼吸状态下对应的运动强度见表 2-4。

表2-4　不同呼吸状态下对应的运动强度

呼吸	特征描述	运动强度
轻松	与安静状态相比，运动时呼吸频率和呼吸深度变化不大，呼吸平稳，可以唱歌。这种呼吸状态下的运动心率一般在 100 次 / 分钟以下	小强度运动
比较轻松	运动中呼吸深度和呼吸频率增加，可以正常用语言交流。运动心率相当于 100 ～ 120 次 / 分钟	中小强度运动
比较急促	运动中只能讲短句子，不能完整表述长句子。运动心率相当于 130 ～ 140 次 / 分钟	中等强度运动
急促	运动中呼吸困难，不能用语言交谈。运动心率一般超过 140 次 / 分钟	大强度运动

3. 主观体力感觉监测

体能运动会引起人体主观体力感觉变化。不同主观体力感觉对应的运动强度见表 2-5。

表2-5　不同主观体力感觉对应的运动强度

主观体力感觉描述	主观体力感觉分级	运动强度
根本不费力	主观体力感觉 6 ～ 7 级	—
极其轻松	主观体力感觉 8 级	—
很轻松	主观体力感觉 9 ～ 11 级	—
轻松	主观体力感觉 12 ～ 13 级	小强度运动
稍累	主观体力感觉 14 ～ 15 级	中等强度运动

续表

主观体力感觉描述	主观体力感觉分级	运动强度
累	主观体力感觉 16 ～ 17 级	大强度运动
很累	主观体力感觉 18 级	—
极累	主观体力感觉 19 级	—
力竭	主观体力感觉 20 级	—

监测体能运动强度最有效的方法有两种：第一是以运动强度为标准，调整呼吸，注重主观体力感觉；第二是以脉搏为标准，即监测心率，使之在靶心率的范围之内。运用这两种方法，既有助于运动者达到预定的运动目标，又能保证运动者的健康。

第二节　职业体能训练

一、职业体能训练概述

职业体能是与职业劳动有关的身体素质和对劳动环境的适应能力，是特定工作岗位所需的身体活动能力，包括维持周期性工作姿势时人体主动肌肉群的活动能力，以及人体对工作环境的适应能力。

开展职业体能训练是依据职业院校学生所学专业对口的职业岗位对身体素质的需求，有针对性地实施各种干预措施，提高学生的职业体能水平，缩短从“职校生”到特定岗位“职业人”的转化过程，为今后学生的职业发展奠定基础。此外，职业体能训练提高了相应的关节、肌肉群等组织的本体工作效能，促进了相应身体组织各生理工作单位可持续工作状态的形成与稳定，对于职业病的防治起到了积极作用。

二、开展职业体能训练的基本任务和意义

在职业劳动中，职业体能训练的贡献在于提高人的身体素质和劳动能力，在劳动力再生产过程中发挥保护、恢复和增强劳动力的作用。职业院校学生的劳动是现代高科技下的技能性、创造性劳动，属于物化劳动过程而非简单的纯体力劳动。学生毕业后所从事的职业岗位工作客观上对其体能提出了不同的要求：要适应紧张而单调的流水作业；要承受机械的振荡、噪声的干扰；要经得住特殊气味及高温或寒冷的侵袭；要能在高、难、险的环境下完成高精度的生产任务；等等。这就需要未来的职业岗位人员不仅具有较高的职业技术操作能力，还具备较强的体能，如一定的力量、耐力、速度、柔韧性、灵敏度等。只有职业技术和职业体能发展相得益彰，专业人才才能发挥最大作用。

拓展阅读

投递"运动的快乐"！成都小哥运动会幸福开赛

2025 年 2 月 27 日，2025 成都小哥运动会幸福开赛。每天穿梭在城市的大街小巷，高效将快递、美食投递到千家万户的外卖骑手、快递员，成为赛场主角。而这一次，他们投递的是"运动的快乐"。

本次运动会是全国首个以快递、外卖行业从业者为核心参与群体的运动会，旨在以运动竞技展现新时代劳动者奋进之姿，让每一名劳动者都能参与运动、爱上运动、享受运动带来的健康与快乐。

比赛现场，外卖骑手、快递员们尽享运动的乐趣：拔河比赛，小哥们每日搬运数百件包裹的手臂绷紧麻绳；绕桩骑行接力赛，小哥们上演模拟送餐途中的安全配送绝技。

棋类比赛中，某物流公司的下棋高手运子如飞，宛如在派送过程中不断计算最优路线。一位参赛的骑手小哥感叹："很开心！以前送外卖的时候常在街头看别人运动，没想到今天自己成了赛事主角。"

（资料来源：中国新闻网，有删改）

三、职业体能训练的内容

根据不同职业的身体姿势、类型、工作方式、职业体能要求、职业技能等，职业体能训练要寻求与职业特点关系最密切、最能适应职业体能发展需求的运动项目、素质练习和其他缓解疲劳的训练内容。不同职业的职业体能训练内容见表 2-6。

表2-6　不同职业的职业体能训练内容

身体姿势	传统职业类型	工作方式	职业体能要求	职业体能训练内容
相对静态坐姿类	会计，秘书、电商文秘，网络装潢，影视设计，动画设计等	大多在室内坐着从事职业活动。以伏案操作、脑力劳动为主	均衡的一般耐力，颈、肩部力量，腰背肌肉力量，上肢力量，指、腕间肌肉力量，指、腕关节的灵活性、协调性等	1. 运动练习：健身舞、瑜伽、篮球、排球、乒乓球、攀登、跳跃等； 2. 素质练习：办公室健身操，包括手眼组合练习，快速反应游戏，举哑铃小臂屈伸，指、腕卷棒和旋转，仰卧起坐、仰卧举腿、立卧撑、仰卧挺身，各种方式的提拉重物、负重转体，健身球运动，各种跳绳，小球练习等； 3. 缓解疲劳练习：改变体位动作的练习，体前、后屈，配乐的各种拉伸组合练习等

续表

身体姿势	传统职业类型	工作方式	职业体能要求	职业体能训练内容
相对静态站姿类	酒店管理，烹饪，学前教育，老年服务，公关礼仪，文秘等	多在室内，以立正（礼仪）、随意站立和走动为主要姿势，肢体配合着从事职业活动。脑力、体力相结合	均衡的一般耐力，腰、腹、背部肌肉力量，下肢静力性耐力；肩带肌力、平衡力；柔韧性与协调性等	1. 运动练习：健美操、体操、艺术体操、武术、短跑、形体训练等； 2. 素质练习：徒手操，轻器械体操，各种操化动作组合，扶墙提踵，仰卧举腿，俯卧抬体，负重蹲跳，集体跳步组合练习，有氧健身操，踏板操，多人配合跳绳，腰、腹、背、腿部力量的运动处方练习等； 3. 缓解疲劳练习：伸展背部、两人互相背人、体位变姿活动、配乐放松舞等
相对流动变姿类	国际贸易，市场营销，房屋管理，旅游，金融，房产，工程等	多在室内外交替工作，以走的动作为主，无固定的姿势。脑力、体力相结合	腰、背、腹肌力量，耐久力，平衡力，上、下肢协调性，动作准确性和灵敏性，较强的心肺功能	1. 运动练习：形体训练，轮滑，体育游戏，长跑，前、后滚翻，跪跳起等； 2. 素质练习：高空运动，爬山远足，各种跳绳，各种越障碍跑，各种跳、钻的游戏活动，增强腰、腹、腿部肌肉群力量的素质练习和运动处方等； 3. 缓解疲劳练习：敲击、按摩肌体，改变体态动作，相背肌体拉伸，合作放松肌体，活动量小的放松游戏等
工厂操作类	汽修，机械、电气，数控，物流，船舶，模具制造等	多在室内外交替工作，动力性和静力性工作交替进行，没有固定姿势，时站、时蹲、时伏。脑力、体力相结合	上、下肢力量，劳动部位相联系的肌肉绝对力量，腰腹力量，腿部力量，动作灵敏性，注意力集中，持续时间长	1. 运动练习：乒乓球、羽毛球、网球、篮球、跳跃、体操、短跑、长跑等； 2. 素质练习：杠铃蹲起，壶铃蹲跳，仰卧推举杠铃，抓举、挺举杠铃等； 3. 拓展训练：各种跳跃动作组合练习，腰、腹、背肌练习和各种平衡练习，各类不同性质的体育游戏等； 4. 缓解疲劳练习：工间操，各种抖、甩的肢体放松动作，肌肉的被动拉伸，放松舞蹈等

（一）相对静态坐姿类职业体能训练

1. 健身舞等运动项目训练

通过健身舞、瑜伽、篮球、排球、乒乓球、攀登、跳跃等运动项目教学，使学生不仅掌握具有不同项目特点的动作技能，发展专项素质，还能发展与职业岗位对应的实用性体能。

主要动作练习如下所述。

①健身舞：在一定音乐节奏下，由不同的肢体动作组成较长时间不间断的运动，能够显著改善学生的心肺功能和身体形态。通过健身舞的锻炼，学生的心肺功能得到增强，心肺耐力提高，能够更好地适应高强度的职业活动。

②瑜伽：在音乐的意境里完成较高质量的肢体伸展动作。瑜伽可以让学生集中注意力，保持安静的情绪，可以调节呼吸和心率，帮助学生舒缓压力，放松身心，提高睡眠质量，增强免疫力，同时可以锻炼学生的肌肉，改善学生的体态，增强学生的柔韧性和协调性，预防和缓解身体不适。

③篮球、排球：主要训练上肢动作技能与身体的协调性，重点锻炼手指、腕、臂、肩的力量与协调性。

④乒乓球：乒乓球是一项有氧运动，通过不断地跑动和挥拍，加速血液循环，增强心肺功能，提高心脑血管系统的健康水平；培养手、眼协调能力；不断挥拍的动作能发展肩带肌、手臂的力量，提高灵活性。

⑤攀登、跳跃：主要训练上下肢力量与耐力。

2. 办公室健身操项目训练

办公室健身操，包括手眼组合练习，快速反应游戏，举哑铃小臂屈伸，指、腕卷棒和旋转，仰卧起坐、仰卧举腿、立卧撑、仰卧挺身，各种方式的提拉重物、负重转体，健身球运动等身体练习，可为日后职业体能练习奠定基础。

主要动作练习如下所述。

①手眼组合练习：将眼、颈、手臂等部位的动作设计成一套组合动作，配合练习。主要发展手、眼、颈部的动作协调能力。

②快速反应游戏：以训练反应速度为主要目的，设计游戏情境，如抢座位、桌上抢物、两人配合快速翻打手掌等。主要提高反应速度和灵敏性。

③立卧撑：一种全身性的锻炼动作，结合了俯卧撑、深蹲和跳跃等多个动作，能够有效地锻炼全身肌肉，提高心肺功能和减脂效果。

④仰卧挺身：在垫子上屈膝脚撑地仰卧，借助两臂的力量压垫，腰背部肌肉收缩用力向上挺身。反复练习，增强腰腹、背肌力量，缓解长时间伏案工作的肌肉疲劳。

3. 改变体位的被动动作练习

通过改变体位的被动动作练习，如体前、后、侧屈，配合各种肢体拉伸动作，进行伸展脊柱、活动关节等动作练习，放松肌肉，缓解疲劳，改善肺通气量、血液循环等机能。

主要动作练习如下所述。

结合长时间的工作姿势和身体易疲劳的部位，设计符合肌肉运动规律的拉伸动作组合，配合舒缓的音乐放松身心，缓解精神和肌肉疲劳。

（二）相对静态站姿类职业体能训练

1. 健美操等运动项目训练

通过健美操、体操、艺术体操、武术、短跑、形体训练等运动项目教学，使学生了解不同专项的运动特点，掌握动作技能，发展专项素质和与职业岗位对应的实用性体能。

主要动作练习如下所述。

①健美操、体操、艺术体操：以身体基本动作为主，通过不同方向、不同路径的动作连接，设计成套动作组合，在音乐伴奏下练习。经常进行有节奏的上下肢活动，能改善血液循环，提高柔韧性、协调性，培养良好的职业气质。

②武术：以基本动作和套路动作训练为主，提高静力（如较长时间的马步等）、动作爆发力，培养正确姿势（如服务行业的工作姿势等）。

③短跑：不同距离的追人跑、往返接力跑等，主要增强大肌肉群力量和站立工作的腿部支撑力量。

④形体训练：主要通过舒展优美的舞蹈基础练习，培养高雅的气质，纠正生活中不正确的姿态。

2. 徒手操等项目训练

通过徒手操，轻器械体操，各种操化动作组合，扶墙提踵，仰卧举腿，俯卧抬体，负重蹲跳，集体跳步组合，有氧健身操，踏板操，多人配合跳绳，腰、腹、背、腿部力量的运动处方等各种素质练习，使学生掌握动作练习的基本方法，能根据职业特点选择最适宜的动作，发展与职业岗位对应的实用性体能。

主要动作练习如下所述。

①扶墙提踵：两脚并拢，两手扶墙，来回提踵（脚跟上提、回落），也可脚下垫高加大提踵幅度。长期进行这种训练可以提高身体的协调性和平衡能力，有助于预防跌倒和其他意外的发生，增强站立位的工作能力。

②俯卧抬体（两人合作练习）：一人俯卧垫上，另一人压住练习者的双脚，练习者两手抱头，用力背屈向上抬上体而后回落。反复练习，以增强相关肌肉的力量和耐力，降低因长时间保持同一姿势工作而引起的职业病风险。

③有氧健身操、踏板操：长时间中低强度的配乐操化动作和步伐练习，主要增强有氧耐力，支持长时间站姿工作。

3. 伸展背部等训练

通过伸展背部、两人互相背人、体位变姿活动、配乐放松舞等，进行补偿性的恢复，缓解职业疲劳。

主要动作练习如下所述。

根据相对站立的工作姿势和身体易疲劳的部位，设计以背部拉伸为主的动作组合，配

合舒缓的音乐，两人背靠背，两臂相互勾住，一人上体用力向下屈体，将对方背起，然后互换动作。该训练可以放松精神和因长时间工作而僵硬的肌肉，缓解工作疲劳。

（三）相对流动变姿类职业体能训练

1. 专项运动项目

通过各种运动项目教学，如形体训练，轮滑，体育游戏，长跑，前、后滚翻，跪跳起等的练习，使学生掌握各专项运动的动作技能，提高身体素质和与职业岗位对应的实用性体能。

主要动作练习如下所述。

①轮滑：脚穿轮滑鞋，通过各种蹬地、摆动、支撑，形成不同姿势的滑行动作。主要发展平衡力、支撑力、协调性和适合高空作业的体能素质。

②体育游戏：以动力性动作为主设计游戏情境，从而适应无固定身体姿势的劳动需要。通过体育游戏的方式，学生在不知不觉中进行体育锻炼，提升职业体能。

③长跑：一般为较长时间的远距离跑步。主要发展有氧耐力，提高内脏器官的功能，能够显著提高学生的心肺功能，促进心血管系统的健康，从而提高耐力和持久力。

④前、后滚翻：两手支撑垫子，脚蹬地，向前、后滚翻。该动作既能发展学生的身体柔韧性、协调性、力量、平衡能力等素质，增强肌肉力量，又能让学生在摔倒时学会采用翻滚来降低冲击力，降低受伤概率，提升自我保护能力。

⑤跪跳起：双腿跪垫坐，借助向上摆臂同时向上收大腿的力跳起，锻炼机体的灵活性，有助于学生发展动态平衡技能，提高运动能力和身体控制能力。

2. 拓展训练项目

通过拓展训练，如高空运动，爬山远足，各种跳绳，各种越障碍跑，各种跳、钻的游戏活动，增强腰、腹、腿部肌肉群力量的素质练习和运动处方等各种练习项目，发展各职业岗位需要的职业体能。

主要动作练习如下所述。

①高空运动：由高空翻越、攀爬等多种项目组成。主要强化人的心理素质，使训练者适应高空作业环境。

②爬山远足：长时间的徒步、爬坡动作，能增强人的肌肉力量，提高体力水平，还能促进心脏和肺部功能的发展。

③障碍练习：在跑步练习途中，设置各种障碍，学生要跳、爬、钻等以通过障碍。障碍练习可以强化身体的动作感知，学生要在不断变化的动态练习中维持身体平衡。

（四）工厂操作类职业体能训练

1. 乒乓球等运动项目训练

通过乒乓球、羽毛球、网球、篮球、跳跃、体操、短跑、长跑等各运动项目教学，使学生掌握技能，发展实用性职业体能。

主要动作练习如下所述。

①乒乓球、羽毛球、网球：两人通过推、搓、拉、挑、扣等动作技术的综合运用完成运动，培养学生的灵敏性，提高反应速度和身体协调性。

②篮球：通过奔跑以传、接、运、投球等，与同伴合作完成。它可以增强体质，提高身体的协调性和反应能力，有助于培养团队的合作精神和沟通能力。

③短跑、长跑：一般为不同距离、不同速度要求的跑步练习。它主要提高动作速度、肌肉耐力、腿部力量等。

2. 杠铃蹲起等项目

通过杠铃蹲起，壶铃蹲跳，仰卧推举杠铃，抓举、挺举杠铃，各种跳跃动作组合练习，腰、腹、背肌练习和各种平衡练习，各类不同性质的体育游戏，发展实用性职业体能。

主要动作练习如下所述。

①杠铃蹲起：杠铃蹲起是一种兼具力量和稳定性的训练项目。肩扛一定重量的杠铃，紧腰下蹲，蹲至大腿与地面平行。起身时脚趾抓地挺髋蹲起，重心始终位于脚底中部，腰腹背始终收紧。这种训练主要发展腿部肌肉的绝对力量。它并不仅仅关注某一特定的肌肉群，而是通过全身性的协调运动来达到全面提升身体素质的目的。

②仰卧推举杠铃：仰卧躺于推举杠铃的架上，两手与肩同宽握住杠铃，深吸气，用力向上推举杠铃。这一动作可以发展上肢支撑力量，支持职业操作动作的稳定性。

③各种平衡练习：设计在离地有一定高度的长条体操凳上走或跑、在平衡木上快步走等动作。平衡练习发展小脑的平衡能力，适应户外工地现场高抬举技术动作或维持高空作业时的身体平衡。

3. 工间操等项目

通过工间操，各种抖、甩的肢体放松动作，肌肉的被动拉伸、放松舞蹈等缓解疲劳，发展实用性职业体能。

主要动作练习如下所述。

①工间操：利用工作间隙，放下手中工作，做由基本动作组成的改变身体姿势的体操，提高关节的灵活性，缓解因用一种姿势长时间劳动造成的肢体疲劳。

②各种抖、甩的肢体放松动作：利用本体对肌肉的控制、调节作用，做各种抖、甩动作放松肌肉。

③肌肉的被动拉伸、放松舞蹈：设计与持久劳动姿势相反的肢体动作，组合成放松舞蹈，配上音乐练习，能舒展身体，放松心情，愉悦身心。

思考与练习

分析未来职业的特点及其对于体能的要求。

◆ 实训营

制订职业体能锻炼计划

一、实训目标

①学会根据职业需求和个体体能水平制订科学合理的体能锻炼计划。
②掌握职业体能训练的具体方法和实施步骤，包括热身、训练和放松环节。
③能够运用体能测试工具评估训练效果，并根据反馈调整训练计划。

二、实训内容

1. 职业体能需求分析

①任务：学生分组，每组选择一种职业（如消防员、警察、护士、运动员等），分析该职业对体能的具体要求（如力量、耐力、柔韧性、灵敏性等）。

②方法：通过查阅资料、访谈相关职业人士等方式，收集职业体能需求信息，并整理成表格。

2. 体能测试与评估

①任务：每组成员互相测试体能水平，包括力量（如深蹲、俯卧撑）、耐力（如一分钟跑、仰卧起坐）、柔韧性（如坐位体前屈）和灵敏性（如折返跑）。

②方法：使用标准体能测试方法记录数据，分析个人体能的优势和不足。

3. 职业体能锻炼计划制订

①任务：根据职业体能需求和个人体能测试结果，制订一份为期 4 周的职业体能锻炼计划。

②内容：

目标设定——明确短期和长期体能目标；

训练内容——设计每周的训练计划，包括热身、力量训练、耐力训练、柔韧性训练和放松环节；

训练频率与强度——根据职业需求和个人体能水平，安排每周训练次数和每次训练的强度；

注意事项——记录训练中的安全措施和注意事项。

4. 体能锻炼计划实施

①任务：每组按照制订的计划进行为期 4 周的体能训练，记录训练过程中的感受和问题。

②方法：每周根据计划进行训练。训练过程中，小组成员相互监督、相互指导，确保

动作规范和训练效果。

5. 训练效果评估与调整

①任务：在第 4 周结束时，重新进行体能测试，评估训练效果。

②方法：对比训练前后的体能测试数据，分析锻练计划的合理性，讨论训练过程中遇到的问题并制订解决方案。

③调整计划：根据评估结果，调整锻练计划，优化训练内容和强度。

三、成果展示与总结

①任务：每组展示职业体能锻炼计划的实施过程和效果，分享经验教训。

②方法：制作 PPT 或海报，展示职业体能需求分析、锻练计划、训练过程和效果评估等内容。

③总结：学生撰写个人实训报告，总结实训收获、训练过程中的问题和改进措施。

第三章　科学健身和体重管理

学习目标

知识目标

1. 了解科学健身的原则、注意事项。

2. 掌握制订科学健身计划的方法。

3. 了解体重控制的原理、方法和注意事项。

4. 掌握制订体重管理运动处方的方法。

能力目标

1. 能够通过查阅资料、咨询专业人士等方式，学习科学健身和体重管理的最新知识和方法，并将其应用到实际生活中，同时学会在实践中不断总结经验，提升自我管理能力。

2. 能够制订并实施个人健身与体重管理计划。

素质目标

1. 树立积极的生活态度和健康的生活方式，将科学健身融入日常生活，形成终身体育的意识。

2. 在科学健身和体重管理过程中，能够克服惰性和不良习惯，培养自我管理和自律能力，增强自信心和自我控制能力，形成健康的生活习惯。

第一节　科学健身的基础知识

一、科学健身的原则

科学健身需要遵循一些原则，这些原则既是科学健身的依据，又是健身练习效果的标准。

（一）锻炼计划合理

学生应根据健康状况和体能情况，合理制订锻炼计划，恰当安排锻炼内容，特别需要注意学生由于身体残缺、疾病等而不宜进行的身体锻炼。在提高锻炼效果的同时，要最大限度地防止意外事故的发生。

（二）锻炼强度适宜

学生应该从自身出发，安排、调整锻炼的方法、内容和运动负荷量等。在体育锻炼的过程中，运动负荷量（指体育锻炼时身体的生理负荷量）的适宜程度直接影响人体机能的变化，进而对锻炼效果产生影响。如果负荷过小，就无法促进机体变化，达不到锻炼身体的目的；如果负荷过大，超出了机体所能承受的范围，就会引起睡眠不宁、食欲不佳、长期疲劳等不良反应。正确的做法是以一定的运动负荷量作用于身体，一定次数和时间后，身体适应，然后再依据人体对运动的适应性变化，有计划地逐步增大运动负荷量，使身体产生新水平的适应，最终达到增强体质的目标。运动负荷量的大小因人、因时而异，同一个人，不同的机能状态下对负荷的承受能力也不尽相同。一般而言，在每次体育锻炼以后稍微感到疲惫，但没有各种不良反应，通过休息身体较快恢复，这样的运动负荷量基本是合适的。

（三）锻炼要坚持不懈

健身不是一朝一夕的事情，需要长期坚持。人体对体育锻炼的适应呈现出经常锻炼则进步、发展，“三天打鱼，两天晒网”则退步、削弱的变化规律。运动停止后几周，由于热量消耗减少，脂肪开始增长，肌肉逐渐萎缩，技能也会消退。所以，需要树立终身体育理念，坚持不懈地进行体育锻炼。

知识小课堂

运动最好天天坚持，不然效果会变差，不如不练？

这是一种误解。运动带来的健康收益主要取决于总运动量，并不取决于运动的频率。发表在《中国循环杂志》的最新大规模研究（89 573 名参与者）证实：只要达到每周 150 分钟的运动量，无论是每天规律运动还是周末集中运动，对降低疾病风险的效果都十分相近。

从生理机制来看，运动能通过增强心肌收缩力、改善血管弹性、优化血脂指标、提高心肺功能等方式改善心血管健康。而这些益处不会因为运动间隔几天就完全消失，即使是短暂的高强度间歇运动（每天 3 ～ 4 分钟），也能显著降低患心血管疾病的风险。需要注意的是，该研究是以周为单位进行的，如果锻炼时间间隔过长，偶尔一次练很长时间，可能达不到锻炼效果。

总之，保持健康的关键是要根据个人情况选择合适的运动方式，保证总运动量达标。与其因为“必须天天练”的压力而放弃运动，不如找到适合自己的运动频率和方式坚持下去。

（四）锻炼项目应全面

锻炼应全面系统。不同的锻炼项目所引起的人体的生理变化和机能适应各不相同。例如，长跑侧重于提高人体肺活量和耐力，吊环则能快速增强手、臂的力量。锻炼内容丰富多样，包括跑、跳、投、攀爬、悬垂、支撑，以及球类运动、搏击类运动、户外运动、体育游戏等项目，目的就是使身体得到全面锻炼，对身体的良性适应起到促进作用，从而促进身体各部分组织器官的整体发展，使身体素质和运动能力得到综合提高。反之，如果单凭兴趣，喜欢什么项目就只练什么，则可能造成身体发展的不均衡和不协调。因此，大学生体育锻炼的内容、方法要尽可能考虑身体的全面发展，以功效大、兴趣浓的运动项目为主，以其他项目为辅进行全面锻炼。要强调全身的活动，而不限于局部。

（五）锻炼前做好热身运动

锻炼前要进行适当的热身运动。热身运动的作用在于提高神经中枢的兴奋性，加强心肺功能，使肌肉、肌腱、韧带处于伸展性良好的“工作状态”。它是帮助人体从相对安静状态过渡到剧烈运动状态，克服生理惰性，进行自我保护的有效措施。尤其是在气温较低、气候寒冷的季节，更应该重视锻炼前的热身运动。

（六）锻炼后做好放松运动

锻炼结束后，要做好放松运动。放松运动的作用在于通过比较轻松、舒缓的身体活动，使各个组织器官从紧张的运动状态中松弛下来，增加吸氧量，“冲刷”体内的乳酸，从而加速疲劳的缓解和消除，使肌肉疼痛感大大降低。此外，剧烈运动时，肌肉有节律性地收缩，促使血液快速流回心脏，心跳和血液流动加快，肌肉和毛细血管扩张。此时如果立即停止运动，会使得肌肉的节律性收缩也立即停止，导致肌肉中的大量血液淤积于静脉，造成暂时性的心脏缺血、脑部供血不足，引发心慌、头晕、眼花，甚至休克等症状。因此，急速奔跑到达终点后，要借助惯性再慢跑一段直至放慢到步行状态。

二、科学健身的注意事项

（一）运动前注意事项

运动前非常重要的一点就是了解自己的健康状况，根据健康状况选择合适的运动项目或锻炼内容。此外，要特别注意以下事项。

①伤病状态下不宜运动。

②雷雨天避免在户外运动。

③运动前应摘掉坚硬的饰品。

④检查运动环境和运动器械的安全情况。

（二）运动中注意事项

①参加较长时间的运动要注意休息和补水。

②时刻关注自己和同伴的身体状况，出现不适时，应及时停止运动。

③如果受伤，一定要停下来，在原地不动，及时寻求帮助。

（三）运动后注意事项

①做放松运动。

②按少量多次的原则及时饮水。

③如果有任何不适症状，一定要及时寻求帮助。

三、科学健身计划的制订

制订科学健身的计划与选择科学健身的方法，是大学生科学健身首先要解决的问题。计划的制订与方法的选择是否合适，直接影响大学生参加科学健身的积极性，以及能否经常持久地参与锻炼，以实现良好的健身效果。

（一）年度健身计划

1. 健身目标

年度健身计划的目标属于远期目标。通常情况下，年度健身计划可以设定 2 ～ 4 个健身目标，但应注意不同健身目标间的相互关系和先后顺序。例如，一个存在运动功能障碍的体重超重者，其年度健身计划中可以设定消除运动功能障碍和塑造优美身体形态两个健身目标，只有在消除运动功能障碍之后，才能较好地塑造优美身体形态。因此，消除运动功能障碍应为前期目标，塑造优美身体形态应为后期目标。

2. 健身形式

年度健身计划中的健身形式，应根据健身目标确定大致的类别，但一定要以身体功能评定结果为依据。例如，想提高心肺功能和耐力素质的锻炼者，可选择以有氧运动为主的

锻炼方式。

3. 运动量

运动量是健身计划的主要调整部分，因此，在年度健身计划中，运动量的设定不需要过于精确，初步确定运动频率（每周进行锻炼的次数）即可。运动频率要根据健身目标和身体健康状况而定。研究表明，每周锻炼1次，健身效果难以蓄积，并且每次运动后会产生肌肉酸痛和疲劳，还容易发生运动损伤；每周锻炼2次，健身效果不显著蓄积，每次运动后的肌肉酸痛和疲劳有所减轻；每周锻炼3次，健身效果蓄积明显，每次运动后基本无肌肉酸痛和疲劳；每周锻炼4～5次，健身效果较理想。因此，每周锻炼3～5次是比较适宜的运动频率。从健身效果和超量恢复两方面考虑，两次运动的时间间隔不宜超过3天。

4. 注意事项

年度健身计划应遵循循序渐进原则、全面性原则、经常性原则、区别对待原则、准备活动和整理活动原则。

（二）月健身计划

1. 健身目标

月健身计划的目标属于近期目标。相对于年度健身计划的目标来说，月健身计划中应该明确规定阶段性目标，如增加某些关节的活动幅度、增强某组肌肉群的力量、降低一定的体脂含量等。

2. 健身形式

确定月健身计划的健身形式时，要考虑三方面情况：一是当月的主要健身目标；二是自己的兴趣、爱好、特长和运动经历；三是运动条件和环境。锻炼一段时间后，如果发现不适合自身的情况，应及时调整或更换健身形式，以保证健身目标的达成。

3. 运动量

在月健身计划中，除了应体现运动频率，还应体现运动强度，如每周3次中等强度的运动。运动强度是健身计划定量化和科学化的重要指标，也是健身计划中较难以制订的内容，它直接影响健身效果和运动的安全性。在健身过程中需要通过监测来确定运动强度是否适宜，较直接有效的监测方法是测量心率。

4. 注意事项

月健身计划中应指出禁忌的运动项目和容易发生危险的动作。

（三）周健身计划

1. 健身目标

由于健身效果的显现具有一定的生物节律性，因此周健身计划的目标应注意与当月月健身计划的目标保持一致，不应因为一时未见训练成效而随意更改目标，但可以在一周内几次健身训练中分设不同的具体目标。例如，月健身计划和周健身计划的目标均为增强肌肉力量，一周内第一次训练的目标肌肉群可以设定为胸大肌，第二次为腹直肌，第三次为股四头肌。

2. 健身形式

周健身计划中健身形式的选择应避免过于单一，变换健身形式，不仅可以达到较好的健身效果，还可以提高健身兴趣。例如，一个以提高心肺功能为健身目标的锻炼者，其年度健身计划中选取的健身形式为有氧运动，那么，在周健身计划中，可将一周内第一次训练设定为慢跑，第二次为游泳，第三次为健身操。

3. 运动量

设定周健身计划的运动量时，除了应包括运动频率、运动强度，还应包括运动时间，可以是一周内总的运动时间，也可以是一周内每次的运动时间。研究表明，成年人每周进行 150 分钟或每天进行 30 分钟的中等强度的运动对健康有益，但如果运动时间达到每周 600 分钟或每天 120 分钟，则可能训练过度，甚至造成损伤。

4. 注意事项

制订周健身计划时，应了解一些必要的体育卫生知识，如运动后不能立即坐下或躺下，以免引起“重力性休克”或其他不适感，也不能立即吃生冷食物，不能立刻洗澡等。

第二节　体重的控制和管理

一、体重控制的原理

体重管理的核心是能量的平衡，即管理摄入的能量与消耗的能量之间的差值。人体能量摄入与能量消耗之间的关系分为能量负平衡、能量正平衡和能量平衡三种。若能量摄入小于能量消耗，则为能量负平衡，此时摄取的能量不能满足机体的需要，身体组织会分解释放能量以供机体所需，从而使体重下降；若能量摄入大于能量消耗，则为能量正平衡，此时摄取的能量超过机体的需要，多余的能量会储存于体内，特别是以脂肪的形式储存起来，使体重增加，体脂增多。健康的成年人通常能保持能量平衡，体重稳定不变。

二、体重控制的方法和注意事项

保持体重恒定应遵循“能量平衡”原理，即以能量消耗与能量摄入保持动态平衡为前提来控制饮食量和运动量。

如果要减轻体重，减重计划应确保能量消耗大于能量摄入。可采用控制饮食＋运动的

方法，因为控制饮食可以减少能量的摄入，而运动可以促进能量的消耗。

在饮食方面，要注意平衡膳食，减少热量摄入。选择低热量、营养元素全面的食物，如瓜果、蔬菜、瘦肉等。严格限制高热量、高糖分食物的摄入，如油炸食物、巧克力、糖等。同时，应控制零食的摄入，避免在睡觉前及非饥饿状态进食。

在运动方面，应当将身体活动融入日常生活，注意循序渐进，以消耗大量能量的运动为主，但要避免过度疲劳。通过运动实现的体重减轻，主要是身体脂肪减少的结果。有时体重变化不明显，但实际上身体成分已经发生了变化，例如，肌肉增加了，脂肪减少了，运动能力提高了。

单纯控制饮食也能达到减轻体重的目的，但这种方式会造成营养摄入不足，无法满足机体的实际需求，且由于不能及时补充足够的营养和能量，肌肉会变得无力，机体也会因能量供给不足而无法保持正常的运动能力。

知识小课堂

不合理减肥的五大危害

1. 月经不调

过度节食和运动的女性，不仅无法分泌足够的促性腺激素，还可能内分泌代谢紊乱，引起月经不调甚至闭经。

2. 脾气暴躁、皮肤粗糙

过度节食可能导致机体代谢能力下降，主要表现为疲劳、乏力、长色斑、脾气暴躁、情绪不稳定等；还会引起体内新陈代谢异常，影响皮肤的油脂分泌等功能，使皮肤变得粗糙、暗沉。

3. 胃疼、食欲不振

过量运动、过度节食、滥用泻药等不合理的减肥方式，容易引发多种胃肠道疾病，如胃炎、胃溃疡等，出现胃疼、胃痉挛、便秘、腹泻、食欲不振、恶心等不适症状，还可能患上厌食症，甚至引发更严重的肛肠胃疾病。

4. 贫血、乏力

盲目节食或忌口的减肥方式很可能导致体重反弹，还会加重营养不良，造成贫血、乏力。

5. 肌肉拉伤、膝盖疼及其他不适

过度运动容易导致肌肉、半月板、跟腱等部位发生损伤，还可能出现头晕、呕吐、胸闷等不适。

三、体重管理和运动处方

体重管理依赖能量平衡，受能量摄入与能量消耗的影响。对于体重超重的人来讲，适当减轻体重对其健康会有显著的益处。运动能增加能量消耗，可以有效减轻体重，还能防止体重反弹。超重人群的运动处方见表 3-1。

表3-1 超重人群的运动处方

运动频率	每周至少 5 次，使能量消耗最大化
运动强度	起始运动强度应保持在中等强度，逐渐延长运动时间并增加运动频率，直至增加到较大运动强度
运动时间	起始每天 30 ～ 60 分钟，每周共 150 分钟，逐渐增加至每周 300 分钟中等强度运动或 150 分钟较大强度运动，或两种强度的运动各半。间歇运动每次至少 10 分钟，逐渐累积也能获得持续运动的效果
运动类型	主要是有大肌肉群参与的有氧运动，辅以平衡训练和抗阻力量训练

楷模风范

运动员的自我管理

2025 年 1 月 3 日，国家卫生健康委召开新闻发布会，主题为“注重吃动平衡，保持健康体重”。本次发布会邀请了一位特别嘉宾——“体重管理年”活动宣传大使、艺术体操运动员黄张嘉洋。她分享了自己在饮食和训练方面的心得。

“作为一名艺术体操运动员，我们的训练和控制体重是密切相关的，艺术体操要求我们要有很好的柔韧性、协调性，以及力量感和节奏感，所以体重控制不好的话，也会影响到平时的训练或者比赛呈现的效果。”

她表示，在饮食方面，要注意健康、适量和搭配得当，正所谓“早餐要吃好、午餐要吃饱、晚餐要吃少”。尤其需要强调早餐的重要性，因为它能开启我们一天的生活，为我们提供足够的营养和能量，所以千万不要忽视或者不吃早餐。一日三餐要做到饮食均衡、合理搭配，也可以根据自己的情况进行合理调节。

她还表示，在训练方面，首先要有一个明确的目标，比如需要减脂、增肌或者提高某一项运动技能，再根据目标制订一些适合自己的训练计划，包括每天的训练时长、训练强度以及训练内容，并持之以恒。

“让我们一起加入到‘体重管理年’的活动中来，积极践行文明健康的生活方式，培养健康的生活习惯，适度地运动，合理搭配膳食，并设置适合自己的体重管理目标，科学有效地进行体重管理。”黄张嘉洋向大家提出倡议。

（资料来源：中华人民共和国国家卫生健康委员会，有删改）

◆ 实训营

制订体重控制计划

一、实训目标

①学会制订个性化的体重控制计划，包括饮食管理和运动计划。
②掌握科学的饮食搭配方法和运动训练技巧，能够根据体重变化调整计划。
③学会记录和分析体重控制过程中的数据，评估计划的实施效果。

二、实训内容

1. 体重评估与目标设定

①任务：学生分组，每组成员互相测量体重、体脂率和身体质量指数（body mass index，BMI），记录初始数据。

②方法：使用体脂秤等工具测量体重和体脂率，计算 BMI，分析当前体重状况。

③目标设定：根据初始数据，设定 4 周后的体重控制目标（减重或增重），并记录。

2. 个性化体重控制计划制订

①任务：每组成员根据个人目标制订一份为期 4 周的体重控制计划，包括饮食计划和运动计划。

②饮食计划：

• 确定每日热量摄入目标（根据目标体重计算）；

• 设计三餐及加餐的饮食搭配，注重营养均衡（蛋白质、碳水化合物、脂肪、维生素等）；

• 制订饮食记录表，记录每日饮食内容和热量摄入情况。

③运动计划：

• 确定每周运动频率和每次运动时长（如每周 3 ～ 5 次，每次 30 ～ 60 分钟）；

• 选择适合自己的运动方式（如有氧运动、力量训练、瑜伽等），并安排运动内容和强度；

• 填写运动记录表，记录每次运动的类型、时长和感受。

3. 体重控制计划实施

①任务：每组成员按照制订的计划执行 4 周的体重控制训练，记录实施过程中的数据和感受。

②方法：

• 每日记录饮食内容和热量摄入情况，每周记录体重、体脂率和身体围度的变化；

• 每次运动后记录运动类型、时长、强度和身体感受；

• 小组成员每周进行一次总结交流，分享经验，互相监督和鼓励。

4. 效果评估与计划调整

①任务：在第 4 周结束时，重新测量体重、体脂率和 BMI，评估体重控制计划的效果。

②方法：

• 对比训练前后的体重、体脂率和身体围度数据，分析计划的实施效果；

• 根据评估结果，讨论计划中的优点和不足，调整饮食计划和运动计划以优化效果；

• 记录调整后的计划，为后面持续的体重控制提供参考。

三、成果展示与总结

①任务：每组展示体重控制计划的实施过程和效果，分享经验教训。

②方法：

• 制作 PPT 或海报，展示体重控制计划、实施过程、效果评估和调整建议；

• 小组成员分享在体重控制过程中的感受、遇到的问题和解决方法。

③个人总结：学生撰写个人实训报告，总结实训收获、体重控制过程中的问题及改进措施。

第四章　球类运动

学习目标

知识目标

1. 了解每种球类运动的起源、发展历程，并了解其基本规则、场地设施、比赛形式和裁判方法。

2. 掌握球类运动的基本技术，并初步掌握一些简单的战术配合。

3. 掌握球类运动的练习方法。

能力目标

1. 能够通过自主查阅资料、观看教学视频等方式，掌握球类运动的技术动作和战术。

2. 能够通过观察和分析，找出自身技术动作和战术运用中的问题，并提出改进措施。同时，能够在比赛中根据对手的特点和比赛情况，灵活调整策略，解决实际问题。

素质目标

1. 深刻体会团队合作的重要性，学会与队友相互配合、相互支持，增强集体荣誉感和责任感，培养良好的体育道德风尚。

2. 体验竞争的激烈性和胜负的不确定性，从而培养积极的竞争意识和抗挫折能力，学会在比赛中保持冷静、发挥水平，尊重对手、尊重裁判，树立正确的胜负观。

第一节　篮球运动

篮球运动

一、篮球运动概述

1891 年，詹姆斯·奈史密斯（J.Naismith）在马萨诸塞州斯普林菲尔德市基督教青年会学校任教。这所学校的体育系主任卢瑟·古利克（Luther Gulick）为贯彻冬季体育课教学大纲，委托他设计一项室内集体游戏。他从当地儿童喜欢的把球投向桃子筐（当地盛产桃子，各户备有桃子筐）的游戏中得到启发，创编了篮球游戏。起初，奈史密斯将两只桃篮分别钉在健身房内看台的栏杆上，桃篮上沿距离地面约 3.05 米，用足球作为比赛工具，向篮筐投掷。投球入篮得 1 分，按得分多少决定胜负。每次投球进篮后，要爬梯子将球取出再重新开始比赛。此后，竹篮逐步改为活底的铁篮，再改为铁圈下面挂网。人们最初称这种游戏为“奈史密斯球”或“筐球”。经过一段时间的实践和他与同事们的反复商量，最终将此游戏定名为“篮球”。

篮球运动是一项主要由手支配球，两队在同一场地内相互攻守对抗，以球攻进多少判定胜负的球类运动。篮球运动的多样性和大众化，以及其带来的竞争性和不确定性，是篮球运动深受人们喜爱的重要原因。篮球运动可以促进个体发展、团队合作，也有助于培养人的集体意识和大局观。

拓展阅读

积极发展“三大球”

国务院办公厅印发的《体育强国建设纲要的通知》提出，全面推动足球、篮球、排球运动的普及和提高。积极探索中国特色“三大球”发展道路，构建政府主导、部门协同、社会力量积极参与的“三大球”训练、竞赛和后备人才培养体系。加强国际交流与合作，强化科技助力，提高“三大球”训练、竞赛的科学化水平。挖掘“三大球”项目文化，提高大众的认知度和参与度。同时加强体育政策规划制定等工作。制定全民健身、竞技体育、体育产业等领域以及包括“三大球”在内的各运动项目发展规划。全面推进体育标准化建设，重点推进基本公共体育服务建设以及运动水平、赛事活动、教育培训等体育服务领域的规范和标准制修订。

（资料来源：中华人民共和国中央人民政府网，有删改）

二、篮球运动的基本技术

（一）移动

移动是篮球运动中队员为了改变位置、方向和速度以及争取高度空间等所采用的各种脚步动作的总称。

1. 基本站立姿势

队员在比赛中需要保持一种既稳定又机动、既能随时破坏平衡又能保持平衡的准备姿势。这种应变性强、起动快的准备姿势就称为基本站立姿势。

动作方法：两脚前后或左右开立，两脚与肩同宽或稍宽，两膝微屈，重心保持在两脚之间，上体略向前倾，两臂自然屈肘下垂，置于体侧，抬头、收腹、含胸，两眼注视场上情况。

2. 滑步

滑步是防守移动的一种方法。它易于保持身体平衡，可向任何方向移动。

动作方法：两脚平行站立，两膝弯曲程度较深，上体微向前倾，两臂侧伸。向右侧滑步时，左脚前脚掌内侧蹬地，右脚向右（移动方向）跨出，在落地的同时，左脚紧随滑动，向右脚靠近，两脚保持一定距离，右脚继续跨出。

3. 跑动

（1）侧身跑

跑动时为了观察场上情况并随时准备接侧耳后方传来的球而经常采用的跑动方法。

动作方法：脚尖和膝盖对着跑动方向，头和腰部向球的方向扭转，侧肩，上体和两臂放松，随时观察场上情况。

（2）变向跑

变向跑是队员在跑动中通过突然改变方向完成攻守任务的一种方法。

动作方法：以从右向左变向跑为例，从右向左变向时，最后一步右脚着地，脚尖稍内扣，用前脚掌内侧用力蹬地，屈膝，腰部随之左转，上体向左前倾，快速移动重心，左脚向左前方跨出，然后加速前进。

4. 急停

急停是队员在跑动中突然制动速度的一种动作方法，是衔接其他技术动作和摆脱对手的有效方法。

（1）跨步急停

动作方法：在快速跑动中急停时，先向前跨出一大步，用脚跟先着地，再过渡到全脚抵住地面，并迅速屈膝，同时身体微向后仰，后移重心。然后，再跨出第二步，脚着地时脚尖稍向内转，用前脚掌内侧蹬地，两膝弯曲，身体稍侧转，微向前倾，重心移至两脚之间，两臂屈肘并自然张开，帮助控制身体平衡。

（2）跳步急停

动作方法：在慢跑时，用单脚或双脚起跳（一般离地面不高），上体稍后仰，两脚同时平行落地。落地时全脚掌着地，用前脚掌内侧蹬地，两膝弯曲，两臂屈肘微张，以保持身体平衡。

（二）传接球

1. 双手胸前传接球

动作方法：双手持球于胸前，五指自然分开握住球的后侧方，两肘自然下垂于体侧，两腿自然地前后（或左右）开立，两膝微屈。传球时，两脚蹬地重心前移，两臂向传球方向伸出，通过手腕外翻和拇指、食指、中指力量加速，直到手心向前将球传出，如图 4-1 所示。身体重心随球前移。接球时，两臂前伸迎球，手指自然分开，两拇指成“八”字形，两手呈半球状，当手指触球时，两臂随球迅速收回，减缓球速的冲击力，然后将球握住置于胸腹部。

图 4-1　双手胸前传接球

2. 双手击地传接球

动作方法：将球向斜前方地面传出，球击地点位于两人间靠近接球人的 1/3 处，球弹起高度在接球人的腰腹部。接球时，掌心向着来球反弹的方向，屈膝弯腰伸手迎球，接球后手腕上翻持球于腹前。

3. 单手肩上传球

单手肩上传球是一种常用的中远距离的传球方法。传球时用力大，球飞行速度快，适宜在发动长传快攻时运用。

动作方法：双手持球于胸前，两脚平行开立，右手传球时，左脚向传球方向跨出半步，右手靠手指拨送球的力量将球引至右肩侧上方，右肩关节舒展，大小臂自然弯曲，手腕稍后屈，持球的后下方，左肩对着传球方向，重心落至右脚上。传球时，右脚蹬地发力同时转体带动上臂，以肘领先前臂，手腕前屈，食、中、无名指用力拨球将球传出，如图 4-2 所示。

图 4-2 单手肩上传球

4. 行进间传球

行进间传球（单、双手传球）是两个队员互相的配合动作。比赛中为了加快进攻速度，缩短传球时间，经常运用行进间传球。行进间传球的动作大体与原地传球相同，但运用时应注意：传球时，手、臂与脚步配合要协调，接球后，应在中枢脚前跨着地以前将球传出（即在第二步着地前传出），否则“带球跑”违例。因此，传球时手臂动作要迅速，特别是手腕的动作更要快速。要注意场上情况的变化，判断同伴的位置和移动的速度，及时而准确地将球传出。向跑动中的同伴传球时，一般要传到其胸前约一步的距离。近距离传球，特别是给迎面跑来的同伴传球时，动作要柔和。长传球时要传得快速，而且要有一定的弧度。

知识小课堂

掌指关节挫伤

掌指关节挫伤，是篮球运动中常见的一种运动损伤，通常表现为掌指关节周围肿胀，俗称“手指吃了萝卜干”。掌指关节损伤会使手指活动受限，出现手指畸形，严重时会造成骨折。

对于篮球初学者，因为球技生疏，接球动作不正确，或者运动员在激烈的比赛中，由于体力下降，对于球路的判断有偏差，手指触球时会受到正面或侧面外力的冲击，掌指关节被动地向手背侧或掌侧过度屈伸，引起关节囊撕裂，以及侧副韧带和关节软骨的损伤。

掌指关节损伤大多是因为准备活动不充分导致手指间韧带和关节未活动开，接球动作不规范或受到球的撞击。因此，在打篮球前首先要充分地做好准备活动，尤其是不能忽视手掌、掌指各关节的充分牵拉。此外，注意规范接球动作，双手或单手接球时自然外展，自然张开，尤其是拇指向上而不是迎着球来的方向。

（三）投篮

1. 原地投篮

（1）原地单手肩上投篮

原地单手肩上投篮是最基本的投篮方法。

动作方法：以右手投篮为例。双脚原地开立，与肩同宽，右脚稍前，身体重心落在两脚之间，屈肘，手腕后仰，掌心向上，五指自然张开，持球于右眼前上方，左手扶球侧，两膝微屈，上体放松并稍后倾，目视投篮点。投篮时，下肢蹬地发力，腰腹伸展，抬肘伸前臂，手腕前屈带动手指弹拨球，最后通过食指、中指柔和用力将球投出。球离手后，右臂应自然地跟随动作，如图 4-3 所示。

图 4-3　原地单手肩上投篮

（2）原地双手胸前投篮

原地双手胸前投篮是篮球运动中较早的投篮方法之一。

动作方法：双手持球于胸前，肘关节自然下垂，两脚前后或左右开立，两膝微屈，重心落在两脚之间，目视投篮点。投篮时，两脚蹬地，上肢随着蹬地向前上方伸臂，两手腕同时外翻，手腕前屈，拇指用力拨球，通过食、中指端将球投出。球出手时，身体随投篮出手方向伸展，如图 4-4 所示。

图 4-4　原地双手胸前投篮

2. 行进间投篮

（1）行进间单手肩上（低手）投篮

行进间单手肩上（低手）投篮动作多在快速跑动中超越对手并接近篮下时运用，具有速度快、伸展距离远的特点。

动作方法：以右手投篮为例。行进间右脚跨出一大步的同时双手接球，并用身体保护球。接着，左脚迈出一小步，同时用力蹬地起跳，随之充分伸展身体，右臂外旋伸直，向篮筐方向举球（手心向上）。当举球手接近篮筐时，做以中间三指为主的向上拨球动作使球通过指端投出。投篮碰板时要注意控制球的旋转，如图 4-5 所示。

图 4-5　行进间单手肩上（低手）投篮

（2）行进间单手肩上（高手）投篮

行进间单手肩上（高手）投篮是比赛中广泛应用的一种投篮方法。

动作方法：以右手投篮为例。当球在空中运行时，右脚向来球方向或投篮方向跨出一大步，同时接球。左脚向前跨出一小步，脚跟先着地，上体稍后仰，并用力蹬地起跳。右腿屈膝，左脚蹬离地面，同时双手向前上方举球。腾空后，右臂向前上方伸展，腕、指动作同原地单手投篮。投篮出手后，两脚同时落地，两腿弯曲，以缓冲落地的力量，如图 4-6 所示。

图 4-6　行进间单手肩上（高手）投篮

3. 急停跳投

急停跳投一般可与运球突破结合运用，既可在连续运球时进行，也可在持球突破推放球（一次运球）时进行。这种技术是将跳投技术与运球技术结合在一起，具有更大的攻击性和实用性。

动作方法：以右手投篮为例，在快速运球中，运用跨步或跳步急停，突然向上起跳，同时，两手持球上举。当身体接近最高点时，右手前臂向前上方伸直，手腕前屈，食、中指用力拨球，通过指端将球投出。

知识小课堂

打篮球注意事项

打篮球之前要做好安全检查，注意以下方面：①上衣、裤子口袋内不要装钥匙等坚硬、尖锐、锋利的物品，不要佩戴金属或其他材质的饰品；②戴眼镜的学生要做好防护，运动前最好取下眼镜；③不要穿着皮鞋或塑料底的鞋，应当穿着运动鞋；④正确佩戴护膝、护腕等，做好防护。

（四）运球

1. 高运球

运球时，球反弹的高度在腰、胸之间称为高运球，通常在没有防守队员时运用。多用

于快速运球，提高运球高度，增加反弹距离，与快速奔跑相结合。

动作方法：膝微屈，上体稍前倾，目视前方，手按球的后半部，球落点在人的侧耳前方（根据速度快慢决定运球距离远近），球的反弹高度在腰、胸之间，手脚要协调配合。这种运球方式身体重心较高，便于观察场上情况，如图 4-7 所示。

图 4-7 高运球

2. 低运球

球反弹的高度在膝关节以下的运球称为低运球。当遇到对手紧逼或接近防守队员时，常采用这种运球方法保护球和摆脱防守。

动作方法：运球行进中遇防守队员时，减速，两腿弯曲，重心下降，上体前倾。用上体和腿保护球的同时用手短促地拍按球，使球从地面向上反弹的高度在膝部以下，如图 4-8 所示。

图 4-8 低运球

3. 运球急停急起

运球急停急起是运球时利用速度的突然变化来摆脱防守的一种方法，多用在对手防守较紧的情况下。在快速运球中突然停止前进，迫使防守队员被动减速停住，趁其重心不稳时，再突然加速起动运球，摆脱防守。

动作方法：在快速运球中，突然急停，手拍按球的前上方。运球疾起时，要迅速起动拍按球的后上方，注意用身体和腿保护球，如图 4-9 所示。

图 4-9　运球急停急起

4. 体前变向运球

体前变向运球是运球队员突然改变运球方向来突破防守的一种运球方法，这种方法多在对手堵截运球前进路线时运用。

动作方法：以从对手右侧突破为例，当快速直线运球即将接近对手时，先向对方左侧运球，使对手误认为向其左手突破，当对手堵截左方或重心稍有移位时，运球队员立即向左侧变向，右手按球的右后上方，将球由自己的右侧运至左侧前方，同时右脚迅速向左前方跨出，脚下落点在对手右脚侧面，脚尖向前，右脚跨步的同时上体向左转，用肩背挡住对手，然后换左手按球后上方，同时左脚用力蹬地、加速，超越对手，如图 4-10 所示。

图 4-10　体前变向运球

5. 胯下运球

胯下运球指运球时将球从双腿间击地穿过并换手接球，用于降低被抢断的风险及变向突破。

动作方法：运球跨步急停后，两脚前后开立，左脚在前，重心落于两脚间，右手按拍球的右上方，使球从两腿之间穿过，换左手运球，右脚向左前跨出，完成一次胯下运球，如图 4-11 所示。

1　　2　　3　　4

图 4-11　胯下运球

6. 转身运球

转身运球是在防守者逼近的情况下向后转身的运球技术。

动作方法：当防守者从右侧逼近时，以左脚为轴运球向后转身。非中枢脚一侧的肩要降低。转身结束，换左手运球。

7. 背后运球

背后运球是把球绕到背后并换另一只手运球以改变方向的技术。

动作方法：右手运球从背后换左手时，右脚前跨，右手将球拉到右侧身后，迅速转腕按拍球的右后方，使球从背后反弹至左侧前方，左脚同时向左前方跨步，换左手运球加速前进。

思考与练习

1. 在运球间隙，篮球在运动员手中停留的时间不应超过几秒？
2. 运动员运球时如果手腕受伤，应该怎样处理？

（五）持球突破

持球突破可分为原地持球突破和运球中突破，运球中突破根据动作结构可分为交叉步运球突破和同侧步运球突破两种。

1. 交叉步运球突破

动作方法：以右脚做中枢脚。突破前，两脚左右开立与肩同宽，两膝微屈，重心控制在两腿之间，持球于胸腹之间。突破时，左脚前脚掌内侧用力蹬地，同时上体右转探肩，贴近对手，球移至右手，左脚交叉步前跨抢位，同时向左脚左斜前方推放球，右脚用力蹬地跨步，加速超越对手，如图 4-12 所示。

图 4-12　交叉步运球突破

2. 同侧步（顺步）运球突破

动作方法：以左脚做中枢脚。突破前，两脚左右开立稍宽于肩，两膝微屈，重心控制在两腿之间，持球于胸腹前。突破时，右脚向右前方跨一大步，同时转体探肩，重心前移，右手放球于右脚侧前方，左脚迅速蹬地并向右前方跨出，加速运球超越对手，如图 4-13 所示。

图 4-13　同侧步（顺步）运球突破

（六）防守

1. 防守无球队员

在篮球比赛中，防守队员绝大部分时间是在防守无球队员。防守无球队员的主要任务是不让对手在有效攻击区内顺利接球，随时准备抢断传向自己对手或穿越自己防区的球，并快速地进行反击。

（1）防守位置

正确占据有利的防守位置，是防守成功的重要条件。选择防守位置要遵循“球、人、区”兼顾原则。也就是说，防守队员要根据对手、球篮和球的位置与距离，对手的身高、速度、进攻特点、战术需要及自身防守能力来选择防守的位置和距离，多选择对手与球篮之间偏向有球一侧的位置。

（2）防守姿势

正确的防守姿势能保证扩大控制面积和及时向不同方向移动。防守姿势的选择与对手和球的距离远近有关。

①强侧防守姿势。防守距离球较近的对手时，经常采用面向对手、侧向球的斜前站立姿势。靠近球侧的脚在前，屈膝，重心在两脚之间，便于随时起动，堵截对手摆脱防守后移动接球的路线。伸右侧手臂，拇指朝下，掌心向球，封锁传球路线，干扰对手接球。

②弱侧防守姿势。防守距离球较远的对手时，为了便于人球兼顾和协防，经常采用面向球、侧向对手的站立姿势。两脚开立，两腿稍屈，两臂伸于体侧，掌心向着球的方向。密切观察球、人的动向，并随着球或人的移动不断地通过滑步来调整自己的防守位置。

（3）脚步动作

防守时，防守队员要根据球和人的移动轨迹，合理地运用脚步动作来保证及时占据有利的防守位置，争取主动。在与对手发生对抗时，重心下降，双脚用力扒地，两腿弯曲，扩大站位面积，上体保持适宜紧张度，在发生身体接触的瞬间提前发力，主动对抗。合理使用手臂动作干扰对手视线，以扩大防守空间，保持身体平衡，快速移动，抢占有利位置。

2. 防守有球队员

防守有球队员的主要任务是尽力干扰和破坏其投篮，堵截其运球突破，封锁其助攻传球，并积极地运用抢、打、断球的技术，以达到控制球权的目的。

（1）防守位置与距离

防守有球队员时，防守人应站在对手与球篮之间，使对方、自己和球篮保持在一条直线上。一般来讲，离篮远则远，离篮近则近。同时还应根据对手的进攻技术特点及防守战术的需要及时调整防守距离。

（2）防守动作

由于场上的情况是千变万化的，防守时持球队员的进攻特点、意图及球篮距离不同，防守有球队员的技术动作也会有所不同。从脚步动作来讲，防守有球队员通常有以下两种

防守方法。

第一，平步防守。两脚平行站立，两手臂侧伸不停挥摆。这种站位防守面积大，攻击性强，便于向左右移动，适合贴身防守运球突破。在对手运球停止时，封堵传球以及进行夹击防守配合时均可运用平步站位防守。

第二，斜步防守。两脚斜前站立，前脚的同侧手臂上伸，另一臂侧伸，两膝弯曲，降低重心。这种方法便于前后移动，对防投篮比较有利。不论采用什么防守方法，都要积极移动，当对方持球或运球突破时，应迅速后撤堵截其突破路线，迫使对手处于被动状态。当对手做各种假动作时，要能判断真假，不要被其迷惑而失去合理的防守位置。当对手投篮时，要准确地判断其起跳时间，及时起跳进行封盖。

三、篮球运动的基本战术

篮球战术是比赛当中队员间配合协调的组织形式。其目的是更好地发挥本队所有队员的技术水平，并且制约对方队员，掌控比赛的主动权，并最终争取比赛的胜利。

（一）进攻战术

1. 突分配合

突分配合是有球队员突破后，主动地或应变地利用传球与同伴配合的方法。队员⑤从防守队员❺的右侧突破，队员❹协助防守，封堵队员⑤向篮下突破的路线，此时队员④及时跑到有利的进攻位置，接队员⑤的球投篮，或做其他进攻配合，如图 4-14 所示。

2. 传切配合

传切配合是指进攻队员之间用传球和切入技术组成的简单配合。队员⑤传球给队员④时，队员⑤乘其对手不备之机，突然横切或从底线切入篮下接队员④的传球投篮，如图 4-15 所示。

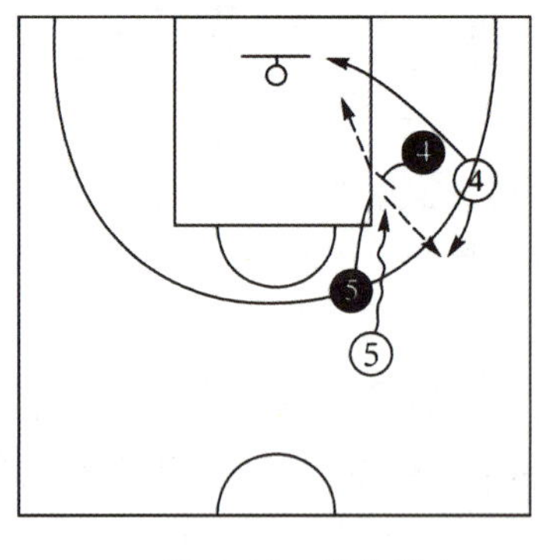

图 4-14　突分配合

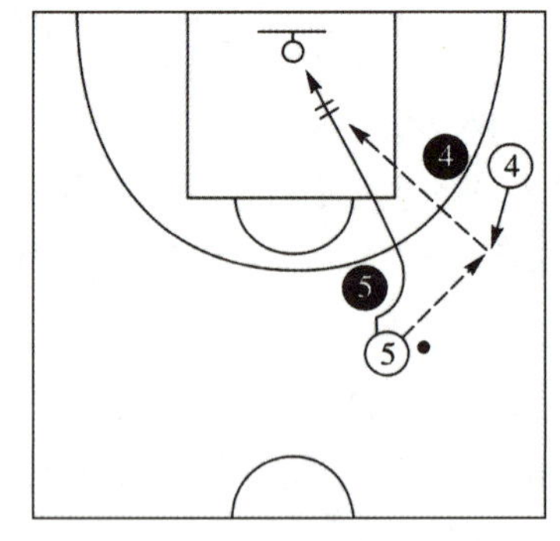

图 4-15　传切配合

3. 掩护配合

掩护配合是掩护队员采用合理的行动，以自己身体挡住同伴的防守者的移动线路，使

同伴借以摆脱防守的一种配合方法。根据掩护队员的掩护位置，可分为前掩护、侧掩护、后掩护。队员⑤传球给队员④后跑到队员④的侧面进行掩护，队员④接球后做投篮或突破的动作，吸引队员❹的防守，当掩护到位时，队员④持球从防守的左侧突破投篮。队员⑤掩护后，及时移动到有利的位置去接球或抢篮板球，如图 4-16 所示。

4. 策应配合

策应配合是指进攻队员背对或侧对篮筐接球，以自身作枢纽，与同伴空切相配合而形成的一种里应外合的方法。队员④摆脱防守插到罚球线作策应，队员⑤将球传给队员④，并立即空切篮下，接队员④的策应传球投篮，如图 4-17 所示。

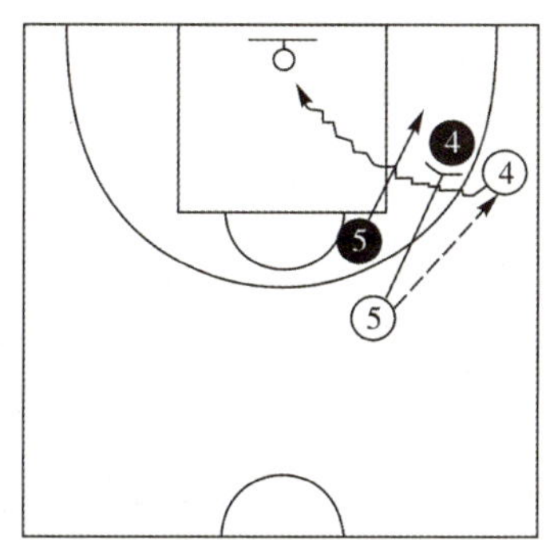

图 4-16　掩护配合

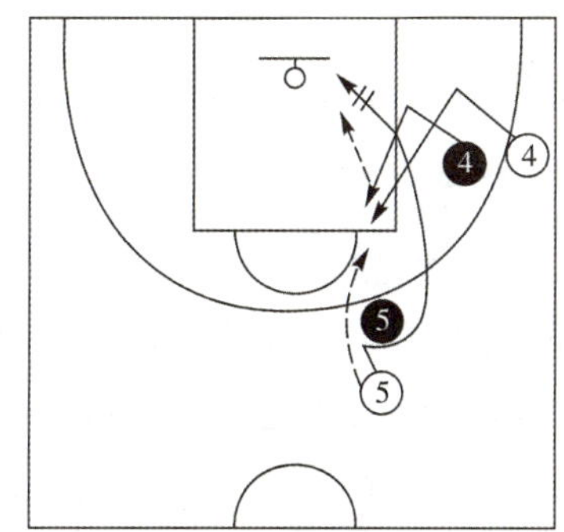

图 4-17　策应配合

（二）防守战术

1. 半场人盯人

半场人盯人防守就是全队退至后场盯住自己的对手。常见的有半场缩小（松动）人盯人防守和半场扩大（紧逼）人盯人防守。

半场人盯人防守应遵循“以人为主，人球兼顾”和“有球则紧，无球则松”的原则。合理运用防守基本配合，进行强有力的抢、堵、封、断，控制和破坏对手的进攻配合行动。当对方外围中投不准而篮下攻击力量较强时，采用半场缩小人盯人防守；当对方外围攻击力强（中、远距离投篮较准）而内线攻击力较弱时，则采用半场扩大人盯人防守。

2. 半场区域联防

（1）“二一二”阵形

队员在防区内的分布比较均衡，外线可防投篮、突破，内线可防中锋进攻，有利于队形的及时调整。

（2）“三二”阵形

如果对方远距离投篮较准，为了控制外围进攻，防范对方中、远距离投篮，可采取此阵形。

（3）“二三”阵形

如果对方在底线两角投篮较准，且突破又具威胁性，为了加强底线防区，可采取此阵形。

思考与练习

1. 讨论篮球场上人员位置和职责。
2. 分析各个位置人员怎样才能更好地配合。

四、篮球运动的场地、用品与比赛规则

（一）篮球运动的场地、用品

1. 篮球运动场地

（1）标准篮球场地的规格

标准的篮球比赛场地应该是一块平整的、无障碍物的硬质平面，其尺寸须从界线的内沿丈量。长边的界线称为“边线”，长 28 米，短边的界线称为“端线”，长 15 米。界线距离其他障碍物至少 2 米。两条边线决定篮球场的长度，加上两条端线，就决定了比赛场地的大小。

（2）中线、中圈

中线是一条从两条边线的中心点画出的平行于端线的线。中线要向两侧边线各延伸 15 厘米。它将球场分为两个半场，进攻时球和持球人一旦过中线，则将比赛限制在一个半场中，进攻方不能再将球退回中线。

中圈应画在比赛场地的中心，从圆周的外沿丈量，其半径为 1.80 米。此区域为比赛开始时，跳球争夺球权的区域。

（3）三分线

三分线是以球篮中心正下方地面的点为圆心，画一个半径为 6.75 米的圆弧，此圆心与端线内沿中点的距离是 1.57 米，且该圆弧与两条平行线相交。进攻方在三分线外投篮命中后得 3 分。根据比赛的赛别不同，三分线的距离也会有所不同。

（4）罚球线、限制区与分位线

罚球线是距离球篮中心约 4.23 米且与端线平行的一条线，进攻投篮被判犯规后要站在罚球线上进行罚篮，罚中一次篮得一分。

限制区应是两条垂直于罚球线，并处于罚球线与底线之间的线。在进攻时进攻队员不能长时间停留在这个区域。这个区域又称“3 秒区”，在这里面不能停留超过 3 秒。

分位线是限制区两侧的短线，是队员罚球时界定抢篮板球队员位置的短线。

2. 篮圈和比赛用球

篮圈应用实心钢材制成，其内沿直径最小为450毫米，最大为459毫米，每个篮圈的顶沿应水平放置，距地面3.05米（误差 ±6毫米），与篮板的两条竖边等距离。所有男子比赛用球为7号球，所有女子比赛用球为6号球，青少年比赛用球为5号球。

（二）比赛规则

篮球比赛必须遵守与执行规则，它规定了篮球比赛的方法、原则、技术标准和行为规范。

1. 球队

①队员和替补队员。在比赛时间内，当一名球队成员在比赛场地上，并且有资格参赛时，他是一名队员。当一名球队成员不在比赛场地上，但是有资格参赛时，他是一名替补队员。

②球队的组成。每支球队应有不超过12名有资格参赛的球队成员，其中包括一名队长。

2. 比赛通则

（1）比赛时间

根据国际篮球联合会制定的标准，比赛应由4节组成，每节10分钟。在上半时的第1节和第2节之间、下半时的第3节和第4节之间以及每个决胜期之前都应有2分钟的比赛休息时间。上、下半时之间的比赛休息时间应是10分钟或15分钟。如果第4节的比赛时间结束时比分相等，比赛有必要再继续一个或几个5分钟的决胜期来打破平局。

（2）比赛开始

对于所有的比赛，秩序册中队名列前的队称为主队，坐在记录台左侧的球队席。

（3）跳球和争球

跳球：在第1节开始时，一名裁判员位于中圈，在任何两名互为对方队的队员之间将球抛起，即一次跳球发生。

争球：当双方球队各有一名或多名队员有一手或双手紧握在球上，以至于若不采用粗野的动作则任一队员都不能获得控制球时，即一次争球发生。

（4）活球和死球

跳球中，球离开主裁判员抛球的手时；罚球中，罚球队员可处理球时；掷球入界中，掷球入界的队员可处理球时，球成为活球。

在任何投篮或罚球中篮时；活球中，裁判员鸣哨时；比赛计时器信号响起以结束每节比赛时；球队控制球过程中，24秒计时器信号响时，球成为死球。

（三）一般犯规

侵人犯规：队员与对方队员发生不合理的身体接触。

技术犯规：场上队员、场外教练员、替补队员等违反规则，不服从裁判，影响比赛顺利进行的犯规。

（四）违例

1. 违例的概念和罚则

违例是违反规则，此时应将球判给对方队员，令其在最靠近发生该违例的地点掷球入界。正好位于篮板后面的地点除外，除非在规则中另有规定。

2. 脚踢球违例和拳击球违例

队员不得故意用腿的任何部位阻挡球或用拳击球。然而，球意外地接触到腿的任何部位，或是腿的任何部位意外地触及球，不算违例。

3. 带球走步违例

①开始运球时，在球出手之前中枢脚不可抬起。

②传球或投篮时，该队员可以跳起中枢脚，但在球离手之前任一脚都不得落回地面。

③当一名队员持着球跌倒并在地面上滑行，或躺或坐在地面上时获得了控制球，这是合规的。如果该队员随后持球滚动或尝试站起来，这是违例。

4. 3 秒违例

当某队在前场控制活球，并且比赛计时钟正在运行时，该队的队员不得在对方队的限制区内停留超过 3 秒。

5. 5 秒违例

一名被严密防守的队员必须在 5 秒内传球、投篮或运球。

6. 8 秒违例

一名队员在其后场获得控制活球，或掷球入界时，球接触后场的任何队员或被在后场的任何队员合法触及，掷球入界队员所在队仍拥有后场的球权。该队必须在 8 秒内使球进入它的前场。

7. 24 秒违例

从掷球入界开始，在球触及任何一名场上队员或被其合法触及，并且任何一名场上队员仍然控制球时，该队必须在 24 秒内尝试投篮。在 24 秒内构成一次投篮指球必须在 24 秒计时钟信号响前离开队员的手，球必须触及篮圈或进入球篮。

知识小课堂

NBA、CBA

美国职业篮球联赛（National Basketball Association，NBA），是由美国全国篮球协会组织的最具影响力的男子篮球职业联赛之一。美国职业篮球联赛现有 30 支参赛球队，比赛分为常规赛和季后赛。常规赛从每年 11 月初开始，至次年 4 月底结束。季后赛从每年 4 月下旬开始，至 6 月中旬结束。

中国男子篮球职业联赛（Chinese Basketball Association，CBA，简称“中职篮”），是由中国篮球协会所主办的跨年度主客场制篮球联赛，是中国最高等级的职业篮球联赛。

第二节　排球运动

排球运动

一、排球运动概述

1895 年，美国人威廉 • G. 摩根（William G.Morgan）发明了排球运动。起初，这项运动为空中飞球游戏。场地上挂起一张网，两队隔网站立，用篮球胆做球，两队分别把球击过网，不使其落地。世界上第一项排球竞赛规则由威廉 • G. 摩根制定。20 世纪初，排球运动传入中国、巴西、古巴等国家，成为当时的一项时尚运动。第一次世界大战期间，排球运动在波兰、意大利、苏联、法国等国家流行，在发展过程中排球规则不断完善，并成为竞赛项目。1947 年，国际排球联合会在法国巴黎成立，这是排球运动由娱乐时代进入竞技时代的标志。1964 年，第 18 届奥林匹克运动会将排球列为正式比赛项目。

排球运动于 1905 年传入我国，当时仅在广东等地开展。其后，它经历了 16 人制、12 人制、9 人制和 6 人制的演变过程。中华人民共和国成立后，我国排球运动有了较快的发展，形成了一套以快球为中心的快攻掩护战术，此后男排在掌握“盖帽”拦网技术的基础上，创造了“平拉开”扣球新技术，发展了我国排球快攻打法的特点。20 世纪 70 年代中期，我国首创了“时间差”打法。男排创造的“前飞”“背飞”“拉三”“拉四”等技术，丰富了快中有变的自我掩护打法，在世界比赛中取得了良好的效果。1979 年，中国男排、女排分别夺得了亚洲排球锦标赛男子组和女子组的冠军，实现了冲出亚洲的愿望。1981—1986 年，中国女排 5 次连获世界冠军，在国际排坛上书写下辉煌的纪录。

楷模风范

“中国女排精神展”走进香港校园

当中国女排在世界女排联赛中国香港站取得四连胜之际，一个关于她们的展览在 2024 年 6 月 17 日的香港揭幕。

走进香港教育大学大埔校园图书馆，“国家荣誉——中国女排精神展”几个大字格外引人注目。展厅内有丰富的图片和文字说明，有 1981 年、2003 年和 2019 年中国女排赢得的世界杯冠军奖杯，有 1984 年洛杉矶、2004 年雅典和 2016 年里约奥运会金牌，还有运动员们穿过的球衣和球鞋……展厅内的屏幕上，反复播放着从 1981 年到 2019 年，女排姑娘们赢得 10 个世界冠军时的画面。

这些珍贵的展品，原本珍藏在中国排球学院里，该学院于 2017 年 11 月由中国排球协会和天津体育学院合作共建，设置在天津体育学院内。

香港教育大学校长李子建说，他 2024 年 3 月去天津体育学院访问期间参观中国女排精神展，深受感动，因此决定将展览搬到香港展出。“我感觉这个展览非常好。香港教育大学是以师范教育为本的公立大学，体育是教育的重要组成部分，我们特别重视体育。”

李子建的想法得到了天津体育学院和中国排球学院的支持，多方配合下，展览终于在香港揭幕。李子建表示：“中国女排是我们国家的骄傲，是爱国主义教育一个很重要的例子。我们欣赏女排表现的背后，也等于认同了我们国家的成就。通过展览，可以让香港市民认识中国女排，了解她们的拼搏精神。”

前中国女排自由人张娜现在担任中国排球学院常务副院长，她曾是中国队赢得 2003 年世界杯冠军和 2004 年雅典奥运会冠军时的主力队员。张娜参加完揭幕仪式后，还志愿当了一次现场解说员。

“我今天特意穿上了雅典奥运会领奖时的衣服。”张娜指着展台上女排队员在雅典奥运会最高领奖台的合影说。

前女排队长魏秋月也参加了展览揭幕仪式。曾随中国女排赢得里约奥运会金牌的魏秋月说，希望香港的运动员和学生看了展览后，能把女排精神运用到平时的生活中，“在挫折中不断成长，让自己成熟，在挫折中让自己达到新的顶峰”。

这次展览持续到 2024 年 7 月 1 日，已经有超过 100 个香港大中小学团体表示要来参观展览。他相信青少年看了之后肯定会受到触动。

“通过这次体育和文化的交流，我希望香港大学生和年轻人，不论是在运动场还是在其他领域，都能以坚毅的精神和积极的心态面对困难，向个人目标进发，并为社会和国家作出贡献。”李子建说。

（资料来源：中华全国体育总会，有删改）

二、排球运动的基本技术

排球技术是指运动员在比赛规则允许的条件下采用的各种合理的击球动作和配合动作的总称。排球技术主要有两种：一种是无球技术，包括准备姿势、移动、起跳及各种掩护动作等；另一种是有球技术，包括发球、传球、垫球、扣球和拦网等。

（一）准备姿势

准备姿势按身体重心的高、中、低可分为稍蹲准备姿势、半蹲准备姿势和低蹲准备姿势三种。其中稍蹲和半蹲准备姿势用于最初练习垫球和接发球的准备；低蹲准备姿势一般用于防扣球、吊球等变化多、速度快的球。

1. 稍蹲

稍蹲准备姿势比半蹲准备姿势的身体重心稍高，动作方法相同。一般用于扣球助跑前

或在对方正在组织进攻时，即用于不需要快速起动的场合，如图 4-18 所示。

2. 半蹲

两脚左右开立稍比肩宽，一脚稍在前，两脚尖适当内收，脚跟稍提起，膝关节保持一定的弯曲程度。上体前倾，重心前移。两臂放松，自然弯曲，两手置于腹前。两眼注视来球，两脚始终保持微动，使神经系统处于适宜的兴奋状态，如图 4-19 所示。

3. 低蹲

身体重心比半蹲准备姿势更低，主要用于防守和接拦回球等。低蹲时，两脚左右、前后的距离要更宽一些，膝部的弯曲程度大于半蹲姿势。身体重心要更靠前，肩部垂线过膝，膝部垂线超脚尖，手臂置于胸腹之间，如图 4-20 所示。

图 4-18　稍蹲　　图 4-19　半蹲　　图 4-20　低蹲

（二）移动技术动作

从起动到制动的过程称为移动。移动的主要目的是及时接近球，保持好人与球的位置关系以便击球，同时也为了迅速占据场上合理位置，满足比赛的需要。

1. 并步与滑步

并步若向左移动，则右腿蹬地，左脚向来球方向跨出一步，右腿迅速跟上并做好击球准备。连续并步就是滑步，如图 4-21 所示。

2. 交叉步

以向左交叉步为例，上体稍向左转，右脚从左脚前面向左交叉迈出一步，然后左脚再向左跨出一大步，同时身体转向来球方向，保持击球前的姿势，如图 4-22 所示。

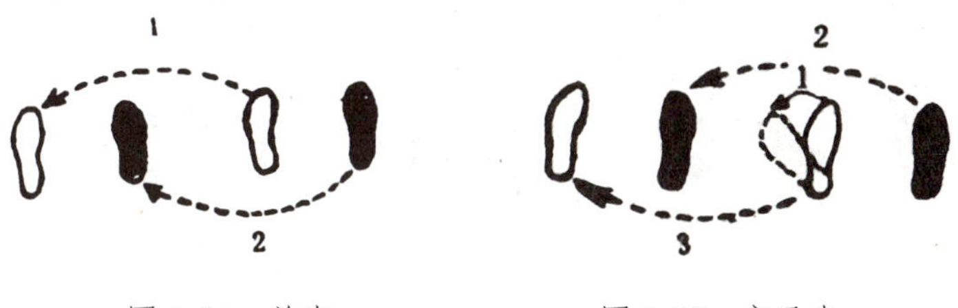

图 4-21　并步　　图 4-22　交叉步

3. 跨步

跨步时，一腿用力蹬地，另一腿向来球方向跨出一大步，膝部弯曲，上体前倾。

4. 跑步

当来球的落点距自身很远时可采用跑步移动。跑步时，两臂用力摆动，以加快速度，并逐步降低重心去接近球。

（三）垫球

垫球是利用来球的反弹力，在腹前一臂距离处借助蹬地、抬臂动作，用双臂的前部，将球击出的技术动作，垫球部位如图 4-23 所示。

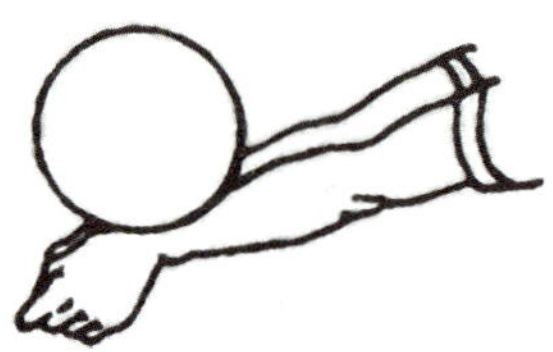

图 4-23　垫球部位

1. 正面双手垫球

正面双手垫球是最基本的垫球方法，是各项垫球技术的基础，只有掌握这项技术，才能进一步学习和运用其他垫球技术。

正面垫球时，要判断来球方向和落点，迅速移动到位，正对来球，身体成半蹲准备姿势。对力量较大、速度快的来球准备姿势更要低些。目前常用的垫球手型是叠掌式，即两手手指和前半手掌上下重叠，掌根紧靠，两拇指朝前平行，前臂外翻靠拢，两臂伸直，手腕下压，使手内侧形成垫击平面。正面双手垫球的击球点一般应保持在腹前一臂距离的位置。

用前臂腕关节以上 10 厘米左右桡骨内侧平面击球。当来球离腹前一臂之距时，两臂夹紧伸直，迅速插入球下，以前臂的内侧平面击球的后下部，垫球时，两脚向前上方蹬地并抬臂，同时压腕顶肘，身体重心随着击球方向前移，如图 4-24 所示。

图 4-24　正面双手垫球

2. 体侧垫球

体侧垫球可扩大防守范围，但不易控制垫球的方向、弧线和落点。当来球飞向体侧，速度较快，来不及移动垫球时，可采用双臂在体侧进行垫击。当来球向左侧飞来，右脚前脚掌内侧蹬地，左脚向左跨出一步，身体重心随即移至左脚，左膝弯曲，同时两臂夹紧向左侧伸出，左臂高于右臂，右肩稍向下倾斜击球时，身体向右转腰和收腹，以两臂组成的击球平面自左侧后下方截击来球，将球平稳垫起，如图 4-25 所示。

图 4-25　体侧垫球

3. 背向垫球

背对击球方向，从体前向背后垫球叫背向垫球。首先要迅速移动到球的落点上，背对击球方向，两臂靠拢伸直，击球点高于肩。击球时要抬头挺胸，展腹后仰，直臂向后上方抬送。

4. 垫球的练习方法

①徒手模仿垫球练习。两人一组面对面站立，一人做练习，另一人观察及纠正动作。

②自垫。每人一球，抛球后，连续向上自垫。

③两人一组，相距 3 ～ 5 米，一抛一垫，然后对垫。

④两人隔网站立，做接发球练习，一人抛球，一人垫球。

⑤两人一组，相距 3 ～ 7 米练习单手垫球。

5. 垫球易犯错误和纠正方法

练习垫球时易犯的错误和纠正方法见表 4-1。

表4-1　垫球易犯错误和纠正方法

易犯错误	纠正方法
击球时手臂并不拢，伸不直	两手手指交叉轻握，垫抛球或垫固定球，或多做徒手模仿练习
臀部后坐，全身用力不协调，主要用抬臂力量垫球	两手并拢，用手绢绑住，臂与胸之间夹球，然后垫抛球、垫固定球，或防扣球

续表

易犯错误	纠正方法
移动慢，对不正球	移动抢球，双臂夹球，移动垫球
击球时上体后仰或耸肩膀	穿过网下垫球，垫球时手要向下插

知识小课堂

垫球注意事项

垫球时，脚步移动很重要。先预判排球的运行方向和速度，再移动脚步，使身体处于合适的位置，以便垫球，注意保持半蹲姿势，重心不要过高或过低。

（四）传球

传球是进行排球比赛与组织战术配合的基础。传球的种类有很多，下面以正传（正面双手传球）与背传（将排球由身体前面传向身体背后）为例介绍传球的动作要领。

1. 正传

传球前采取稍蹲姿势，身体站稳，上体挺直，双手自然抬起，掌心向外，目视来球方向；当来球距额前上方一个排球左右的距离时，双脚蹬地，伸膝，伸出双臂，张开双手，向前上方击球，将球传出。当手触及排球时，双手自然张开呈半球状，手腕稍向后仰，拇指、食指和中指托住排球的后下部，两拇指相对呈“一”字形，双手间保持一定的距离（不超过排球的直径），如图 4-26 所示。传球时，主要是利用蹬地、伸膝、展体和伸臂等动作，并配合手指与手腕的弹力将排球传出。

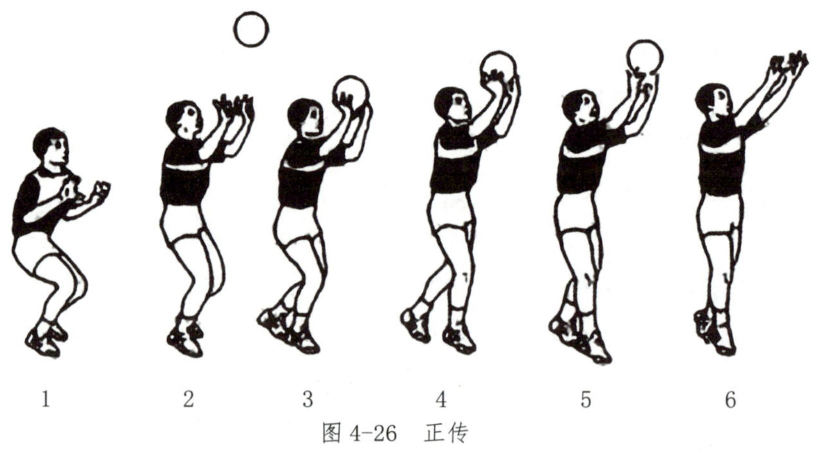

图 4-26　正传

2. 背传

传球时，上体挺直或稍向后仰，两膝半屈，身体重心落于两脚之间，双手自然抬起，掌心向外，目视来球方向；迎球时，微仰头，挺胸，双脚蹬地，同时上体向上方伸展；触

球时，手腕后翻，掌心向上击球的底部（手形与正传的手形相同），同时双脚蹬地、展腹、抬臂、伸肘，用手指和手腕的弹力将排球向后上方传出，如图 4-27 所示。

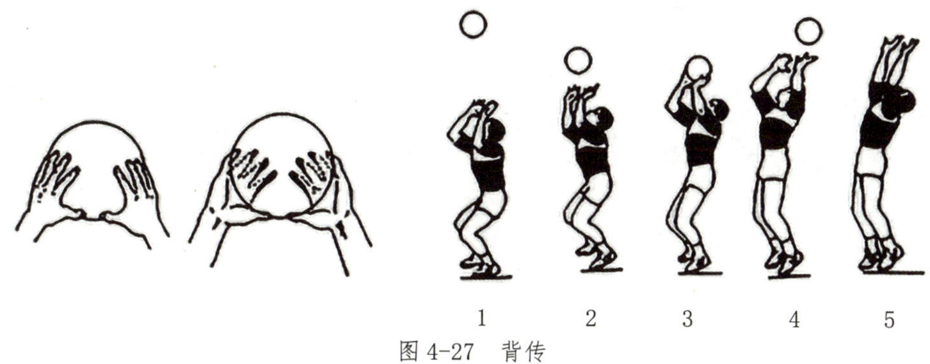

图 4-27　背传

3. 传球的练习方法

①一人对墙边连续传球。自抛自传，近距离、远距离传球。

②一人对网站立，连续向网上一定高度做自传。

③两人交替对墙传球。

④一人抛球，另一人向前、向左、向右移动传球。

4. 传球易犯错误和纠正方法

练习传球时易犯的错误和纠正方法见表 4-2。

表4-2　传球易犯错误和纠正方法

种类	易犯错误	纠正方法
正传	手型不正确，击球时机过早	轻轻向上自传，检查手型；对墙近距离自传，体会手指触球；先摆好固定手型，传对方抛来的球
	击球点过低或过高	击球点偏低多练自传，对墙传球；击球点偏高，传固定球和自抛传远球
	传球用力不协调	对墙自抛后传向墙上，体会协调用力；练习传实心球，体会蹬地、伸臂协调用力的感觉
背传	传球时翻腕太大，身体过度后仰	自抛球背传，近距离背传过网球

（五）发球

发球是队员在发球区内自己抛球后，用一只手将球直接击入对方场区的一种击球方法。

1. 正面下手发球

正面下手发球是最为基础的发球技术。以右手发球为例，发球时面对球网，两脚前后开立，左脚在前，两膝微屈，上体前倾。左手持球置于腹前，右臂自然下垂，两眼注视球。

左手将球在体前右侧抛起，约25厘米高。在抛球的同时右臂后摆，待球下落到适当部位时，右臂以肩为轴迅速向前挥臂至腰部右侧前下方，用全手掌或虎口、拳对准球的后下部把球击出，同时身体重心顺势前移。球击出后，发球员要迅速入场准备防守，如图4-28所示。

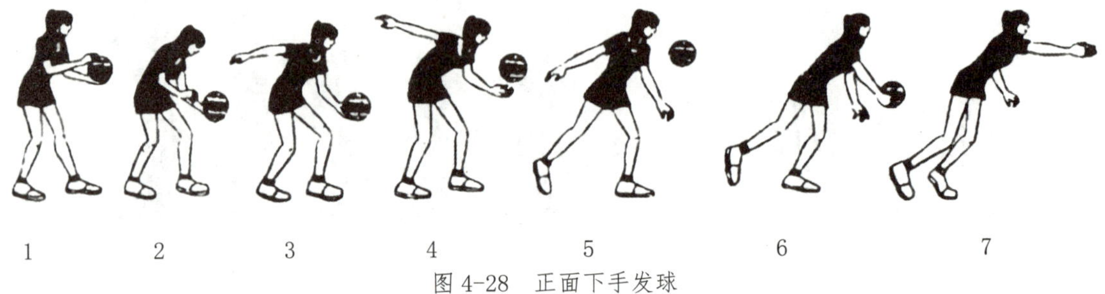

图4-28　正面下手发球

2. 正面上手发球

正面上手发球便于观察对方，易控制球的落点。以右手发球为例，发球时，面对球网，两脚前后开立，左脚在前，两膝微屈，重心落在右脚上，左手将球持于胸前。发球时，左手将球平稳地向右肩前上方抛起，抛球的同时，右臂屈肘上抬，肘与肩平，上体略向右侧转动，挺胸展腹。击球时，身体重心前移，利用收腹动作带动右臂迅速向肩前上方挥动，在最高点时伸直手臂，接着用全手掌对准球的中下部，用适当推压动作把球击出，如图4-29所示。

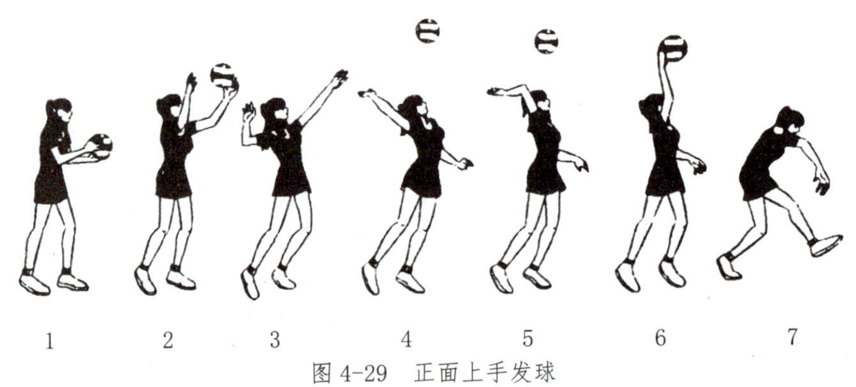

图4-29　正面上手发球

3. 侧面下手发球

侧面下手发球能够利用身体的转动，便于用力。以右手发球为例，发球时，左肩对网站立，两脚左右分开与肩同宽，两膝微屈，上体稍前倾，左手持球置于胸前。发球时，将球在身体的正前方抛起，高约25厘米，离身体约一臂远。在抛球的同时，右臂摆至右侧下方，利用右脚蹬地和向左转体的力量，带动右臂向前摆动（手臂伸直），用全手掌、拳或虎口对准球的后下部把球击出，身体重心协同击球动作而前移。

4. 发球的练习方法

①徒手练习。按照动作方法与要求，徒手模仿练习。

②抛球练习。向上抛球练习，要求做到球不旋转，位置固定。

③对墙发球，距离由近到远。

④隔网发球。两人一组隔网发球，距离逐渐加长。

⑤在发球区发球练习。

5. 发球易犯错误和纠正方法

练习发球时易犯的错误和纠正方法见表 4-3。

表4-3 发球易犯错误和纠正方法

种类	易犯错误	纠正方法
正面下手发球	抛球太高、太近或太远	明确抛球重要性，做抛球与挥臂击球
	挥臂方向不正	徒手练习，击固定球练习
	手击球部位不正确	击固定吊球
正面上手发球	抛球不准，太前或太后	清楚要领，向固定目标抛球
	击球不准，无手腕推压动作	对墙发球，体会手包球动作，使球呈上旋
	用不上全身协调力量	对墙掷球或对墙平扣，对墙发球练习

思考与练习

1. 准备发球前，运动员主要观察对方队员的哪些情况？
2. 发球时，运动员如何确保把排球发到预想位置？

（六）扣球

扣球是攻击性最强、最有效的进攻手段，在比赛中占有非常重要的地位。

1. 正面扣球

正面扣球是扣球技术中一种重要的方法，是比赛中运用较多的一项进攻性技术，适用于近网和远网扣球。扣球助跑前采用稍蹲姿势，两臂自然下垂，站在离网 3 米左右处，身体转向来球方向，观察来球，做好向各个方向助跑起跳的准备。

助跑开始时，左脚先向前迈出一步，紧接着右脚再快速跨出一大步，左脚及时并上，踏在右脚之前，两脚尖稍向右转。两臂绕体侧向上引摆。在助跑跨出最后一步（即第二步），左脚并上踏地制动的同时，两臂自后积极向前摆动，随着双腿蹬地向上起跳，两臂配合起跳有力地向上摆动。

起跳后，挺胸展腹，上体稍向右转，右臂向后上方抬起，身体成反弓形。挥臂时，以迅速转体、收腹动作发力，依次带动肩、肘、腕各部位关节向前上方挥动，形成鞭甩动作。击球时，五指微张，以掌心为主，全掌包满球，在手臂伸直的最高点的前上方击球的后中部，同时主动用力屈腕屈指向前推压球，使扣出的球呈上旋状态。

落地时，两脚前脚掌先着地，再迅速过渡到全脚掌着地，同时顺势屈膝、收腹，以缓冲下落的力量，立即做好下一个动作的准备，如图 4-30 所示。

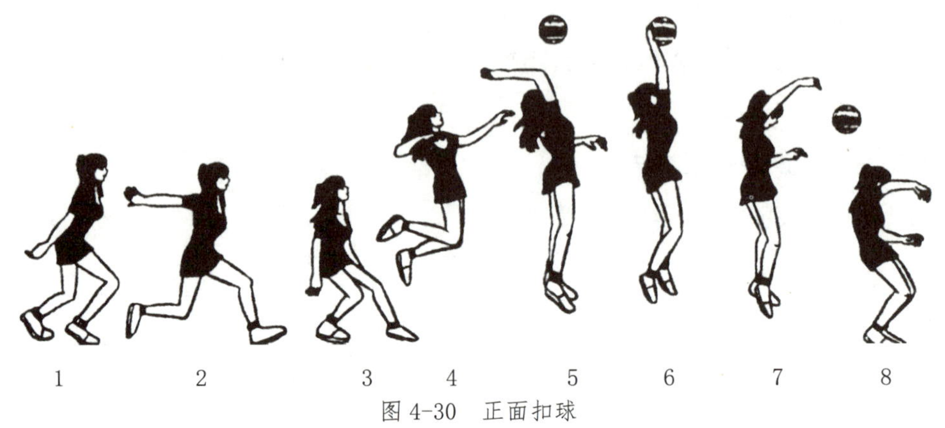

图 4-30 正面扣球

2. 调整扣球

调整扣球是指在接发球或后排防守垫球不到位时，二传队员从后场区将球传到网前所进行的扣球。调整扣球技术动作与正面扣球相同，但由于二传球来自后场区，有近网球，也有远网球，还有拉开球和集中球，与球网有一定的角度并且弧线不固定，扣球队员难以判断，因此扣球难度较大。扣球队员要准确判断来球的方向、弧线、速度和落点，调整好人和球的距离，选择好起跳点，掌握好起跳时间。根据人和球网的距离，合理地采用不同的扣球方法，控制好扣球的力量、速度、方向、路线和落点。

3. 扣快球

扣快球是扣球队员在二传队员传球前或传球的同时起跳，并迅速将二传队员传出的球击入对方场区的扣球。扣快球在时间上争取主动，起到攻其不备、突然袭击的作用，可使对方拦网和防守产生判断错误。这种扣球的特点是速度快、力量大、时间短、落点近、突然性强、牵制能力大。扣快球技术动作方法较多，有近体快球、半快球、短平快球、平拉开快球、背快球、背平快球、调整快球等。

4. 自我掩护扣球

（1）时间差扣球

扣球队员利用起跳时间的差异迷惑对方拦网的扣球称为时间差扣球。这种扣球可运用在近体快球、背快球、短平快球等扣球中。扣球时，按扣快球的助跑、摆臂节奏佯作起跳，以诱使对方起跳拦网。待对方拦网队员下落后，扣球队员立即原地起跳扣半高球。

（2）位置差扣球

扣球队员按扣球的方向助跑，在助跑后佯作踏蹬、下蹲与摆臂动作明显的起跳扣球，但助跑后不起跳，待对方队员拦网起跳时，突然变向侧跨出一步，动作幅度、挥臂幅度小，

速度快，用双足或单足“错”开拦网人的位置起跳扣球，称为位置差扣球，或称错位扣球。

（3）空间差扣球

扣球队员利用助跑的冲力和专门的踏蹬技术，使身体向前上方跃出，把正面取位盯人拦网的对手甩开，使扣、拦在空中出现差错，称为空间差扣球，也叫冲飞扣球。常用的空间差扣球有：佯扣短平快球而突然向前冲跳到二传手向前扣半高球的“前飞”，佯扣快球而冲跳向二传手背后小弧度球的“背飞”，佯扣前快球而侧身向左起跳追击扣球的“拉三”，以及佯扣短平快球而侧身向左起跳追击扣球的“拉四”。

5. 扣球的练习方法

①网前做徒手一步或两步助跑起跳练习。

②徒手做扣球挥臂动作，对墙掷小皮球练习。

③扣固定球。扣吊球；两人一组，一人持球于头上，一人扣固定球。

④网前完整动作扣固定高度的球。

6. 扣球易犯错误和纠正方法

练习扣球时易犯的错误和纠正方法见表 4-4。

表4-4　扣球易犯错误和纠正方法

易犯错误	纠正方法
助跑起跳时间不准	给予扣球者语言信号提示
起跳前冲，击球点保持不好	徒手助跑起跳动作练习；进行限制性练习，在地上标明起跳点和落地点；网前扣固定球或做助跑起跳接球练习
挥臂动作不正确	徒手甩臂；跳起掷小皮球或小垒球，体会挥鞭击打动作；原地自抛自扣、扣固定球
手包不住球	把球固定在击球高度上反复挥臂击球，体会包球击球，原地对墙自抛自扣

（七）拦网

拦网是排球比赛中防守的第一道防线，可减轻本方后排防守的压力。它是一项防守技术，同时也是一项进攻技术，它可以直接拦死、拦回、拦起对方的扣球，是反攻的重要环节，也是得分的重要手段。因此，拦网是具有攻防双重性的技术。

1. 单人拦网

队员面对球网，距网 30 ～ 40 厘米，双膝微屈，双臂在胸前自然屈肘，原地起跳时，重心降低，双膝弯曲，用力蹬地，使身体垂直起跳。跳起后双手从额前平行球网向网上沿前上方伸出，双臂平行，双臂尽力向对方上空伸过网，双手接近球，自然张开，手触球时要突然绷紧手臂肌肉，主动盖帽捂球。拦球后身体下落先以前脚掌着地，随之屈膝缓冲身体下落力量，如图 4-31 所示。

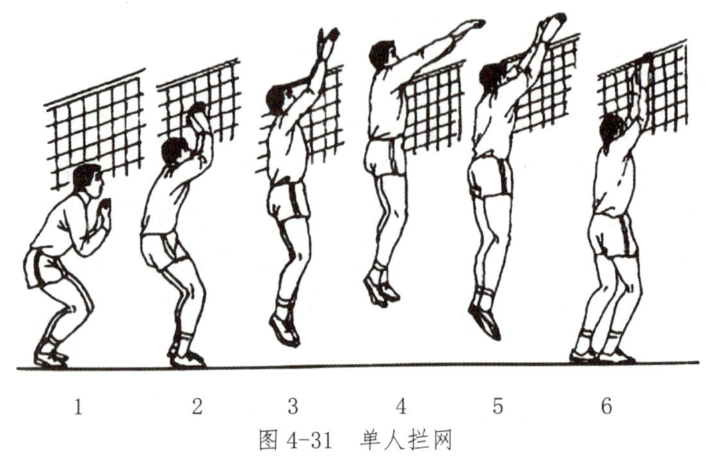

图 4-31 单人拦网

2. 集体拦网

由前排两个或三个队员互相靠近，同时起跳组成的拦网，称为集体拦网。集体拦网是比赛中最常用的一种拦网形式，主要在对方大力扣球时采用。集体拦网的技术动作与单人拦网相同。

（1）双人拦网

双人拦网是集体拦网的主要形式。双人拦网主要由 2、3 号位或 3、4 号位队员组成。根据对方不同的进攻位置，其具体分工也不同。当对方 4 号位进攻时本方以 2 号位拦网为主，3 号位队员移动并拢协同配合拦网，组成双人拦网；如果球较集中，则以 3 号位为主，2 号位队员进行配合拦网。当对方 3 号位进攻时，一般本方以 3 号位拦网为主，4 号位队员配合拦网；若对方 2 号位进攻，本方应以 4 号位拦网为主，3 号位配合拦网。

（2）三人拦网

三人拦网多在对方进行高点强攻的情况下运用，在组成三人拦网时，不论对方从哪个位置进攻，都应以本方 3 号位队员拦网为主，两边队员主动配合拦网。

知识小课堂

排球场上的站位

1. 队员场上位置

前排左边 4 号位，中间 3 号位，右边 2 号位；后排左边 5 号位，中间 6 号位，右边 1 号位，如图 4-32 所示。

2. 队员的位置关系

在发球的击球瞬间，每一名前排队员至少一只脚的一部分，比同列后排队员的双脚距中线更近；每一名右边（左边）队员至少有一只脚的一部分，比同排

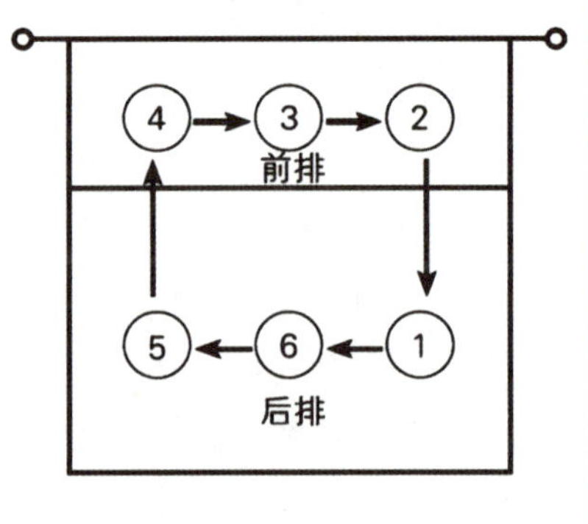

图 4-32 队员场上位置

中间队员的双脚距右（左）边线更近。

3. 位置轮转

一局比赛开始，按位置表站好进行比赛；接发球队获得发球权后，全队按顺时针方向轮转一个位置。

思考与练习

了解排球场上各个位置人员的职责。

3. 拦网的练习方法

①原地做徒手拦网练习。

②两人一组，一人在高台上双手持球，一人起跳拦网触球。

③两人隔网相对站立，做左右移动一步或两步起跳拦网，空中两人双手相互击掌。

4. 拦网易犯错误和纠正方法

练习拦网时易犯的错误和纠正方法见表 4-5。

表4-5　拦网易犯错误和纠正方法

易犯错误	纠正方法
起跳过早	采用信号刺激，强化起跳时机；起跳前深蹲
双手前压触网	徒手做提肩压腕拦球动作，在低网下拦固定方向扣球
过中线，身体触网	徒手做起跳含胸收胸动作；练习顺网左右移动及起跳拦网动作
盲目起跳，不看扣球动作	无球的移动练习，判断扣球人的路线；由隔网拦对方抛来的球过渡到拦轻扣球

三、排球运动的基本战术

排球运动战术指在比赛中根据排球运动的规则要求、排球运动的规律、双方的具体情况和临场的变化，合理地运用技术所采取的有组织、有目的和有意识的一种配合行动。

（一）接发球站位

1. “W”形

基本阵形是前三后二的“一三二”形。前排 2、4 号位队员站在距中线 4 ～ 5 米、距边线 1 ～ 1.5 米处，6 号位队员站在 2、4 号位队员的中间偏后一点。后排队员 5 号位和 1 号位取前排队员间隔的位置。其优点是队员均衡分布，每人接发球的范围相对缩小；接发球时，已站成了基本的进攻阵形，组织进攻比较方便，适合接发球水平不太高的球队。其缺点是一传队员从 5 号位插上时距离较长，难度大；3 号位队员接球时，不便组成快攻战术；不利于队员间的及时换位；队员之间地带较多，配合不默契时，容易互相干扰。

2. “M”形

“M”形也称“一二一二”站位，如图 4-33 所示。其优点是队员分布更加均匀，分工明确，前面 2 名队员接前区球，中间队员负责接中区球，后面 2 名队员接后区球。这种站位对接落点分散、弧度高、速度慢的下沉飘球、高吊球及发到边线、角上的球时较为有利，缺点是不利于接对方发到场地两腰及后区的大力球、平飘球等。

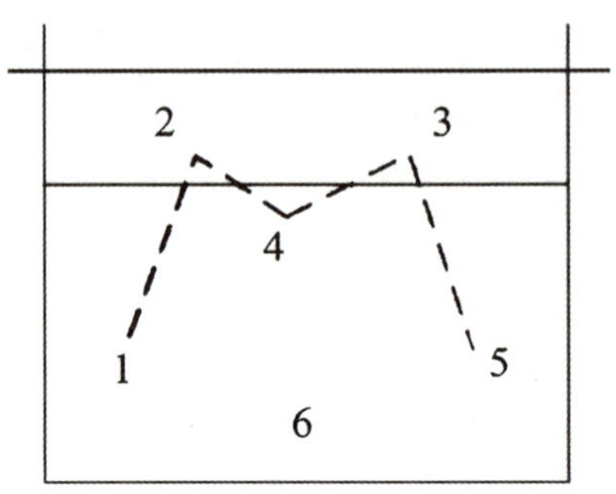

图 4-33 “M”形站位

3. “一”字形

“一”字形站位是对付跳发球、大力发球、平冲飘球的有效站位阵形。这种发球的落点大多集中在球场中后区。接发球时，5 名队员“一”字形排开，左右距离较近，每人守一条线，互不干扰。

（二）阵容配备

阵容配备就是比赛时上场队员的合理组合，其目的是最大限度地发挥每一个队员的特点、作用，以及全队合理搭配力量。阵容配备的主要形式有“五一”配备、“四二”配备等。

1. “五一”配备

“五一”配备指场上有 5 个进攻队员和 1 个二传队员。5 个进攻队员又分为 2 个主攻、2 个副攻、1 个接应二传，同角色的两名队员站在对角位置，如图 4-34 所示。

2. “四二”配备

“四二”配备指场上有 4 个进攻队员和 2 个二传队员。4 个进攻队员又分为 2 个主攻、2 个副攻，同角色的两名队员站在对角位置，如图 4-35 所示。

接应二传　主攻
副攻　二传
主攻　副攻

图 4-34 “五一”配备

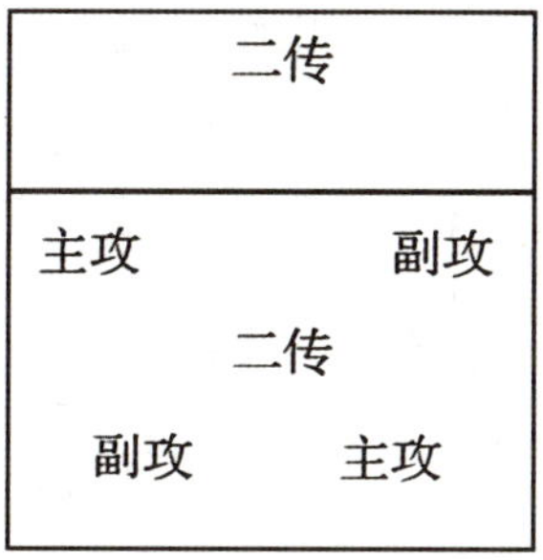

二传

主攻　副攻
二传
副攻　主攻

图 4-35 “四二”配备

（三）进攻

1. “中一二”进攻

“中一二”进攻战术是最简单、最基本的进攻战术形式。3 号位队员作二传手，把球传给 2 号位或 4 号位队员扣球。其优点是战术容易组成，但变化少且只有两个进攻点，战术意图易被对方识破，其突然性和攻击性较弱。“中一二”进攻战术一般有两种变化。

（1）集中与拉开

二传手根据扣球手特点和临场情况，向 2 号位或 4 号位队员提供忽而集中、忽而拉开的传球，以迷惑对方队员的拦网，如图 4-36 所示。

（2）跑动掩护进攻

为了增强战术变化的突然性，可通过主副攻手的跑动和相互掩护，变定点进攻为活点进攻，设法摆脱对方的集体拦网，创造一对一的有利局面，如图 4-37 所示。

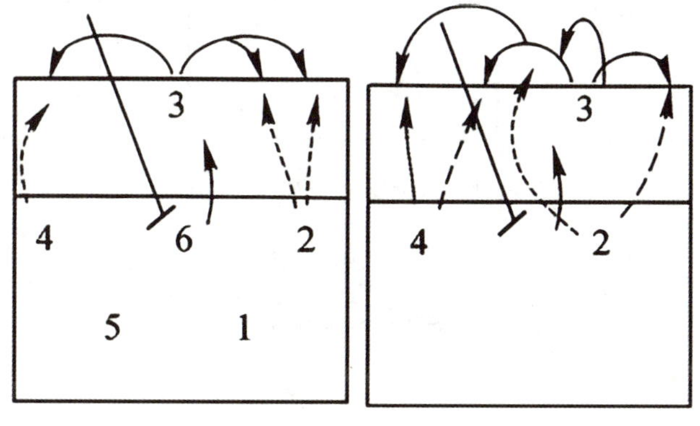

图 4-36　集中与拉开　　图 4-37　跑动掩护进攻

2. “边一二”进攻

接发球时将球垫给前排 2 号位队员，由其传球给 3、4 号队员扣球。其战术特点是便于两个进攻队员相互掩护，相互配合，构成较多的战术变化。其攻击性比“中一二”战术高，但对一传要求较高。“边一二”进攻战术变化常用“快球掩护”战术（图 4-38）、“前交叉”战术（图 4-39）、“围绕”战术（图 4-40）三种方法。

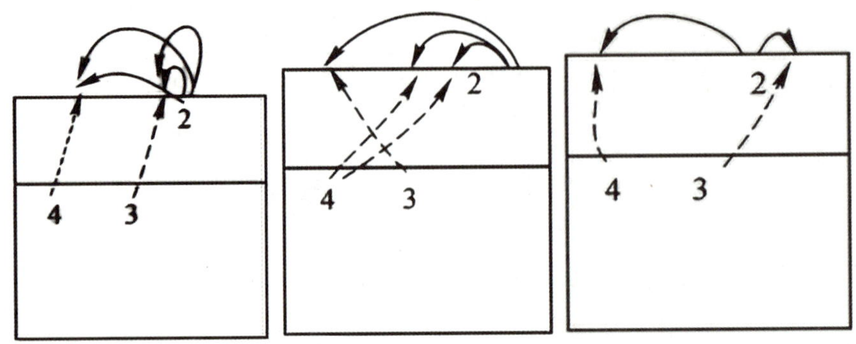

图 4-38　快球掩护　　图 4-39　前交叉　　图 4-40　围绕

3. “插上”进攻

“插上”进攻是当二传轮到后排 1、6、5 号位时，从后排插上到前排作二传（图 4-41），把球传给前排 2、3、4 号位任一队员扣球的组织方式。这种战术的优点是能充分利用网的全长，保持前排三人进攻，可以发挥每个队员的特长，组成以快攻为核心的跑动配合（图 4-42），打出多种战术变化球，如“前交叉”“后交叉”“夹塞”（图 4-43）和“梯次”（图 4-44）等。这些战术的进攻突然性较强，突破点多，使对方难以有效地组织双人拦网防守。

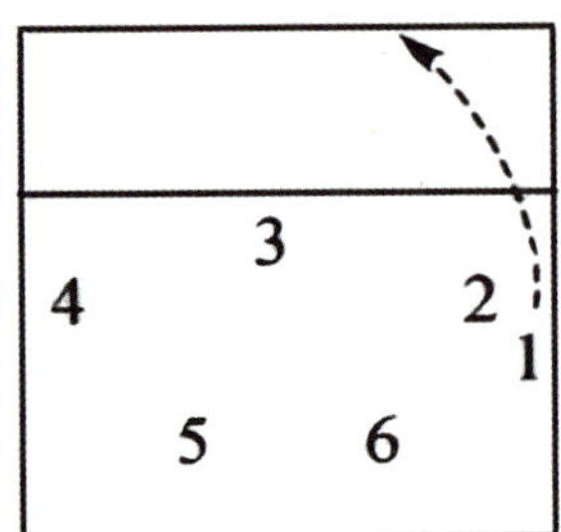

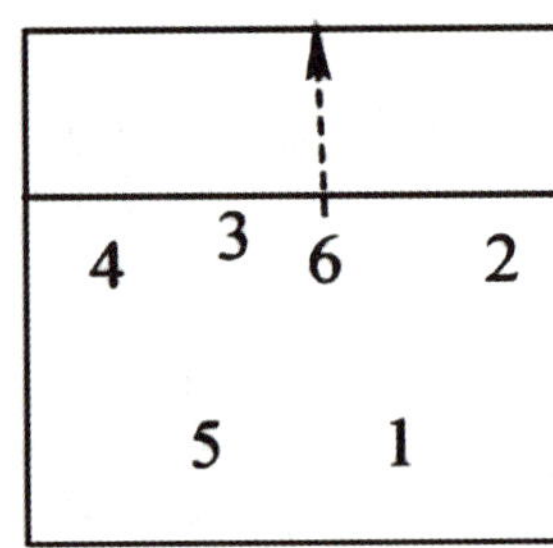

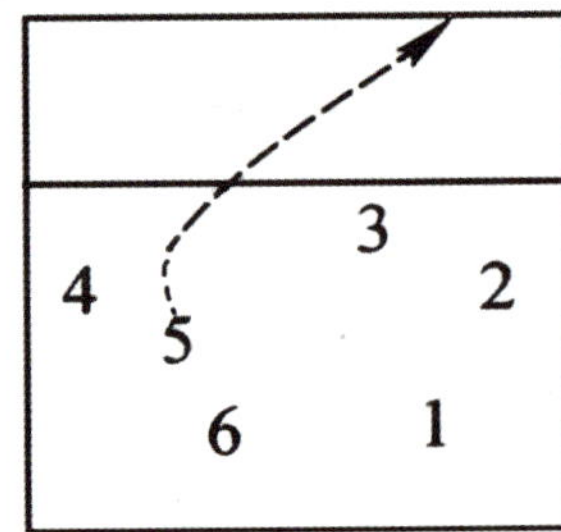

图 4-41　从后排插上到前排作二传

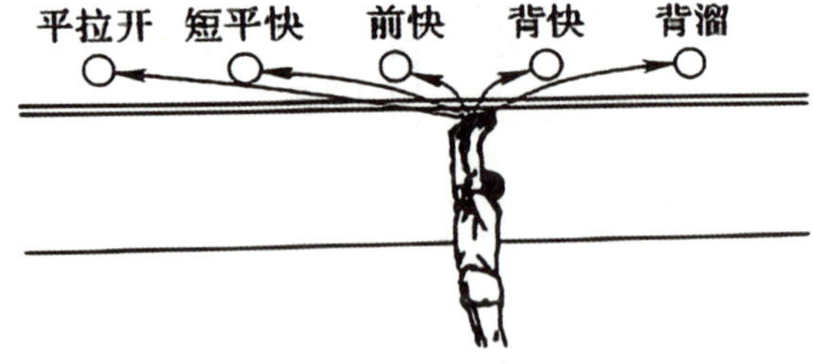

图 4-42　以快攻为核心的跑动配合

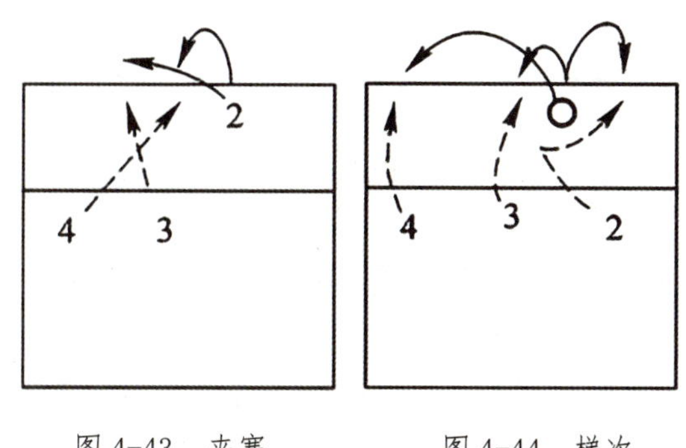

图 4-43　夹塞　　　　图 4-44　梯次

（四）防守

防守战术是组织进攻与反攻战术的基础，主要包括接发球防守战术与接扣球防守战术等。

1. “边跟进”防守战术

此战术多在对方进攻较强、吊球较少时采用。当对方 4 号位队员进攻时，己方 2、3 号位队员拦网，其他 4 名队员组成半圆弧形防守。若遇对方吊前区，则由边上 1 号位队员跟进防守。其优点是加强了拦网；缺点是边上的队员既要防直线，又要跟进防前区，比较困难。

2. “心跟进”防守战术

此战术多在本方拦网能力强、对方采取打吊结合时采用。当对方 4 号位队员进攻时，己方 2、3 号位队员拦网，后排中心的 6 号位队员在己方拦网时跟在拦网队员之后进行保护，其余 3 名队员组成后排弧形防守。其优点是加强了前区的防守能力，缺点是后排防守队员之间的空当较大。

四、排球运动场地与比赛规则

（一）排球比赛场地

排球比赛场地为对称的长方形，包括比赛场区和无障碍区。比赛场区为 18 米 ×9 米的长方形，其四周至少有 3 米宽的无障碍区。比赛场区上空的无障碍空间从地面量起至少高 7 米，其间不得有任何障碍物。在国际排球联合会主办的比赛、世界性比赛和正式比赛中，比赛场区边线外的无障碍区的宽度应为 5 米，端线外的无障碍区的宽度应为 6.5 米。比赛场地上空的无障碍空间至少高 12.5 米，如图 4-45 所示。

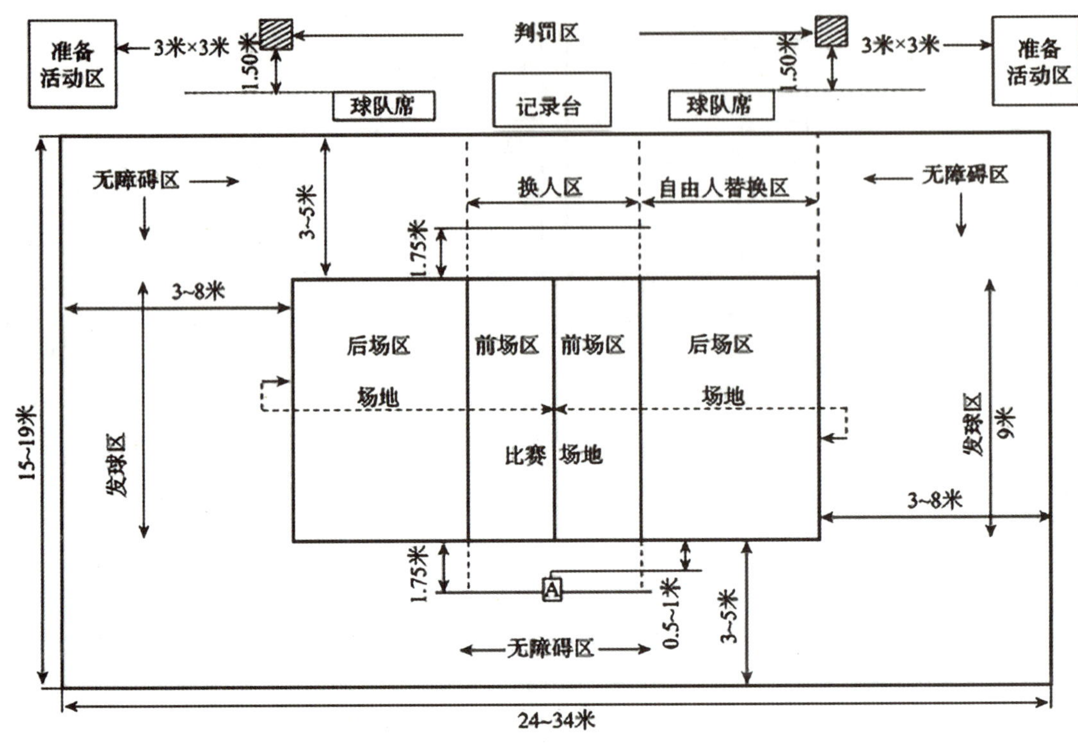

图 4-45　比赛场地

（二）排球运动比赛规则

1. 球队组成及比赛

球队分为两队，每队由 12 名队员组成，两队各派 6 名队员在由球网分开的场地上进行比赛。两队遵照规则，将球击过网，使其落在对方场区的地面上，而防止球落在己方场区的地面上。每队可击球三次（拦网触球除外），将球击回对方场区。

比赛由发球开始，发球队员击球使其从网上飞至对方场区，比赛由此连续进行，直至球落地、出界或某一队不能合法地将球击回对方场区。

2. 赛制

排球比赛采用五局三胜制，胜三局的队胜一场。在比赛中，某队胜 1 球，即得 1 分（每球得分制）。接发球队胜 1 球时得 1 分，同时获得发球权，队员按顺时针方向轮转一个位置。

每局比赛（决胜局除外）先得 25 分并同时领先对手 2 分的队胜一局。当比分为 24 : 24 时，比赛继续进行至某队领先 2 分（如 26 : 24）为止。决胜局先得 15 分并同时领先对手 2 分的队获胜，当比分为 14 : 14 时，比赛继续进行至某队领先 2 分（如 16 : 14）为止。

3. 发球犯规

发球犯规包括发球击球时的犯规和发球击球后的犯规。

（1）发球击球时的犯规

①发球队员在击球时或击球跳起时踏及场区（包括端线）或发球区以外的地面。

②发球队员在第一裁判鸣哨允许后 8 秒内未将球击出。

③球未被抛起或持球手未清楚地撤离就击球。

④双手击球或单手将球抛出、推出。

（2）发球击球后的犯规

①球触及发球队其他队员或球整体没有从过网区内通过球网的垂直平面。

②球越过发球掩护的个人或集体（在发球时，某一队员或两名以上队员密集站位或挥臂跳跃、移动遮挡接发球队员，且发出去的球从他或他们上空飞过，则构成个人或集体发球掩护犯规）。

③界外球。

4. 位置犯规

当发球队员击球时，如果场上队员不在正确的位置上，则构成位置错误犯规。位置错误情况如下：场上其他队员未完全站在本场区内；场上队员未按“每一名前排队员至少有一只脚的一部分比同列后排队员的双脚距中线更近”的规定站位；场上队员未按“每一名左边（右边）队员至少有一只脚的一部分比同排中间队员的双脚距左（右）边线更近”的规定站位。

5. 击球犯规

（1）连击犯规

排球比赛时，运动员身体任何部位均可触球，但一名队员（拦网队员除外）连续击球两次或球连续触及其身体的不同部位即为连击犯规。在第一次击球时，允许队员在同一击球动作中，球连续触及其身体的不同部位。

（2）持球犯规

排球运动员在比赛中，身体的任何部位均可触球，但球必须被击出，不得接住或抛出，否则即为持球犯规。

（3）第四次击球犯规

一个队连续触球四次（拦网除外）为四次击球犯规。队员不论是主动击球还是被动触及，均算该队员击球犯规一次。

（4）借助击球犯规

队员在比赛场地内借助同伴或任何物体的支持进行击球，皆为借助击球犯规。

6. 拦网犯规

拦网犯规包括过网拦网犯规、后排队员拦网犯规、从标志杆外伸入对方空间拦网犯规和拦发球犯规四种情况。

（1）过网拦网犯规

在对方进攻性击球前或击球时，在对方空间拦网触球为过网拦网犯规。判断过网拦网犯规的依据是进攻队员与拦网队员触球时间的先后。

（2）后排队员拦网犯规

后排队员或后排自由防守队员完成拦网或参加了完成拦网的集体，为后排队员拦网犯规。

（3）从标志杆外伸入对方空间拦网犯规

从标志杆外伸入对方空间拦网并触球为拦网犯规。

（4）拦发球犯规

对方发球时，在三米线内高于球网的位置将对方的发球直接击回对方场区，为拦发球犯规。

知识小课堂

气排球

气排球运动是一项集运动、休闲、娱乐于一体的群众性体育项目，由于其运动强度适中，适合各年龄层次人士参与，达到强身健体的效果。其打法和记分方法与竞技排球基本相同。

气排球起源于中国，1984 年由呼和浩特铁路局集宁分局职工创造。他们参照 6 人排球规则制定了简单的比赛规则，组织离退休职工用气球进行比赛，取名为“气排球”。1991 年，火车头老年体协依据排球规则，编写了第一本《气排球竞赛规则》。1993 年 3 月，火车头老年人气排球协会在北京正式成立。此后，气排球运动逐渐扩展到海内外的中青年和青少年群体。2015 年首届“超级杯”全国气排球联赛开赛，2017 年气排球成功成为全运会正式比赛项目。

气排球的国际最高管理机构是国际气排球联合会，2022 年 12 月在悉尼注册成立。2023 年举行了首届世界气排球锦标赛。2024 年，气排球被列入全国全民健身大赛项目。

第三节　乒乓球运动

乒乓球运动

一、乒乓球运动概述

乒乓球运动起源于 19 世纪末期的英国，由网球运动衍生而来，并被命名为“桌上网球”。最原始的乒乓球是用橡胶或软木做成的实心球。大约在 1890 年，一位名叫詹姆斯·吉布的英国人到美国旅行时，发现了一种用赛璐珞制成的空心玩具球，这种球弹性较好，他将这种球稍加改进后，用它取代了软木球。由于球在碰撞球拍和球台时发出“乒乓”的声

音，人们便将这项运动称为“乒乓球运动”。

乒乓球运动随后传到美国、中国、韩国等国家。1926 年 1 月，德国柏林举行了一次国际乒乓球赛，同年 12 月，国际乒乓球联合会（简称国际乒联）正式成立，并且在伦敦举行了第一届世界乒乓球锦标赛。1988 年，乒乓球项目被正式列入奥运会比赛项目。

乒乓球运动器材设备简单，室内室外都可以进行，运动量可大可小，不同年龄、性别和身体条件的人都可以参加，是大众乐于接受的运动项目。乒乓球体积小、速度快、变化多、趣味性强。这项运动要求练习者在短时间内对瞬息万变的击球有较强的应变能力，它能提高人体神经系统的协调性和灵敏性。乒乓球运动主要有五大作用：一是提高人们的身体素质；二是改善神经系统的灵活性；三是提高心理素质；四是提高社会适应能力；五是丰富人们的生活，让人们享受运动的乐趣。

二、握拍方法

目前世界上流行的握拍方法有两种：直握拍和横握拍。

（一）直握拍法

1. 快攻型直握拍法

拍柄贴在虎口上，拇指的第一指节压住球拍左肩，食指的第二指节压住右肩，拇指第一指节和食指第一、二指节位于球拍前面成钳形，两指尖距离 1 ～ 2 厘米，其他三指自然弯曲叠置于拍后，如图 4-46 所示。

2. 弧圈型直握拍法

食指扣住拍柄与拇指共同形成环状，其他三指在拍背面自然微伸叠置于拍后，如图 4-47 所示。

3. 削球型直握拍法

拇指弯曲紧贴拍柄左侧，稍用力下压，其余四指分开并自然伸直托住球拍的背面，如图 4-48 所示。

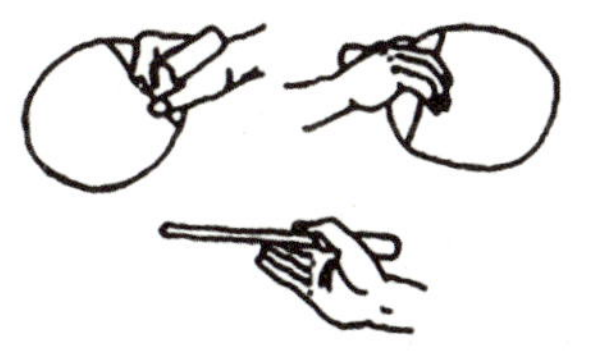

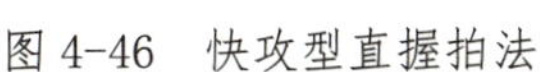

图 4-46　快攻型直握拍法

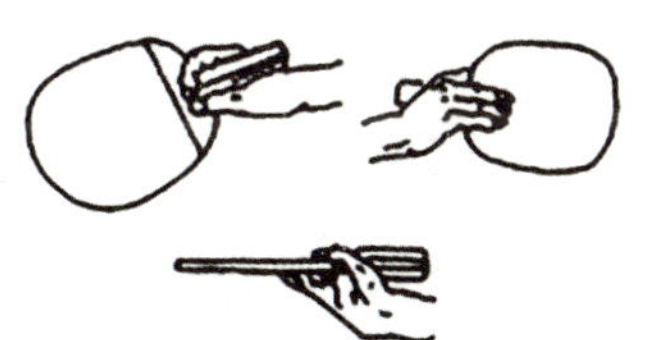

图 4-47　弧圈型直握拍法

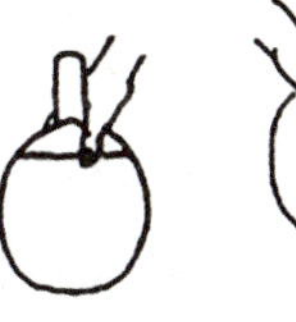

图 4-48　削球型直握拍法

（二）横握拍法

1. 攻击型横握拍法

拇指自然斜伸，贴于拍面。食指自然斜伸，贴于球拍背后，用第一指节顶住球拍，顶点略偏上，如图 4-49 所示。

2. 削攻型横握拍法

拇指在前自然弯曲贴于拍柄，食指在拍后自然斜伸贴于拍面，其他各指自然握住拍柄，如图 4-50 所示。

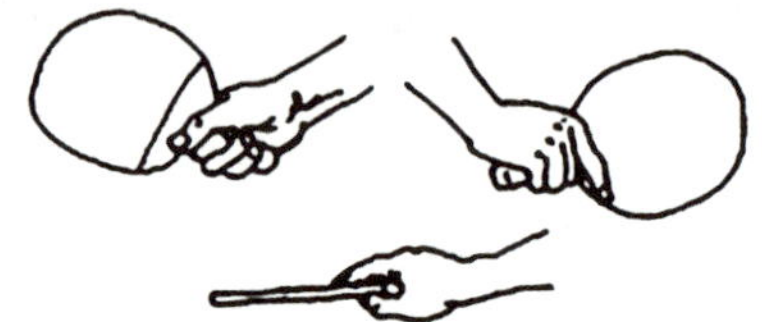

图 4-49　攻击型横握拍法

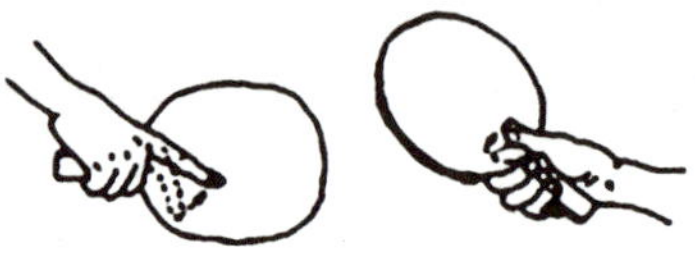

图 4-50　削攻型横握拍法

思考与练习

1. 为了延长乒乓球拍的使用寿命，每次打完乒乓球后，运动员应该如何清理拍面胶皮呢？
2. 乒乓球拍一般是什么材质的？为什么一面是黑色一面是红色呢？

三、姿势与步法

（一）站位类型

乒乓球运动者的基本站位应根据不同类型的打法、个人的习惯打法来确定。不同类型打法的运动者基本站位如下（以右手持拍为例）：左推右攻打法的运动者，基本站位在近台中间偏左；两面攻打法的运动者，基本站位在近台中间；弧圈球打法的运动者，基本站位在中台偏左；横板攻削结合打法的运动者，基本站位在中台附近；削球打法的运动者，基本站位在中远台附近。

（二）身体姿态细节

两脚开立（略比肩宽），左脚比右脚稍向前，重心置于两脚之间；两膝微屈，上体含胸略前倾，重心压在前脚掌；下颌稍向内收，两眼注视来球。以右手持拍为例，持拍手自然弯曲，置于身体右侧前方，手腕适当放松，非持拍手自然弯曲置于腹部前方位置。

（三）基本步法

乒乓球运动的步法指击球者在移动过程中依靠下肢完成的各种动作，主要包括单步、

跨步、滑步和交叉步等。

1. 单步

以一脚为轴，另一脚向前、后、左、右不同方向移动，重心随之跟上。其特点是移步简单、灵活，重心平稳。它适用于来球速度快的情况，在离身体不远的小范围内击球，如接近网球、搓球、推挡球、离身体不远的削球等。

2. 跨步

以一脚蹬地，另一只脚向来球方向腾空跨出一大步，身体重心随即移到摆动脚上，另一只脚跟着移动。其特点是速度快，比单步、并步、换步移动范围大。进攻型选手多用该步法扑打正手球，削球选手多用该步法应对对方的突然攻击。

3. 滑步

两脚同时向来球的方向蹬地，离球远的脚先落地。滑步移动范围较大，身体重心平稳。该步法多用于来球角度较大、球速较快的情况。

4. 交叉步

先以靠近来球方向的脚作为支撑脚，远离来球方向的脚向来球方向移动，并超过另一只脚，然后另一只脚随即向来球方向再迈一步。其特点是移动幅度比上述步法的移动幅度都大。该步法主要用于来球离身体较远的情形，如利用快攻、弧圈球打法侧身进攻后扑右空当或削两边大角度来球。

知识小课堂

基本步法的练习方法

①进行徒手的设想性练习，熟练各种步法。

②采用多球训练法，用一组球进行单个步法或多种步法组合练习，并逐渐加大供球速度和难度。

③与身体素质练习相结合，如各种姿势的突然性起跑、加速跑、折返跑、变速跑、双摇跳绳、抬腿跳绳等。

④练习某一种步法时，规定组数和次数，或要求在规定时间内完成。

四、正手攻球

正手攻球技术的特点是站位近、动作小、出手快，通过球的反弹力还击球，与落点变化相结合，可左右调动对方，从而使自己占据主动优势。

正手攻球的基本站位姿势是左脚稍前，右脚稍后（以右手为例），一般情况下球拍置于腹前，重心在两脚之间，稍向前倾以利于起动。收腹、含胸，膝关节略有弯曲，但不要蹲下去，以保持较高的重心。当来球接近球网时，伴随手臂开始移动重心。在重心移动时，腰部略有转动，但不要转动过大，只要感到身体的重心在右脚上就可以了。在重心移到右脚后，右肩略有下沉，支撑腿略弯曲，但不能弯曲过大，以免造成重心过低发不上力。在重心移动过程中，腰部和腹部要收住，保持一定的紧张状态。重心在脚上的位置是全脚掌略靠前外侧，这样可充分发挥向左前上方蹬地的效果。

五、反手拨球

反手拨球是一门技术，而拨球又是反手的一项重要基本功。

（一）准备姿势

练习反手拨球时，双脚基本上平站，身体要正对着来球。上身稍前倾，收腹含胸，两腿弯曲，脚跟微微上提。重心下沉，持拍手略高于台面，大臂与上体的夹角 30° ～ 40°，右肩微下沉。站位离球台不要太近，至少约 40 厘米，球拍不要下垂，保持在台面上，置于胸前下方。手腕不宜过松，也不宜过度用力。

（二）引拍

引拍时重心移动到左脚，将球拍拉至身前偏左侧，拍头朝左，不要过度拉拍，也不要扣手腕。在拨球之前左肩要对着来球稍微往前顶一下（以右手持拍为例），但是幅度不宜过大。

（三）击球

击球时重心移到右脚，以肘为轴，动作不要大，触球后挥拍至右肩前即可。引拍的时候手腕自然内收，收拍时拍形与小臂成一直线，形象地说，收拍的拍形为拍柄正对着身体，拍头正对着前方。

（四）拨球

反手拨球时前臂外旋，向前、向外摆动，拍面前倾，在球的上升期击球的后中上部并向顶部摩擦，借助来球的反弹力，前臂手腕迅速前伸外展，向右前上方发力，快拨来球。击球后前臂继续摆动，随后快速回位。

挥拍迎球的过程中，要求手腕稍微内曲、放松，在触球瞬间，随着前臂向右前方伸展，手腕也要有外展的动作。同时，手腕还应该稍微外转一些，外转是为了控制弧线的高度和长短，以防止拨球出界或下网（初练时不要有手腕动作）。

移动步法以并步为主。往后拉拍时重心偏左脚上，左髋略向后转，有一种蓄势待发的感觉，要注意体会身体的弹性。挥拍时重心转向右脚，拨球时重心从后往前转移。最好先练习徒手动作，如果个人协调性不是很好的话，上体的动作和身体的重心转换可以分开练习，然后再结合起来练习，不要急于上台，等动作协调舒展后，再上台练习，要注意多体会动作要领。

知识小课堂

如何科学参与乒乓球运动

对于乒乓球高手以及广大健身爱好者来说，被誉为“国球”的乒乓球运动是不少人参与健身的选项。然而，要想通过参与乒乓球运动收获健康，科学健身是必须遵循的原则。

在准备打球前，参与者要做好准备活动，例如慢跑，徒手操等，同时要注意活动各关节，对于韧带、肌肉等要进行拉伸。在打球的过程中，需要注意运动时间，乒乓球是一项很消耗体力的运动。通常来说，每天打球 1 小时左右为宜，如果时间过长，会造成运动过量。需要强调的是，要根据个人体质、体能状况妥善控制运动强度与运动时间，避免过度运动。

在运动时可采用最大心率百分比对运动强度进行分级。其中，最大心率可按照 220 减去年龄来计算。比如，20 岁的健康成年人，最大心率 =220−20=200（次 / 分钟）。计算出自己的最大心率以后，还需要了解三个区间，即运动时心率在最大心率的 40% 至 54% 范围内为小强度；在最大心率的 55% 至 69% 范围内为中等强度；运动时心率大于 70% 的最大心率为大强度。监测心率是反映运动强度比较直接且简便的方法，一般来说中等强度心率是比较适合大部分健身人群的。同时，在运动过后，大家一定要进行放松与拉伸，通常建议采取慢跑、局部按摩等多种措施，对肌肉等进行放松。

此外，打乒乓球时人体的手腕、肘部、肩部、腰部等部位用力较大，常常容易引起相关部位的运动损伤，因此一定要注意循序渐进地参与运动，运动量也要由小到大，同时要掌握正确的打球方法，避免引起损伤。人们应通过科学的方式参与乒乓球运动，进而收获健康与快乐。

六、搓球

搓球技术是乒乓球运动中最常见的一种台内技术，主要是针对下旋球的一种技术，在接发球、台内回合球实战中能发挥很大的作用。搓球时站位偏左台，两脚左右开立。

（一）快搓

快搓的动作幅度较小，回球速度较快，能借助来球的前进力回击。它是对付削球和搓球的一种方法。

右脚稍前，身体靠近球台。来球在身体左侧时，可运用反手搓球。击球时，上臂迅速前伸，前臂跟随向前，拍形稍后仰，利用上臂前送力量，在上升期击球中下部。来球在身体右侧，可以运用正手搓球。搓球时，身体稍向右转，手臂向右前上引拍，然后前臂和手腕向前下方用力，在上升期击球中下部。

（二）慢搓

慢搓的动作幅度较大，回球速度较慢，靠主动发力回击，回球有一定旋转强度。

反手搓球时，向左上方引拍，前臂以肘关节为轴，快速向前下方用力挥摆，伸手腕辅助用力，手指配合使拍面后仰，在球的下降前期切击球的中下部，如图 4-51 所示。

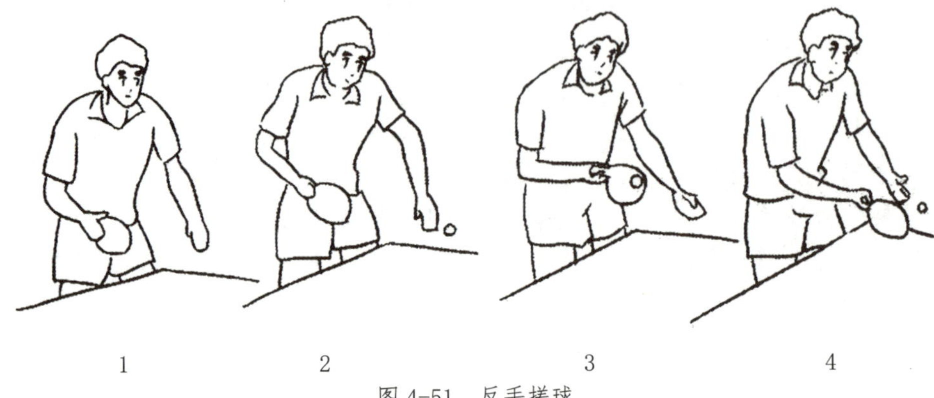

图 4-51 反手搓球

正手搓球时，手臂外旋使拍面后仰，前臂提起，向右上方引拍至右肩高度。当来球至下降前期，手臂快速向左前下方挥摆，屈手腕辅助用力，切击球的中下部，如图 4-52 所示。

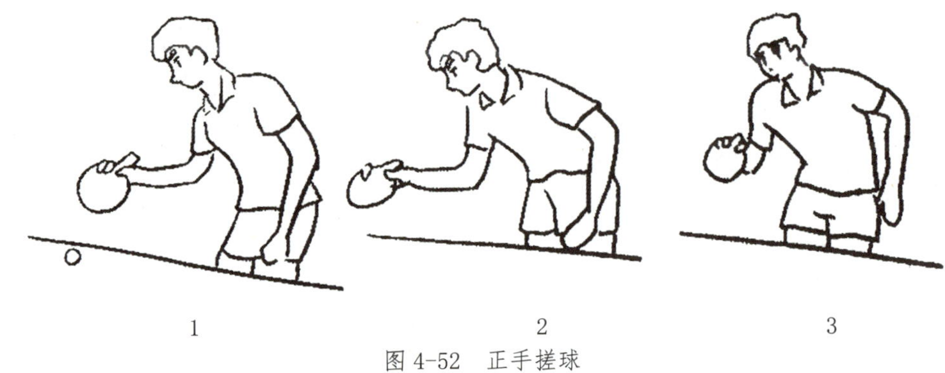

图 4-52 正手搓球

（三）搓转球与不转球

用近似手法搓出转与不转两种性质不同的球，可使对方难以判断，增加其回球难度或直接导致其接球失误。反手搓转球与不转球时击球位置的差异如图 4-53 所示。

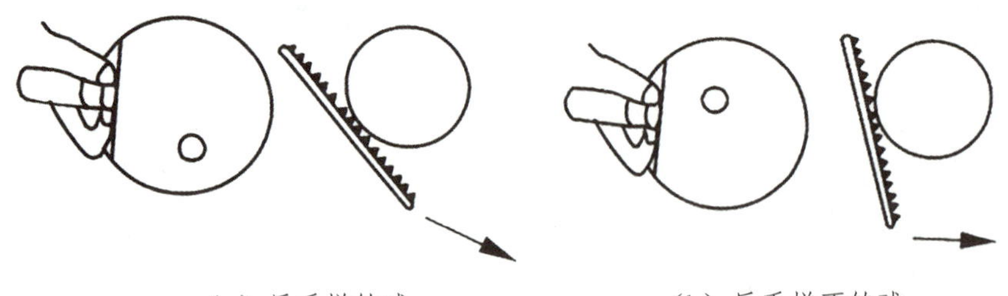

图 4-53 搓转与不转

搓转球与不转球的动作方法与快搓技术的动作相同。转与不转要看击球作用力是偏离

球心还是通过球心。搓转球时，除击球速度、击球力量和拍面后仰角度要加大以外，还要在球拍切击球时切薄一些，使其作用力远离球心，形成下旋球。而搓不转球时，减小拍面后仰角度，击球中下部并向前上推，使击球力量接近或通过球心，这样就形成相对的不转球。搓转球与不转球时，一定要在相似的动作上下功夫，如若搓不转球的动作意图很明显，则会弄巧成拙，送给对方进攻机会。

七、推挡

推挡，顾名思义，具有推和挡的两种功能："挡"着重防守，强调借力，如在接重板或速度较快的球时，多采用"挡"，其主要有平挡、减力挡、侧挡等技术；"推"力主进攻，强调主动加力，加快球速，主要技术包括快推、加力推、推挤、推下旋。这里着重介绍平挡、快推和加力推三种技术。

（一）平挡（挡球）

两脚平行站位，身体靠近球台。击球前，上臂贴近身体，前臂约与台面平行，球拍置于腹前，略高于台面呈半横状，拍面近乎垂直。击球时，调整好拍形，在来球上升前期触球中部或中上部，借来球的反弹力将球挡回。平挡具有速度慢、发力均匀柔和、力量小等特点。

（二）快推

近台中偏左站位，右脚稍前，上臂和肘关节靠近右侧身旁。拍面垂直，当球弹起至上升前或中期时，拍面略前倾，大臂带动前臂向前或前上方加速推出，击球中上部。

（三）加力推

加力推动作较大，回球力量重，球速快，主要用于对付反手位速度较慢、反弹偏高的球。当来球弹至上升后期或高点期时，拍面前倾，大臂带动前臂，前臂带动手腕向前或前下方加速发力推出，击球中上部或上中部。加力推时，可以配合髋、腰及身体前移共同发力。

知识小课堂

推挡易犯错误和纠正方法

练习者练习推挡球技术时，易犯错误及其纠正方法如下。

①易犯错误：推挡时，手腕下垂，使球拍与小臂成90°。

纠正方法：手腕向外展，使球拍拍柄偏左一些。

②易犯错误：推挡时，拍面前倾角度过大，击球时间过早。

纠正方法：拍面稍微前倾，准确把握击球时间。

八、弧圈球

弧圈球是一种将力量、速度和旋转结合为一体的进攻性技术，可分为正手弧圈球技术和反手弧圈球技术。

（一）正手（拉加转）弧圈球技术

近台站位，左脚稍前，右脚稍后（以右手执拍为例），腰部略向右下转动，左肩高于右肩，持拍手臂在向下引拍的基础上，把右手前臂往后拉。重心落到右脚。击球时，右脚迅速蹬地，转腰的同时上臂带动前臂快速向前上方挥动，拍面略前倾，在来球的下降后期摩擦球的中部或中上部。往前上方挥拍至额头上。拉完后迅速还原，准备下一拍动作。

（二）反手弧圈球技术

两脚平行开立或左脚稍后，准备击球时，身体重心下降，右肩下沉，球拍从后下方引至大腿内侧，拍面适当前倾，肘关节略向前顶出，执拍手适当放松，手腕稍外展。球拍向前上方挥动，击球点在腹前方。触球时，身体向前方顶起，前臂以肘关节为轴快速带动手腕发力，摩擦球的中下部，拉球的高点，之后迅速还原。要重视两脚蹬踏用力和身体前迎的击球动作，加强手臂、腰部、腿部的协调发力，尤其是前臂肌肉的快速收缩发力。

九、反手拧拉

乒乓球反手拧拉技术是一种重要的接发球技术，能够有效打破接发球的被动局面，直接进入相持对攻阶段。

引拍时，上半身降低重心，前倾收腹，执拍手臂肘尖向前顶，前臂和手腕大幅度内敛，此时球拍头部大约指向己方腹部位置。此时乒乓球应当弹跳到胸前接近手腕位置。挥拍时，以执拍手臂肘尖为轴心，向右前方展开前臂并在球拍接触球时手腕外展向前摩擦发力。需要注意的是以肘尖为轴心并不是说肘尖就固定不动，相反在前臂发力时肘部会顺势回收。一般在来球的上升期或最高期击球，击球点一般位于胸部正前方，触球位置在左侧面时可有效避免吃旋转。可根据来球的高度和旋转来选择触球位置和拍形。

十、挑打技术

乒乓球挑打技术是一种进攻性技术，主要用于回击近网球，具有突然性和爆发性的特点。挑打技术适合处理将出台未出台的弱下旋、不转和上旋球，能够在对方控制球权时打破平衡，创造进攻机会。

挑打时需要抬高重心，从上向下俯视来球，以便更好地迎前击球。脚步上应采用并步而非跨步，以便更快地移动到击球位置。挑打主要依靠前臂和手腕发力，大臂保持放松状态。前臂和手腕向前上方用力，摩擦大于撞击（对于上旋球则是撞击大于摩擦）。直拍挑

打时，主要依靠拇指、食指和后面的三个手指的协调发力；横拍也是如此，反面的食指给予发力，整个手腕转动。挑打的击球点应在乒乓球弹起的最高点，这样才能保证成功率。

楷模风范

国乒亚洲杯包揽奖牌 荣耀背后更需安不忘危

2025年乒乓球亚洲杯男女单打决赛落幕，男单王楚钦、梁靖崑、林诗栋，女单王曼昱、孙颖莎、蒯曼分别斩获冠、亚、季军，国乒包揽男女单打全部奖牌。深圳大运中心体育馆领奖台上，三面五星红旗两度同时升起。深圳之夜，为之沸腾！

然而，荣誉背后，更需“居安思危，思则有备，有备无患”。此次亚洲杯的辉煌背后，实则暗藏隐忧——国乒正在经历技术更迭与梯队建设的波动期。一方面是年轻球员尚未形成稳定竞争力，另一方面是外协新生代经过有针对性的研究锋芒初露。男单半决赛中，排名男子世界第一的19岁小将林诗栋在领先状态下被梁靖崑逆转，暴露出年轻选手在关键分处理方面的不足。在对阵做足了功课的外协选手张本美和时，孙颖莎虽险中取胜，但全程有些吃力，说明顶尖选手的技战术仍需进一步优化。

更需警惕的是，外协选手对战国乒队员时针对性战术非常强，暗藏危机。王楚钦在首轮对阵世界排名第53位的伊朗选手阿拉米扬时打得异常艰难，以3：2险胜对手，暴露出中国选手对外协特殊打法的适应能力略显不足、战术灵活性有待提升的问题。巴黎奥运会后，马龙、樊振东的同时淡出，导致男队领军人物空缺，在亚锦赛和世界乒乓球职业大联盟（World Table Tennis，WTT）蒙彼利埃赛等赛事中表现不稳。男队中生代关键赛事成绩不够亮眼，新生代大赛经验不足。

不过，强者从不畏惧挑战，越是艰难，越“千磨万击还坚劲”。国乒作为中国体育的璀璨明珠，一直以来都是在挑战与机遇中前行的典范。面对新生代球员的培养，应为他们提供更多与国际顶尖选手交锋的机会，助力其快速成长。同时，还应保持开放心态，适当引入“他山之石”，丰富自身战术体系。

胜利已属昨日，荣耀背后更需安不忘危。相信国乒面对考验，一定会继续秉持“顽强拼搏、为国争光”的精神，书写属于自己的新辉煌。

（资料来源：人民网，有删改）

第四节　足球运动

一、足球的概述

（一）足球运动的发展与起源

足球项目的起源最早可追溯到中国古代的球类游戏蹴鞠，蹴鞠最初被称为“蹋鞠”。现代足球（football/soccer）运动诞生于英国。1863 年 10 月 26 日，英国创立了世界上第一个足球协会——英格兰足球协会。这一天被称为现代足球的诞生日。两个月后，英格兰足球协会制定出世界上第一个统一的足球规则。

1872 年，足球运动史上的第一次正式比赛在英格兰和苏格兰之间进行，即泛英足球比赛。在此后 30 年，足球运动逐渐风靡英国和欧美各国。1900 年，足球首次在奥运会上露面。1904 年 5 月 21 日，国际足球联合会（Fédération Internationale de Football Association，FIFA）在法国巴黎成立。1908 年，足球被正式批准为奥运会比赛项目。1930 年，乌拉圭成功举办了第一届世界足球锦标赛。足球作为一项世界性的体育项目登上了国际体坛，足球运动在更加广泛的范围内开展起来，影响也愈来愈大。国际足联从最初的 7 个会员国，发展到现在的 190 多个，是世界上最大的国际单项体育组织。其举办的重大比赛包括：世界杯足球赛、奥运会足球赛、世界青年足球锦标赛和女子世界杯足球赛，以及许多洲际比赛。

（二）足球联赛

足球联赛是以足球运动为中心的地区性足球俱乐部比赛，通常分为不同的级别和规模。现代足球比赛最常见的是 11 人制，分为两队，每队 11 人，比赛时间为 90 分钟，分为上下半场，每半场 45 分钟。如遇拖延，裁判可适当补时。如果在常规时间内打平，则进入加时赛，时间为 30 分钟，仍平则进行罚点球决胜。

欧洲足球五大联赛是欧洲影响力及竞技水平排名前五的足球联赛，通常包括英格兰足球超级联赛（Premier League）、西班牙足球甲级联赛（La Liga）、意大利足球甲级联赛（Serie A）、德国足球甲级联赛（Bundesliga）和法国足球甲级联赛（Ligue 1）。这些联赛代表着世界足坛最顶尖的足球水平，吸引了众多球星加盟，是世界足球发展的风向标。

1. 英格兰足球超级联赛

英格兰足球超级联赛（简称“英超”）创立于 1992 年 2 月 20 日，其前身是英格兰甲级联赛。作为当前世界第一联赛，英超无论是转播覆盖面、收视率，还是关注度，都比其他四个联赛高出一截。同时球员身价也最高，联赛 20 支球队整体收入、品牌价值远高于其他联赛的球队。

2. 西班牙足球甲级联赛

西班牙足球甲级联赛（简称“西甲”）有着悠久的历史，其起源可以追溯到 1928 年。

西甲同样有 20 支球队，赛季时间与英超相近。

西甲向来以细腻的技术和精彩的战术配合而闻名。在这里，球员们精湛的控球技术和巧妙的传球技术常常让人拍案叫绝。皇家马德里足球俱乐部（简称“皇马”）和巴塞罗那足球俱乐部（简称“巴萨”）代表了西班牙足球的最高水平。皇马以其辉煌的欧洲冠军联赛战绩和强大的阵容实力，被誉为“银河战舰”；巴萨则凭借着独特的传控打法，在世界足坛独树一帜，培养出了众多世界级球星。

3. 意大利足球甲级联赛

意大利足球甲级联赛（简称“意甲”）创立于 1898 年，是五大联赛中历史最为悠久的。意甲曾有“小世界杯”的美誉，在 20 世纪 80 至 90 年代，意甲汇聚了全球众多顶级球星，其比赛的精彩程度和竞技水平堪称世界一流。

4. 德国足球甲级联赛

德国足球甲级联赛是德国最高等级的足球俱乐部赛事，由德国足球协会于 1962 年 7 月 28 日在多特蒙德创立，始于 1963-64 赛季。德甲共 18 支球队参赛。

5. 法国足球甲级联赛

法国足球甲级联赛（简称“法甲”）创立于 1932 年，现拥有 18 支球队，是法国最高级别的职业足球联赛。

拓展阅读

村超

“村超”是乡村足球超级联赛的简称，是贵州乡村的体育赛事。2023 年 5 月 13 日，由贵州民间自发组织举办的“榕江（三宝侗寨）和美乡村足球超级联赛”在城北新区体育馆开幕，赛事由村民组织，参赛者以村民为主，比赛现场热血沸腾，场内队员竞争激烈，场外观众热情高涨，比赛奖品极具乡村气息，网友形象地将该项赛事称为“村超”。经过不断创新与发展，“村超”成为坚持以人民为中心、靠全民参与共建、以乡村足球为媒、用优秀文化搭台、让经贸产业“唱戏”、用数字媒体推动的现象级文化传播品牌。它立足于平凡人物的感人故事，通过快乐“村超”的品牌载体传播中华优秀传统文化当中最向上最向善最向美的正能量，增强各族人民文化自信、改善精神面貌。“村超”通过全民共享的互联网思维，围绕“创新、协调、绿色、开放、共享”的新发展理念，通过“发展靠群众、群众靠发动、发动靠活动、活动靠带动”的方法，让人民群众的获得感、幸福感、安全感提升。“村超”立足榕江县优势，通过塑造县域文化品牌实现赶超突围的新发展模式，成为推进农商文旅体融合发展、乡村全面振兴的新引擎。“村超”作为“足球 + 文化”的乡村嘉年华，是体育精神与民族文化相互融合的结果，是榕江县人民共商共建的结果，展现了人民群众对民族文化和足球文化的高度自信。

二、足球运动的基本技术

（一）运控球

足球运控球技术是指在足球比赛中，球员运用各种技巧和方法，有效地控制球并使其随自己移动的技术。运控球技术不仅包括如何用身体的某一部分触球，使球随运球者一起运动，还包括如何利用这些方法越过对方的防守。

1. 脚背外侧运球

运球时身体呈正常跑动姿势，上体稍前倾，步幅不宜过大，运球脚提起，膝关节稍屈，髋关节前送，提踵，脚尖向内旋转，使脚背外侧正对运球方向。在运球脚落地前用脚背外侧推拨球的后中部。脚背外侧运球时，身体姿势与正常跑动时基本相同，因而可以发挥较快的速度，这种技术与脚背正面运球的使用场景相同。另外，利用脚腕的动作可以很快改变脚背外侧面所正对的方向，故在运球脚一侧改变行进方向时也多采用这种运球技术。这种技术能用身体将对方与球隔开，故掩护球时经常使用。

2. 脚内侧运球

运球前进时支撑脚的跑动始终领先于球，位于球的侧方或侧前方，肩部指向运球方向，支撑腿膝关节微屈，重心放在支撑腿上，另一条腿提起屈膝，用脚内侧推球前进，然后运球脚着地。肩部指向运球方向，身体侧转，虽然移动速度较慢，但身体前倾有利于将对方与球隔开，因此这种技术多用在运球寻找配合传球时，或对方阻拦，需用身体做掩护时。

3. 脚背正面运球

运球时身体呈正常跑动姿势，上体稍前倾，步幅不宜过大，运球腿提起，膝关节稍屈，髋关节前送，提踵，脚尖下指。在着地前用脚背正面部位触球的后中部将球推送前进。由于脚背正面运球时身体呈正常跑动姿势，故可以发挥出较快的速度。这种技术多用在运球前方一定距离内无对方阻拦时。

知识小课堂

踢球注意事项

踢球的方法有很多，其动作要领有所不同，但是踢球过程都是由助跑、支撑脚站位、踢球腿的摆动、脚触球和踢球后的随摆动作五个环节组成。

踢球力量的大小主要取决于踢球腿的摆动情况。一般来说，腿的摆幅大，摆速快，则踢球力量就大，足球的运行速度就快，运行距离就远。

足球的飞行路线主要取决于运动员对脚触球动作的处理。一般来说，用脚的某一部位击球的后中部，使作用力通过球心，则出球路线平直。如果击球的作用力不通过球心，则足球会产生旋转，并沿着一定弧线运行（弧线球），这种球具有一定的隐蔽性。

（二）传、接球

传、接球是球类运动的重要技术之一。全面地、熟练地掌握传、接球技术，能充分发挥集体力量，实现战术配合。传球是队员将球越过防守人，传给另一个同队队员。所以传球应有一定的目的性，既能安全地被同队队员接住，又能为接球后顺利地完成下一次进攻提供方便。传、接球技术必须贯彻快速、隐蔽、及时、到位的要求，才能打乱对方的防御部署，创造更多、更好的进攻机会。

1. 脚内侧传球（地滚球）

脚内侧传球时，支撑脚的站立方式大致决定了传球的方向。传球脚和支撑脚约成90°，传球时支撑腿微屈，传球脚向身后摆（向后摆动，获得更大的传球力量），用脚内侧（脚踝到大脚趾根部的那块区域）击球。传球时，身体放松，发力瞬间，稍微绷紧脚掌。

2. 长传球

长传球是大范围进攻的利器，一记精准的长传球，往往能即刻改变场上的攻防形势。长传球时，45° 斜线助跑，支撑脚距球约 15 厘米，与出球方向成 45°，脚尖指向出球方向，膝盖微屈，身体后仰，重心偏向支撑脚，使用传球脚的正脚背偏内侧踢球的中下方。支撑脚接近球时，传球脚的大腿带动小腿尽量向后摆动。传球瞬间，支撑脚站稳，大腿带动小腿，小腿加速摆动，同时绷紧脚面，脚趾扣紧，脚尖略微向后翻转，使脚面偏斜，击球中下位置，使球飞得更高。接球时采用脚内侧停球，先跑至来球落点处，髋关节外展，控制小腿，让脚内侧接触来球。触球瞬间，脚略微向后移动，卸力。练习方式和地滚球相似，需要两人互相传接球，也可独自传球至球门。

3. 脚弓传球

脚弓传球也就是内脚背传球。助跑时多采用与出球方向成 45° 角的斜线助跑。支撑脚踏在球的侧后方 25 厘米左右处，膝关节微屈，脚尖指向出球方向。踢球腿自然后摆，以髋关节为轴，大腿带动小腿由后向前摆动，触球瞬间小腿做爆发式前摆，脚面绷直以脚背内侧击球的后中部，使球向预定目标飞去。上体在整个传球过程中，始终都要自然、放松。

4. 外脚背传球

首先助跑，支撑脚站位，脚的触球部位是脚背外侧，此时要求膝关节和脚尖内转，脚背绷紧，脚趾紧屈并提膝，触球后身体随踢球脚的摆动而前移。

5. 正脚背传球

正脚背传球是用脚背正面的楔骨和跖骨的末端构成的部位触球的一种踢球方式。踢球腿的摆幅大，摆速快，踢球的力量大，出球的性能变化小，出球方向也比较单一。

基本动作要领：踢定位球时，沿直线助跑，最后一步稍大并要积极着地，支撑脚在球的侧方 10 ～ 12 厘米处，脚尖正对出球方向，膝关节微屈，踢球腿在支撑脚前跨和助跑的最后一步蹬离地面时，顺势向右摆起，小腿微屈。在支撑脚着地的同时，以髋关节为轴，大腿带动小腿由后向前摆，当膝盖摆至接近球正上方的刹那，小腿做爆发式前摆，脚背绷直，脚趾扣紧，以脚背的正面击球的后中部。踢球腿随球继续提膝前摆。

（三）射门

足球射门技术是指用踢球、头顶球、铲球等技术将球射向对方球门，是进攻的最终目的，也是比赛胜负的关键。射门方法有很多，可射地滚球、空中球、反弹球、直线球、弧线球；也可直接射、带射、接射。射门时要求冷静、机智、果断、有信心，动作快速、准确、有力，并能随机应变。

1. 内脚背射门

力量大，多用于转身射门。当球在身体侧前方或距身体稍远时，都可用内脚背射门。它可以临时改变射门角度，如斜线插入时，守门员必然会移动位置，以封住球门近角，此时进行半转身射门，易直接射入球门远角。

2. 外脚背射门

威胁性大，突然性强，具有较强的隐蔽性，能射出各种方向的球，如射正面球、小角度球、横侧球、前后斜侧球、凌空球等，并能射出直线球和弧线球。

3. 正脚背射门

力量较大、准确性很高、运用最广。正脚背射门是射门脚法中的基础脚法，如射正面、斜侧、转身的低平球，又如通过横扫、摆腿、弹射、抽射、倒钩等射凌空球。

4. 脚弓射门

准确性高，但力量小，宜做各种近距离射门和罚点球等。

5. 脚尖射门

快速、突然，在门前争夺激烈时，没有摆腿的时间，用脚尖“捅球”射门能出奇制胜。但有时脚尖射门的准确性相对较差。

（四）头顶球与掷界外球

1. 头顶球

头顶球指队员有目的地用前额将球击向预定目标的动作。头顶球是处理高空球的重要手段。

（1）地面顶球

地面顶球有跑动和原地两种方式。两脚前后开立，上体后仰时身体不失平衡，击球力量来自腿的蹬地、髋部和颈部的摆动。两臂在体侧自然张开，眼睛注视球。击球时应用前额部位，头要加速前摆；击球后，头和身体应向出球方向继续前移，以保证准确性，如图 4-54 所示。

1　　　　　　2

图 4-54　地面顶球

（2）跳起顶球

助跑是跳起顶球技术较难掌握的环节，因为其涉及起跳时机，每名队员都应尽可能抢最高点击球。原地跳起顶球时，一般都为双脚起跳；助跑跳起顶球时，一般都采用单脚起跳，如图 4-55 所示。

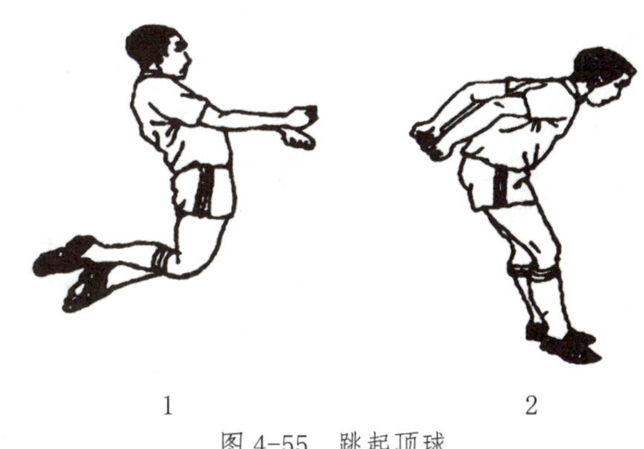

1　　　　　　2

图 4-55　跳起顶球

思考与练习

1. 头顶球除了适用于应急时改变足球的运行路线和在接传球过程中顶射，还适用于哪些情况？

2. 用头顶球可能造成哪些运动损伤？运动员应如何预防？

2. 掷界外球

掷界外球是指将越出边线的球，通过规定动作用手掷入场内从而恢复比赛的一种方式。常用的有原地和助跑两种掷法。面对出球方向，两脚开立，双手持球置于脑后。掷球时，蹬地、收腹、振胸、甩臂，将球一次性用力掷入场内。掷球时可沿地面滑动，但双脚均不得离地。助跑掷界外球的动作要领与原地掷球相同，借助助跑的速度掷界外球是为了将球掷得更远。

（五）守门员防守

守门员是一队之中举足轻重的角色。守门员稳妥而可靠的行动，可以提高全队的士气和战斗力；守门员及时而合理地发动进攻，可以大大增强进攻的威胁性和有效性。

1. 守门员防守技术

守门员防守技术包括移步、接球、扑球、托球、拳击球等技术。其中，接球和扑球是两项主要的防守技术，下面重点介绍这两项防守技术。

（1）接球

接球包括接地滚球、接平直球和接高空球三种。

①接地滚球：有单腿跪撑式和直腿式两种方法。单腿跪撑接地滚球时，上体前屈，两臂自然下垂，两小指靠拢，掌心向前，用手指先接触球底部。然后两臂靠近屈肘，将球抱于胸前，腿的动作一般是单腿跪撑。直腿式接地滚球如图 4-56 所示。

图 4-56　直腿式接地滚球

②接平直球：主要指接胸部高度以下的平直半高球。接球时要面对来球，两手掌心向上，手指张开，两手小指相靠，上体前屈，当手触球时微撤缓冲，将球抱于胸前，如图 4-57 所示。

图 4-57　接平直球

③接高空球：主要指接胸部以上高度的球，有单脚和双脚跳起接球两种形式。接球时注意两臂上伸引球，两手大拇指相互靠近，当手触球时手指和手腕适当用力并转腕，将球

收抱于胸前，如图 4-58 所示。接高空球成功的关键在于及时到达接球点。

图 4-58　接高空球

（2）扑球

扑球是守门员在移动接球来不及的情况下所采用的救球形式，可以分为原地扑球、鱼跃扑球、扑单刀球三种。

2. 守门员进攻

发球是守门员组织和发动进攻的主要技术，包括手掷球和脚踢球两种技术。

（1）手掷球

手掷球被广泛用于守门员发动进攻，它的最大特点是成功率高。优秀的守门员手掷球距离可达 40 ～ 50 米。

①单手肩上掷球：单手肩上掷球要求充分利用后腿蹬地、转体挥臂、甩腕和甩臂的力量，注意所有动作环节应串联一体、协调一致。

②单手低平掷球：单手低平掷球与肩上掷球的主要区别在于手臂位置的不同，另外，掷球时身体重心应降低。

（2）脚踢球

这种发球常在发动进攻反击、本方争抢空中球能力较强、本方中后场进攻能力较弱及风沙天气等特定的条件或战术形式下使用。

①踢凌空球：踢凌空球是在球未落地时，守门员用脚背正面将球击出，多用于踢远距离球，或在雨天、风沙天气、场地泥泞时使用。

②踢反弹球：踢反弹球是在体前低抛球，球落地反弹起来的刹那，守门员将球踢出。它比踢凌空球准确度高，并且易于队友接球。

三、足球比赛阵形和比赛中的战术配合

（一）足球比赛阵形

为了适应攻守战术的需要，全队队员在场上的位置排列和职责分工称为比赛阵形。比赛阵形是本队攻守力量搭配和分工的形式。

根据队员的职责和排列的层次分为后卫线、前卫线和前锋线。阵形的人数排列原则是从后卫数向前锋的，守门员不计入。

目前，世界上普遍采用的阵形有“4-3-3”“4-4-2”“5-3-2”“3-5-2”“4-3-2-1”等。在以上阵形中，除“4-4-2”阵形以防守为主、以反击为辅外，其他阵形均以进攻为主，尤其以“3-5-2”阵形最为突出。

选择阵形要以本队队员的特长、技能、技术水平及赛队的特点为依据。此外，阵形绝不是僵化的规定，每个队员都应在明确基本位置和主要职责的前提下，进行创造性的活动。

（二）比赛中的战术配合

1. 局部配合进攻战术

（1）“二过一”战术配合

“二过一”战术配合是指两个进攻队员在局部地区通过两次或两次以上的连续传球配合，越过一个防守队员的战术行动。“二过一”是集体配合的基础，可以在任何场区、任何位置上运用这种方法来摆脱对方的抢断或突破防线。“二过一”是进攻的两个队员之间相距 10 米左右，进行一传一切的配合。要求传球平稳及时，一般多用“脚内侧”“脚外侧”等脚法，以传低平球为主。球传的位置，尽可能在接球人脚下或前面两三步远的地方。

（2）“三过二”战术配合

“三过二”是在比赛场地中的局部地区，通过三个进攻队员的连续配合突破两个防守队员的防守。由于这种配合有两个同队队员可以同时接应传球，因此持球人传球路线更多，且进攻面更大。

2. 整体进攻战术

整体进攻战术是指在比赛中一方获得球后，通过队员之间的传递配合达到射门目的而采用的配合方法。与局部进攻战术相比较，整体进攻战术具有进攻面更加大、进攻和反击速度更加快等特点。

（1）边路进攻

边路进攻一般是围绕边锋进行的配合方法，因此边锋的速度要快，个人突破能力要强，传中技术要突出。其方法是由守转攻时，获球队员将球传给边锋或其他边路上的队员，从边路发起进攻，经过局部配合突破后，一般采用下底和回扣传中方式，将球传到中央，由其他队员包抄射门。

（2）中路进攻

中路进攻时，必须要求边锋拉开，借以牵制对方的后卫，诱使对方中间区域出现较大的空隙，为中路进攻创造有利条件。前场和中场队员要机动灵活地跑位，以有效调动来拉开对方的防线。进攻的推进应有层次和梯队。传球要准确，技术动作应在跑动中准确简练地完成。

（3）快速反击

比赛中当攻方进攻时，后卫线往往压至中场附近，防守人数也由于插上进攻和助攻而相对减少，此时如防守方能抓住对方防区空隙较大和回防速度较慢的机会，乘攻方失球之际发动快速反击，往往能取得良好的效果。但其难度较大，既要冒险，又要有准确、快速的传切配合技能。

3. 局部配合防守战术

（1）补位

补位是足球比赛中在局部地区队员集体进行配合的一种方法。防守过程中，一个防守队员被对手突破时，另一个队员应立即上前进行封堵。

（2）围抢

围抢是足球比赛中在某局部位置上，防守一方利用人数上的相对优势（通常是两三个队员）同时围堵对方的持球队员，以求在短暂时间内达到抢断球或破坏对方进攻（防守）的目的。

（3）造越位战术

造越位战术是利用规则而设计的一种防守战术，是一种以巧制胜的省力打法，因而成为一种重要的防守手段。由于该战术配合难度较大，有时会适得其反，让对手钻空子，因此，往往被技术水平较高的球队所采纳，但也不宜过多运用。

拓展阅读

判定足球越位有新“解”

对越位的判定以及围绕判罚的争议，历来是绿茵场上的焦点之一。尤其是在攻防节奏越发紧张的当下，身处对方半场的进攻球员，在队友出脚传球的瞬间，是否比除对方门将外的其他防守球员以及足球更接近端线？要作出快速、精准判断，十分考验裁判功力。

为什么要对“有意触球”进行进一步解释？在原有规则中，“有意触球”并没有明确定义，由此人们对防守行为的界定存在不同见解。国际足协理事会举例称，2021—2022赛季欧冠决赛中，利物浦队球员法比尼奥的防守动作属于“有意触球”，皇家马德里队球员本泽马接折射来球的进球，不应被判越位而被取消。此外，国际足协理事会还列举了一系列“有意触球”的标准，如足球从远距离传来而球员对此有清晰视线，足

球的运行速度并不快，运行方向并非不可预判，球员有时间做出协调的动作等。

半自动越位识别技术又将如何应用？通过在球场顶棚下架设 12 台特制摄像机，追踪球员的 29 处身体点位，以平均每秒 50 次的速度发送数据，从而实现对球员位置的精准判断；在世界杯用球的内部中心，放置传感器，以每秒 500 次的频率向视频助理裁判传输数据，以实时捕捉足球的精准位置。在比赛中，处于越位位置的进攻球员接到传球的瞬间，半自动越位识别系统便会向视频助理裁判发出信号，并自动生成越位线、给出判罚建议。结合系统数据，视频助理裁判作出判断并告知主裁判。

为了对规则进行澄清解释引入的半自动越位识别技术，也是为了让越位判定更准确、更快速。“我们注意到，裁判在观看录像回放、判定进球是否越位时，往往需要很长的时间，毫厘之间的越位更是如此。”国际足联裁判委员会主席、前著名裁判科里纳说。在此之前，半自动越位识别技术已经在 2021 年的阿拉伯杯及世俱杯等国际足联赛事中进行了测试，统计数据显示，在该技术支持下，视频助理裁判检查越位的平均时长从超过 70 秒降至 25 秒。

在足球运动发展史上，裁判角色从无到有，其“工具箱”也在不断“扩容升级”，目的是让比赛更精彩。据国际足联信息，从 1863 年第一部足球运动竞赛规则诞生，到 19 世纪 90 年代，还没有“裁判”这一概念。而在裁判进入赛场后，逐渐配备了哨子、助理裁判、门线技术等“支援”。2018 年，视频助理裁判首次亮相世界杯，通过专人观看回放，对越位、点球、红牌、进球等比赛关键点作出判断，成为比赛之外的热门话题。而今，更准确、更快速的越位判定手段，又将为比赛带来新看点。

（资料来源：《人民日报》，有删改）

4. 整体防守战术

整体防守战术主要有盯人防守、区域防守和综合防守三种。

（1）盯人防守

盯人防守是指被盯防的对手跑到哪个位置就盯防到哪里。盯人防守分为全场盯人和半场盯人。这种防守方法是对口盯人，分工明确，但体力消耗大，一旦被突破，很难补位，会使整个防线出现很大的漏洞。因此，在比赛中，单纯采用盯人防守方法是不利的。

（2）区域防守

由攻转守时，根据场上位置的分布，每个防守队员负责防守一定的区域，当对方队员跑到本区域时，就负责盯防，离开这个区域，就不再跟踪盯防。这种战术较为省力，但是，对方可以任意交叉换位，容易造成局部以少防多的被动局面。因此，目前在比赛中已很少采用这种防守方法。

（3）综合防守

综合防守是指盯人防守与区域防守相结合的防守方法。综合防守是目前在比赛中普遍采用的一种防守方法，它集中了盯人防守和区域防守的优点，从而能够在防守中根据场上情况进行逼抢、盯人、保护与补位，以达到防守的目的。

知识小课堂

踢球前的注意事项

1. 场地适宜

不要在场地设施不符合要求的地方踢足球。场地不平、碎石杂物多，容易造成踝关节扭伤、骨膜损伤、跟腱拉伤等。

2. 热身

踢足球前，要做好热身运动，使身体在进入剧烈运动前有一个准备过程，待心率和体温上升时，再逐渐增加运动的强度和速度，这样踢球时才不易受伤。

3. 穿踢球专用鞋

鞋子的选择是比较重要的。鞋一定要合脚，不然在运动中脚会极其不适，与此同时，所选择的鞋子应防滑，最好是帆布面胶底的足球鞋。鞋子不合脚容易造成运动损伤，如扭伤。若是脚腕扭伤，不要继续运动，应立即到场下休息，并找寻医生查看脚腕损伤情况。

四、足球竞赛规则与裁判实践

（一）竞赛规则解析

足球运动的基本竞赛规则包括赛制、运动员、任意球、罚球点球、红牌和黄牌、伤停补时、越位、暂停比赛、进球等。

1. 赛制

正式的国际足球比赛分为上、下两个半场，每半场45分钟，中间休息不得超过15分钟。

正式国际比赛时，在国际足联公平竞赛旗及参赛双方国旗的引导下，参赛队伍伴随着国际足联公平竞赛曲列队入场；按规定位置站定，然后先奏客队国歌，再奏主队国歌。比赛场地的选择是以裁判员掷硬币的方式决定的，猜中者选择上半场比赛的进攻方向，另一方开球，开始比赛。足球比赛分组循环赛期间的积分为胜一场积3分，平1场积1分，负1场积0分，最终以积分多少决定小组名次。如积分相等，则根据赛前规程确定的不同名次判定标准排定名次。

2. 运动员

每队上场队员不得多于11名，其中必须有1名守门员。如果场上一队的队员少于7人，则比赛不能开始。奥运会足球比赛中，每场比赛最多可以使用3名替补队员；场外和场上队员未经裁判员许可不能擅自进出场地。比赛时，守门员和其他队员的位置不能随意交换，如需要交换，须经过裁判员同意。

3. 任意球

足球比赛的任意球分为两种。一种是直接任意球，主要是针对恶意踢人、打人、绊倒对方的行为的判罚，另外用手拉扯、推搡对方，手触球的行为也属于这一类，还有辱骂裁判员、辱骂他人的行为也要判罚直接任意球。这种任意球可直接射门得分。如果这些行为发生在罚队人员球区，就要判罚点球。另一种是间接任意球，对危险动作、阻挡、定位球的连踢等行为的判罚就属于这一类。这种任意球不能直接射门得分，只有当球进门前，触及另外一名队员才可得分，罚球区内这种犯规不能判罚点球。

无论直接任意球还是间接任意球，防守方都要退出 9.15 米线以外，如果不按要求退出 9.15 米线以外，裁判员可出示黄牌警告。

4. 罚球点球

在罚球区内对直接任意球的犯规要判罚球点球。罚球点球时，双方队员不能进入罚球区。如防守方进入罚球区，进球有效，不进则重罚；如进攻方进入罚球区，进球应重踢，如不进则为防守方球门球。在罚球点球时，守门员可以在球门线上左右移动，但不可以向前移动。

5. 红牌和黄牌

对于足球比赛中出现的一些严重犯规，足球裁判员在判罚时，根据犯规性质不同可出示红牌或黄牌。裁判员出示红牌的情况：恶意的犯规或暴力行为；故意手球、辱骂他人的行为；同一场比赛中同一人得到两张黄牌。裁判员出示黄牌的情况：违反体育道德的行为；用语言和行为表示不满的情况；连续犯规、故意延误比赛、擅自进出场地的行为。

6. 伤停补时

足球比赛有时根据场上情况在比赛时间上需要补时。有时是 1～2 分钟，最长可达 5～6 分钟，时间长短由裁判员决定。造成补时的主要原因：一是处理场上受伤者；二是拖延时间；三是其他原因。

7. 越位

足球比赛构成越位要满足以下条件：在同伴传球时，脚触球的瞬间，在对方半场内如果同伴的位置与倒数第二名对方队员的位置相比更靠近对方球门线，这时该队员处于越位位置。需要说明的是，与对方倒数第二名队员平行时不判越位。裁判员在下列情况中判罚越位犯规：干扰比赛，干扰对方队员，利用越位位置获得利益。

8. 暂停比赛

正式足球比赛中一般场上不能暂停，只有在极特殊的情况下，如队员受伤或发生意外纠纷时才鸣哨暂停。恢复比赛是在比赛停止时球所在的地点坠球，重新开始比赛。现在足球比赛道德水准普遍较高，通常一方如果看到场上有受伤队员，都会将球踢出界。恢复比赛时，对方也会将球踢回。

9. 进球

当球的整体从球门柱间及横梁下越过球门线，而此前未违反竞赛规则，即为进球得分。

有时在比赛中会看到球打到横梁后落地又弹回场内，裁判员可以根据自己的观察来确认球是否越过球门线，这种判决有时会引起很大争议。

（二）裁判员的职责与技术

1. 裁判员的配备与职责

一场正式的足球比赛由一名裁判员、两名助理裁判员、一名第四官员（替补裁判员）和视频助理裁判担任裁判工作。

裁判员的职责：有场上最终判决权；决定比赛时间是否延长；决定比赛是否推迟和中止。

助理裁判员的职责：示意越位及球出界，协助裁判员的场上判罚，但没有最终判决权。

视频助理裁判：在 2018 年世界杯中，国际足联使用了视频助理裁判。当出现“清楚和明显判罚错误”或“严重漏判”时，裁判员可以暂时中断比赛，视频助理裁判提供判罚的参考意见，最终由裁判员作出判罚。

2. 裁判员的各种信号

比赛中出现下列情况时裁判员必须鸣哨：①开始比赛（长音，较响）；②令比赛停止；③胜一球（长音响亮，可不鸣哨）；④罚球点球（短促洪亮）；⑤比赛时间终了（一或二短一长）。

裁判员的手势信号：裁判员在任意球、有利情况、罚球点球、角球等情况下的手势信号应果断、清楚、明确。

助理裁判员在下列情况下可以给予旗示信号：①应由哪一队踢角球、球门球或掷界外球；②判罚处于越位位置的队员；③要求替换队员；④发生裁判员视线外的不正当行为或任何其他事件。

拓展阅读

当足球内胆植入芯片

在日前进行的一场国际足球比赛中，主裁判判定防守球员在禁区内手球并罚点球。然而在观众眼中，足球的轨迹并没有改变，且经高速摄像机回看，也看不到防守球员的犯规行为。那么，主裁判的依据是什么？

这一判罚离不开“互联智能足球”技术的运用。技术分析画面显示，足球内置的高科技传感器发生了波形振动，确认防守球员手部触球。

“互联智能足球”技术通常用于辅助视频助理裁判进行决策，当发生争议时，足球内置的智能设备能够“告知”外界实际情况，提升了判罚的透明度和准确性。

据了解，不少国际足球赛事所用的高科技球内胆来自江苏淮安的顶碁运动用品有限公司。作为一家专门生产足球、排球、篮球、橄榄球等球类内胆的加工贸易企业，该公司自 2022 年开始在行业内率先使用内置芯片。

“我们在球体中央搭建了一个稳定的悬挂系统，内置一枚传感器，植入芯片。传感器要十分稳固，确保在高速运动中也能准确捕捉数据。”顶碁运动用品有限公司董事长周宏达说。

在足球里安装芯片，听起来简单，但实现难度不小。芯片需要垂悬于球体正中央，不能偏移球体物理重心；安装传感器后，足球的总重量不能超过国际足联官方标准；足球发生猛烈碰撞后，芯片还要正常工作……周宏达介绍，企业经过 3 年时间反复钻研，最终攻克技术难关。

如今，“互联智能足球”技术应用于越来越多的国际足球赛事中。“欧洲杯等赛事相继举办，带动了球类产品出口。2024 年前 9 个月，公司已经出口了 600 多万个赛事用球及训练用球。”周宏达说。

越来越智能的足球，助力赛场竞逐更加精彩。“‘互联智能足球’相当于收集数据的终端，配合运动员穿戴的运动设备，可以采集到丰富的运动数据。”中国科学院自动化研究所研究员蒲志强介绍，该所研发了足球比赛智能分析系统，可应用于传球概率预测、无球跑动分析等多个场景。

目前，浙江省青少年足球锦标赛等赛事已开始采用足球比赛智能分析系统，以可量化、更科学的方式助力提升球员表现，辅助教练布置比赛技战术。

（资料来源：北京长城网，有删改）

第五节　羽毛球运动

羽毛球运动

一、羽毛球运动概述

（一）羽毛球运动的起源与演变

1. 现代羽毛球运动的渊源与发展

早在两千多年前，一种类似现代羽毛球运动的游戏就已经在中国、印度以及其他的一些欧亚国家出现。中国称“打手毽”，印度称“普那”，西欧等国则称“毽子板球”。

现代羽毛球运动在 19 世纪 70 年代初起源于英国。英语中的“羽毛球”一词就是以英格兰格拉斯哥郡的一座名叫伯明顿的庄园命名的。当时英国军人将在印度学到的“普那游戏”带回国，作为茶余饭后的消遣娱乐。

1873 年的一天，英国公爵鲍费特在格拉斯哥郡的伯明顿庄园里举行了一场别开生面的“普那游戏”，比赛引人入胜，妙趣横生。从此这项运动便在英国各地迅速流传开来。伯明顿（Badminton）也就成为现代羽毛球的名称。

1899年英国举办了第一届著名的全英羽毛球锦标赛，羽毛球运动从此从英国走向世界。

20 世纪上半叶的世界羽坛是欧美称雄的时代。这一时期的羽毛球运动，最突出的特

点是慢和稳，打法多以慢拉慢吊为主。

20 世纪 40 年代末至 50 年代初，马来西亚率先打破欧美称霸羽坛的局面。马来西亚当时以“以快制慢，以攻为主”的技战术，连续夺得了多项比赛的桂冠。从此，国际羽坛开始了亚洲运动员称雄的时代。

之后，印度尼西亚羽毛球运动异军突起。他们在广泛吸收欧亚羽毛球强国先进技术的基础上，加快了击球的速度并加强了对球落点的控制，在稳和准的前提下发展了快速进攻技战术，在 1958 年至 1979 年近二十年间的 8 届汤姆斯杯羽毛球赛（简称“汤杯”）共夺得 7 次冠军。

进入 20 世纪 90 年代，羽毛球运动经过一百多年的发展正式走入了奥运会的殿堂，世界羽毛球运动迎来了又一个春天。

2. 中国羽毛球运动及其发展

中华人民共和国成立后，在党和政府的关怀下，羽毛球运动才真正在中国一步步地发展起来。总结其发展过程，大致可归结为五个时期。

（1）起步时期

20 世纪 50 年代是我国羽毛球运动的起步时期。1954 年 6 月，以王文教、陈福寿、黄世明等为代表的第一批爱国华侨从印度尼西亚带回了代表着当时世界先进水平的技战术，为我国羽毛球运动带来了光明和希望。

1958 年 9 月，中国羽毛球协会正式成立，标志着我国羽毛球运动新纪元的到来。

1959 年第一届全国运动会的羽毛球比赛，推动我国羽毛球运动逐步走向制度化、规范化。

（2）赶超世界先进水平时期

20 世纪 60 年代，以汤仙虎、侯加昌、方凯祥、陈玉娘、梁小牧等为代表的又一批爱国华侨从印度尼西亚回国。这批选手的到来，给我国羽毛球运动注入了新鲜血液。我国羽毛球工作者总结了当时国际羽坛的先进技术、战术的发展现状，正确处理了学习、继承和创新的关系。

1964 年 7 月我国顺利召开第一次全国羽毛球训练工作会议。会议上明确了我国“快、狠、准、活”的技术风格，确定了“以我为主，以攻为主，以快为主”的发展方向，从而奠定了我国羽毛球运动冲击世界最高水平的理论基础。

（3）低谷时期

20 世纪 60 年代中后期至 70 年代中期是我国羽毛球运动发展史上的低谷时期。

（4）鼎盛时期

20 世纪 80 年代是我国羽毛球运动史上最鼎盛的“黄金时期”，是世界羽毛球运动的“中国时代”。

1981 年 5 月国际羽毛球联合会正式恢复我国的合法席位后，我国羽毛球运动得到了空前发展，几乎包揽了各项重大国际比赛的桂冠。

在 1981 年 7 月美国举办的第一届世界运动会羽毛球比赛上，我国首次派队参加，荣获 5 个单项比赛的 4 项冠军，轰动了国际羽坛。

1982 年 5 月，中国羽毛球男队首次参加第十二届汤姆斯杯，正式登上了世界男子羽毛球团体冠军的宝座。

从 1986 年开始，中国队连续夺得第十四、十五、十六届汤姆斯杯羽毛球赛的冠军，创造了我国羽毛球运动历史上“汤杯三连冠”的纪录。

尤其值得一提的是，中国男女队分别在 1986 年举行的汤姆斯杯、尤伯杯比赛中以 3∶2 的相同比分战胜印尼队，创造了一个国家同时夺取代表世界团体最高水平的汤姆斯杯和尤伯杯冠军的纪录。

此外，这一时期韩健、杨阳、赵剑华、李永波、田秉义、李玲蔚、韩爱平、林瑛、吴迪西等选手还多次夺得世界羽毛球锦标赛的桂冠，使中国羽毛球队在这一重大世界单项羽毛球比赛中处于领先地位。

（5）起伏时期

20 世纪 90 年代初，我国羽毛球运动再次进入“新老交替”、起伏不定的时期。随着又一批优秀羽毛球选手的退役，中国羽毛球队的成绩再次下滑。

1992 年我国角逐奥运赛场，一金未得。

1995 年中国队首次夺得第四届苏迪曼杯世界羽毛球混合团体锦标赛桂冠。

1996 年我国在美国亚特兰大举行的第二十六届奥运会中获得女子双打冠军，实现了奥运会羽毛球比赛金牌零的突破。

1997 年 3 月我国在全英羽毛球比赛中一举夺得 4 项冠军。

1998 年中国女子羽毛球队再次夺得尤伯杯冠军。

中国运动员在国际比赛中所取得的优异成绩，不仅弘扬了国威，也促进了世界羽毛球运动的发展。同时更带动了全国性的羽毛球运动热潮，使羽毛球成为继乒乓球之后的又一“国球”。

（二）羽毛球运动的特点

羽毛球运动是一项深受广大群众喜爱的小型球类运动，其特点有以下六个。

①场地方便。

②锻炼效果好。

③器材简单。

④老少皆宜。

⑤充满乐趣。

⑥技巧性、技术性强，普及性强。

知识小课堂

球速比高铁还快

在球类运动项目中，你知道哪种球的球速最快吗？有一种球，它的最快球速甚至比高铁还要快，你猜到是什么了吗？

吉尼斯世界纪录官方网站的公开数据显示，羽毛球的最快击球速度达到了 565 千米 / 小时，这个速度由一位印度运动员取得。在正式比赛时测到的羽毛球击球最高速度也达到了 426 千米 / 小时。

（三）国际重大的羽毛球赛事

1. 汤尤杯（汤姆斯杯和尤伯杯）

汤姆斯杯又称“羽毛球男团世界杯”，是羽毛球运动中最高水平的男子团体赛事，由世界羽毛球联合会（Badminton World Federation，BWF）于 1948 年首次举办，每两年举办一次，采用三单两双五场制。尤伯杯又称“羽毛球女团世界杯”，是当今世界羽毛球最高水平的女子团体赛，每两年举办一次，采用三单两双五场制。

2. 苏迪曼杯

苏迪曼杯即世界羽毛球混合团体锦标赛，以世界羽毛球联合会创始人之一苏迪曼的名字命名。苏迪曼杯的比赛形式为男女混合团体赛，每个团队由两个男子单打、两个女子单打、一个男子双打和一个女子双打组成。

3. 世界羽毛球锦标赛

世界羽毛球锦标赛，又称国际羽联世界锦标赛，简称羽毛球世锦赛，是国际羽毛球联合会在继汤姆斯杯、尤伯杯比赛后，为了适应世界羽毛球运动日益发展的需要而设立的一种以个人单项为竞赛项目的羽毛球锦标赛，是国际羽毛球联合会主办的世界最高水平的羽毛球单项锦标赛，首届于 1977 年在瑞典马尔默举行。该赛事是一项个人赛事，参赛者资格由世界排名积分决定，主要比赛项目有男子单打、女子单打、男子双打、女子双打和混合双打。

除了前面介绍的三项赛事，重要的羽毛球赛事还有世界杯羽毛球赛（实际是一项世界精英赛）、世界羽毛球大奖总决赛（如全英锦标赛、中国公开赛等）、世界青少年羽毛球锦标赛（参赛者的年龄规定为 19 岁以下）、奥运会羽毛球比赛（羽毛球项目于 1992 年被正式列为奥运会比赛项目，设男单、女单、男双、女双四枚金牌，1996 年又增设混双项目）。

楷模风范

激情羽球，永不服输

中国羽毛球队顽强拼搏、绝地反击，第13次捧起苏迪曼杯的奋斗历程，让国羽迅速冲上了社交媒体的热搜榜。国羽在赛场上展现的永不言败、昂扬向上的体育精神令无数人热血沸腾。

奥运冠军谌龙在社交媒体上分享的感受引发众多球迷的点赞：你可以永远相信中国羽毛球队，恭喜国羽成功卫冕苏迪曼杯。峰回路转，荡气回肠，热血沸腾，向死而生，长风破浪会有时，直挂云帆济沧海……

中国羽毛球运动员陈清晨说，不知不觉经历了四届苏迪曼杯，每一届都拼尽全力了，这些点点滴滴都是人生中难忘的经历和体验，我很珍惜。从来苏州的第一天起就没怎么睡好过……最后想说，感谢每一个帮助过我的人，能跟队友们一起在每一次团体赛中并肩作战是我的福气！

中国羽毛球队教练员陈其遒说，祝贺中国羽毛球队这支强大的队伍，我们彼此扶持，团结协作，此中的艰难，看过整个比赛过程的人们一定深有感触。刘雨辰在危急时刻带领欧烜屹力挽狂澜，令人钦佩。我们今天得偿所愿，捧得金杯，祝愿男双组的每一位成员，在巴黎奥运积分赛的征程中乘风破浪、勇往直前！满额参加巴黎奥运会是男双组全员共同奋斗的目标！

奥运冠军蔡赟说，恭喜中国队第13次捧起苏迪曼杯，我也再一次跟队伍一起感受到羽毛球团体比赛的魅力！希望这个奥运积分赛的开门红带给大家更多信心，祝福国羽，祝福每个队员在各自项目里取得好成绩。

中国羽毛球队的昂扬斗志也鼓舞了其他项目的运动员，乒乓球运动员孙颖莎、冰上舞蹈运动员王诗玥等都在社交媒体上向中国羽毛球队表示了祝贺。

中国队的拼搏精神也感染着他们的对手。泰国羽毛球运动员沙西丽说：“祝贺中国队夺冠，我很开心能够回到中国参加比赛，中国的球迷和球场氛围令人印象深刻。”

世界羽联、央视新闻等也在第一时间为国羽运动员们送出祝贺。世界羽联在社交媒体中写道：再次恭喜中国队拿下苏迪曼杯冠军。冠军登场，霸气十足。央视新闻写道：纵使过程有波折，但他们齐心协力，绝地反击，为中国队创造新的历史！

国羽不畏艰难，几次绝境逢生，令广大球迷激情澎湃。体育精神催人奋进，有网友说，真的很感动，看哭了，选手在比赛中展现出的体育精神激励我在读博的道路上一直走下去。确实，国羽选手是我们永远的偶像和骄傲，是我们的榜样。

我们学习羽毛球，从基本的技术、技巧的学习，到理解羽毛球运动的内在精神。羽毛球本身是极其消耗体力的运动，在打羽毛球时，很容易因为体力消耗而影响正常发挥。我们要以榜样的力量为引领，努力竞争，坚持到底，增强勇于挑战困难、敢于挑战对手的勇气。

（资料来源：《中国体育报》，有删改）

二、羽毛球运动基本技术

（一）握拍

羽毛球的握拍一般分为正手握拍和反手握拍。

1. 正手握拍法

右手虎口对准拍柄窄面内侧斜棱，小指、无名指、中指自然并拢，食指和中指稍分开，大拇指的内侧和食指贴在拍柄的两个宽面上，将球拍柄握住。握拍时掌心不要贴紧拍柄，要使掌心与拍柄保持一定的空隙。

2. 反手握拍法

在正手握拍的基础上，将大拇指伸直，用其第一指节内侧顶贴在拍柄内侧的宽面上，食指收回，与拇指同（或略）高，用大拇指和食指将球拍稍向外转，中指、无名指、小指紧握拍柄，拍柄端紧靠小指根部。握拍手心与拍柄之间留有空隙，以便能充分利用手腕力量和大拇指的内侧压力击球。

（二）发球

羽毛球运动的发球技术，按其动作分为正手发球和反手发球两种；按球在空中飞行的弧线可分为发高远球、平高球、平快球和网前球四种，如图 4-59 所示（1 为网前球，2 为平快球，3 为平高球，4 为高远球）。

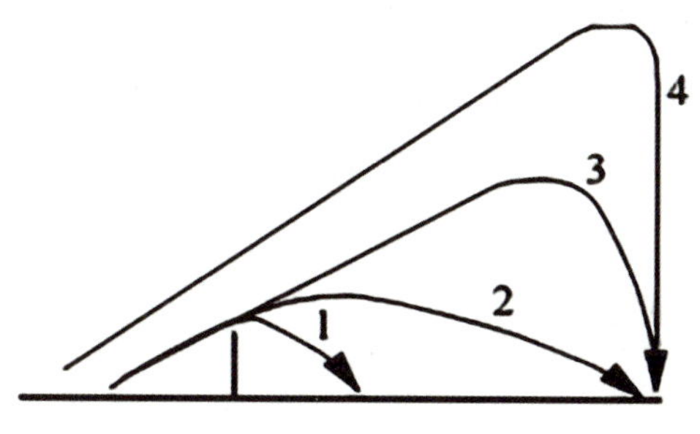

图 4-59　发球技术

1. 正手发高远球

所谓高远球，主要是把球发得又高又远，使球飞行到对方底线上空时，几乎垂直下落。

如图 4-60 所示，发球时，重心由后脚移至前脚，带动转腰，同时右手持拍沿着自下而上的弧线自然向前上方挥摆。球拍触球的刹那，小臂带动手腕向前上方闪动发力，手紧握拍柄，利用手腕、手指的爆发力以及拍面的前半部击球。击球瞬间，拍面正对出球方向，击球点在发球员的右前下方。出球飞行弧度与地面仰角一般大于 45°。

图 4-60 正手发高远球

2. 正手发网前球

发网前短球是把球发至对方发球区内前发球线附近。球的飞行速度较慢，飞行弧度较低，使球“贴网”而过。它是双打比赛中最常用的发球方法，在单打比赛中用于对付接网前球较差的对手，有时也可以作为过渡性的发球，或发球强攻战术的手段。在发球时，挥拍幅度较小，击球瞬间无须紧握拍柄，而是利用手腕和手指的力量从右向左横切推送，将球轻轻发出，使球贴网而过，如图 4-61 所示。

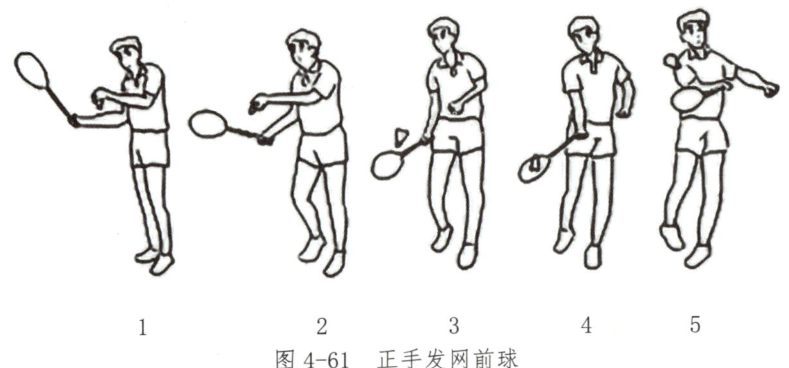

图 4-61 正手发网前球

3. 正手发平快球

正手发平快球又称发平球，是把球发得又平又快，使球快速落在对方场内端线附近。平快球突袭性强，往往能使对手措手不及而陷入被动或产生失误。准备姿势同发高远球，站位稍靠后些。击球瞬间紧握球拍柄，利用小臂挥动力量带动手腕、手指力量快速向前击球，球的飞行路线与地面形成的仰角小于 30°。

4. 反手发网前球

如图 4-62 所示，准备击球时手腕内屈，击球瞬间利用小臂带动手腕、手指力量向前横切推送，将球击出。发球时，挥拍较慢，力量较轻，球的落点近网，当球“贴”网而过后即往下坠落在对方发球区内前发球线附近。

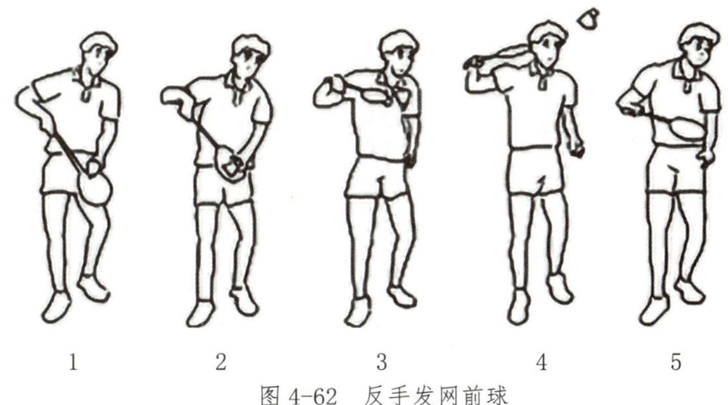

图 4-62　反手发网前球

（三）接发球

单打站位一般是在离发球线 1.5 米处。在右发球区则站在靠近中线的位置；在左发球区则站在中间的位置。双打发球多以发网前球为主，所以双打的接发球站位要在靠近前发球线的位置。

1. 接平高 / 高远球

可以用平高球、吊球或扣杀球进行回击，如图 4-63 所示（1 为回击平高球，2 为回击吊球，3 为回击扣杀球）。一般来说，接高远球是一次进攻的机会，回击得好就能掌握主动权。因此，初学羽毛球者必须努力提高后场进攻的能力。

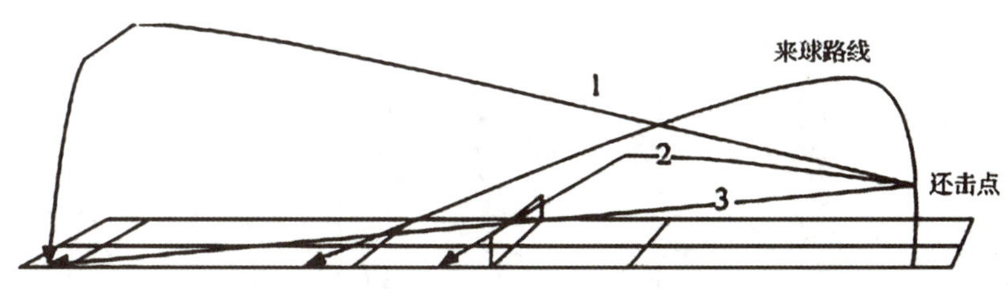

图 4-63　接平高 / 高远球

2. 接网前球

可以用平高球、高远球、网前球或平球进行回击，如图 4-64 所示（1 为发网前球，2 为回击平球，3 为回击平高 / 高远球，4 为回击网前球）。如果对方发球的质量不高，或球离网顶较高过网，则可采用扑球进攻。若对方企图发球抢攻，而自己防守能力较差，则以放网前球或平推球为宜，落点要远离对方站位，控制住球，不让对方进攻。

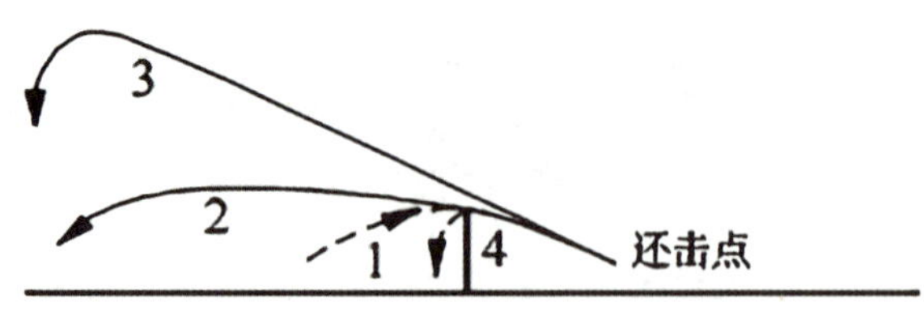

图 4-64　接网前球

（四）击球

1. 后场击球

后场击球主要由高远球、平高球、扣杀球和吊球等技术及相应的后退步伐组成。其特点是击球点高、力量大、速度快、威力大。

（1）高远球

高远球飞行弧度高、速度慢，主要是迫使对方离开中心部位去击球；或者是当自己位置错乱时，击这种球来争取回位时间，所以比赛中在被动情况下常采用这种球进行过渡。

①正手击高远球。如图 4-65 所示，用后场退步伐迅速向来球方向移动，调整好身体与来球间的位置，使球恰好在右肩稍前方上空。当球落到一定的高度时，右手肘上抬，手臂后倒引拍，以肩为轴做回环动作，同时身体左转，前臂充分向后下方摆动并外旋，手腕充分伸展。击球时，前臂迅速内旋带动手腕加速向前上方挥动，用正拍面将球击出。

图 4-65　正手击高远球

②反手击高远球。准备击球前，右脚在前（先不着地，在击球动作完成的瞬间同时着地），身体背向球网，持拍臂向上抬举，身体稍向左转，含胸收腹，左腿微屈，同时手臂回环内旋引拍，握拍手尽量放松，手腕稍向外展。当球下落至右肩前上方一定高度时，以上臂、前臂迅速外旋带动手腕加速，由左下方经胸前向右前上方挥动。击球时，手腕由伸展至屈收，快速屈指发力，用反拍面将球击出。

（2）平高球

平高球可分为正手、头顶和反手三种击球技术，是一种进攻性的击球技术。其技术动作与击高远球基本相同，所不同的是引拍、击球动作较高远球小而快，击球的瞬间运用前臂内旋带动手腕，向前快速发力击球。

（3）扣杀球

扣杀球根据动作结构不同可分为重杀、点杀和劈杀；根据击球点与身体距离的不同可分为正手扣杀、头顶扣杀和反手扣杀三种。而正手扣杀球是各种扣杀球的基础，初学者必须首先掌握好这一扣杀技术。

如图 4-66 所示，正手扣杀球准备姿势、击球动作与正手击高球大致相同，不同的是在击球瞬间需用全力，充分利用右腿的蹬力、腰腹力、手臂力量、腕力及重心的转移，快速将球向前下方击出。球拍触球时拍面前倾，向前下方用力，手握紧球拍，击球点在右肩稍前上方。

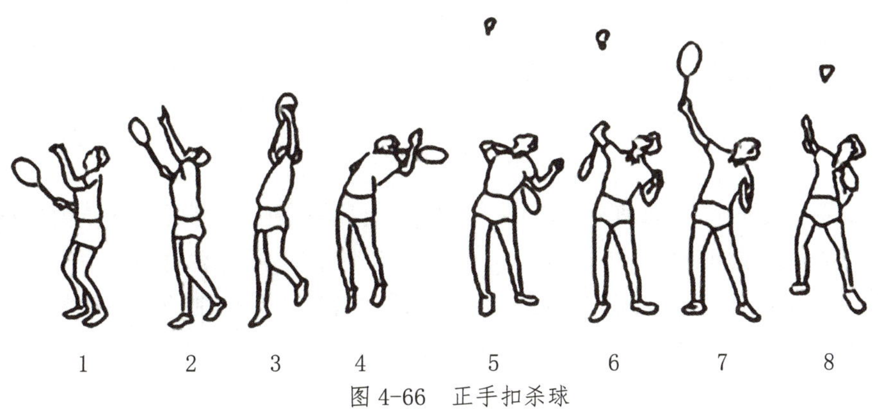

图 4-66　正手扣杀球

（4）吊球

吊球技术按球的飞行弧线和击球动作的不同分为劈吊、轻吊和拦截吊。其准备姿势与击高球、扣杀球相似，只是击球时用力不同。击球瞬间前臂突然减速，快速闪动手腕击球托的偏右侧（头顶吊球及反手吊球击球托的偏左侧）。打对角吊球时，当对方来球较高，手腕向下切削的角度要大些，力量稍大些；当对方来球较平时，手腕向前推的动作要大些，向下切削的力量要小些。吊直线球时，拍面正对前方，向前下压。

不论劈吊还是轻吊，都要注意手腕灵活闪动，既要注意爆发力的运用，也要掌握好击球点和控制好击球力量，将球吊准。拦截吊球和假动作配合运用便具有一定的威力。拦截对方击来的半场球或弧线较低的平高球能出其不意地达到进攻的效果。

2. 前场击球

前场击球包括网前的放、搓、扑、挑、推、勾球等。因球飞行距离较短，落地快，常使对手措手不及而直接得分。即使不能直接得分，也能迫使对方被动回球，创造下一拍的机会。下面介绍几种常用的前场击球技术。

（1）放网前球

①正手放网前球。如图 4-67 所示，准确判断来球路线和落点，快速上网，最后一步右脚在前、左脚在后成弓箭步，上体前倾重心在右脚，侧身对网。右手正手握拍向前下方伸臂，小臂外旋展腕，左臂自然后伸，起平衡作用，拍面几乎朝上迎击来球。击球瞬间，手腕稍内屈轻轻闪动，食指和大拇指控制拍面角度和用力大小，球拍向前上方轻轻一托，把球轻击送过球网。

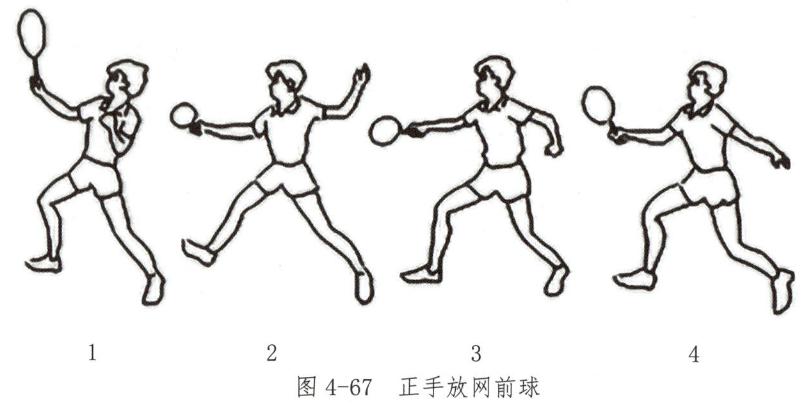

图 4-67　正手放网前球

②反手放网前球。快速向前左侧上网，右脚前跨成弓箭步，侧背对网，上体前倾，重心在右脚。右手反手握拍向前下方伸臂，小臂内旋展腕，左臂自然后伸，起平衡作用，拍面几乎朝上迎击来球。击球瞬间，手腕轻轻闪动，食指和拇指控制拍面角度和用力大小，球拍向前上方轻轻一托，把球轻击送过球网。

（2）搓球

网前搓球是羽毛球技术中动作较细腻的一种，是网前技术中的高难度击球动作。

①正手搓球。用正手上网步伐迅速向来球方向移动，当右脚向前跨出时，持拍手向来球方向伸出，争取高的击球点。左手于身后拉举与右手对称，以保持身体的平衡。挥拍时，手腕动作由展腕至收腕发力，由右向左以斜拍面切击球托的右后侧部位，此时球呈下旋翻滚过网；或者手腕动作由收腕至展腕发力，由左向右以斜拍面切击球托的左后侧部位，球则呈上旋翻滚过网。

②反手搓球。用反手上网步伐迅速向来球方向移动，其余动作与正手网前搓球相同。反手网前搓球也有两种击球方式：一种是手腕动作由展腕至收腕发力，由左至右切击球托左后侧部位；另一种是手腕动作由收腕至展腕发力，由右向左切击球托的右后侧部位，如图 4-68 所示。

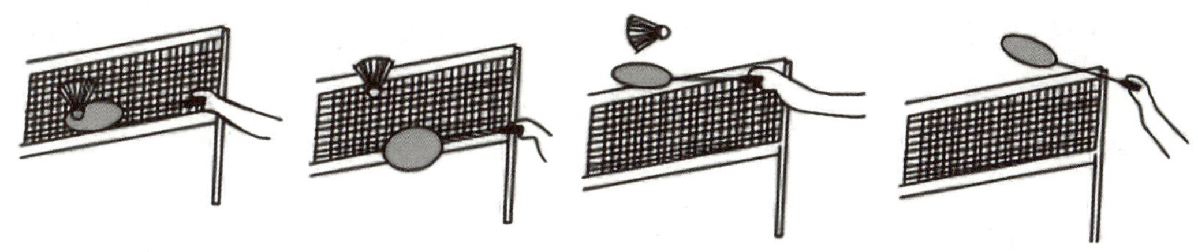

图 4-68　反手搓球

（3）扑球

扑球是在对方回球刚越过网顶上空时，运用跨步或蹬跳步迅速上前，利用前臂、手腕和手指的力量，快速地由高向下将球击回对方场区的击球方法。

①正手扑球。如图 4-69 所示，对方来球距网较高时，快速蹬步上网，身体向右前倾，手臂充分伸展，同时迅速变换握拍手法，使拍面与球网平行，正对来球。击球时，主要利用中指、无名指、小指突然紧握拍柄，同时手腕闪动，将球向前下方击出。击球后，随前动作微屈，右脚落地制动。

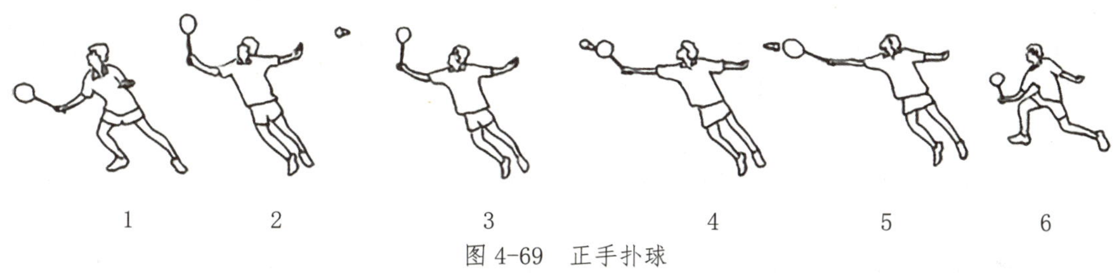

图 4-69　正手扑球

②反手扑球。反手握拍于身前左侧，当身体向左侧前方跃起时，持拍手小臂前伸上举，手腕外展，拍面正对来球。击球时，手臂伸直，手腕由外展到内收闪动，手握紧拍柄，拇指顶压，加速挥拍扑击球。击球后即刻屈肘，球拍回收，以免球拍触网违例。

（4）挑球

挑球是指将对方击来的网前区域低手位的球以较高的弧线向上击至对方端线附近上空。它是在被动情况下采用的一种过渡球。

①正手挑球。如图 4-70 所示，右脚向网前跨出一大步，左脚在后，侧身向网，重心在右脚上。同时右臂向后摆，自然伸腕，使球拍后引。以肘关节为轴，屈臂内旋，并捏紧球拍。用食指及手腕的力量，从右下向右前方至左上方挥拍击球，将球向前上方击出。

图 4-70　正手挑球

②反手挑球。如图 4-71 所示，右脚跨步向前成弓箭步，重心在右脚，侧身背对网。反手握拍，手臂向前方伸出，小臂内旋屈肘屈腕，左臂自然后伸保持平衡。击球时，以肘关节为轴，小臂带动手腕、手指快速由左下方向前上方呈半圆形挥拍击球。

图 4-71　反手挑球

3. 中场击球

中场击球技术主要包括接杀球、平抽和平挡技术。它要求反应快，出手击球快，引拍预摆动作弧度小和由防转攻或由攻转防的意识要强。

（1）接杀球

把对方扣杀过来的球击回，称为接杀球。接杀球主要包括挡网前、挑后场和平抽球三种技术。

接杀球的站位一般在中场，两脚屈膝平行站立。右侧来球时用正手挡，身体重心移向右脚，右手向右侧伸出，放松握拍，拍面略后仰对准来球。左侧来球时用反手挡，身体重心移向左脚，右脚向左前方跨出一步，换成反手握拍，拍面略向后仰对准来球回击。

（2）平抽

平抽球是指击球点在肩以下，以较平的弧度、较快的球速、接近球网的高度，还击到对方场区的一种进攻性技术。击球时，应借助腰部的转体带动前臂、手腕和手指的力量快速协调地发力。击球点尽可能地在身体的侧前方，这样有利于转动腰部和前臂内旋、外旋发力。如果来球正对自己而又来不及闪让时，一般不要用正手击球。因为当来球靠近自己身体时，即使击球点在自己右侧腋下，反手也比正手容易发力还击。

（3）平挡

平挡和平抽的动作结构基本相同，其特点主要在于：平挡发力较小，通常无须身体部位发力，当对方来球力量较大时，还需适当缓冲；由于发力较小，通常击球时不要握紧球拍，以免影响击球时对力量和出球方向的精确控制；羽毛球的飞行路线较短，一般落在对方前半场。

知识小课堂

提高击球质量的三大要素

提高羽毛球击球质量的三大要素主要包括击球的力量、球的弧线以及球的落点。

1. 击球的力量

击球的力量决定了击球的速度，击球力量越大，球的速度越快，对手接球的难度就相应增大。要提升击球力量，需要综合协调下肢、躯干和手臂的力量，在击球的瞬间握紧球拍，通过爆发力将力量传递到球体上。

2. 球的弧线

弧线的控制对于球的飞行轨迹和落点把握至关重要。通过调整击球的角度和拍面，可以打出不同的弧线，如高远球的飞行弧线、吊球的弧线等。这些弧线的变化可以增加对手预判的难度，从而提高击球的质量。

3. 球的落点

落点是影响击球质量的另一个关键因素，落点不仅要具有准确性，而且要具有攻击性。准确的落点可以使对手难以接球，甚至直接得分。在击球时，需要根据对手的站位和移动情况，选择合适的落点，如对方的空当、边线或后场等。

三、羽毛球基本步伐

羽毛球步伐贯穿于起动、移动、到位配合击球和回位四个环节。根据场上移动的方向和场区的位置，可以将羽毛球步伐划分为上网步伐、后退步伐和两侧移动步伐。

1. 上网步伐

从中心位置移动到网前击球的步伐，称为上网步伐。上网步伐可根据各人习惯不同采用交叉步、并步、垫步或蹬跨步。不论正手或反手，根据来球远近，上网步伐可采用三步、两步或一步上网击球。

①右边上网步伐。可采用两步或三步交叉步加蹬跨步移动的方法，也可采用垫一步再跨一大步移动的方法上网，如图 4-72 所示。

②左边上网步伐。同右边上网步伐，只是移动方向是朝左边网前，如两步跨步上网，如图 4-73 所示。

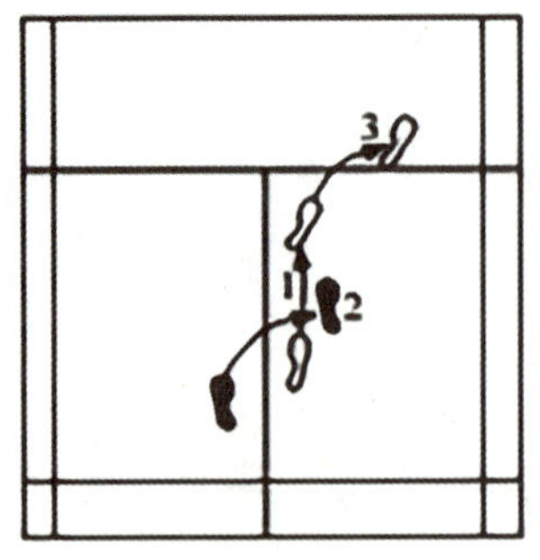

图 4-72　右边上网步伐

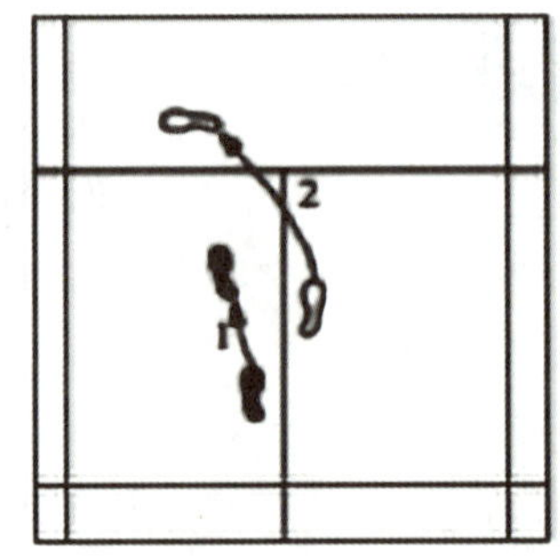

图 4-73　左边上网步伐

知识小课堂

上网步伐注意事项

采取蹬跨步上网步伐时，要防止冲力过大使身体失去平衡。另外，前脚落地时，脚尖应朝着边线，而不应朝向内侧。

2. 后退步伐

从中心移动到后场各个击球点的位置上击球的步伐，称为后退步伐。后退步伐包括正手击球后退步伐和反手击球后退步伐。

（1）正手击球后退步伐

正手击球后退步伐分为侧身并步后退和交叉步后退两种。主要动作方法：在对方击球刹那，判断来球方向，迅速调整重心至右脚；接着右脚蹬地快速向右后撤一小步，上体右转侧身对网，以交叉步或并步移动到接近击球点的位置，在移动的同时必须完成举拍准备动作；最后一步利用右脚（或双脚）蹬地起跳并在空中转体，击球后左脚后撤落地缓冲，右脚前跨以利于迅速回动，如图 4-74、图 4-75 所示。

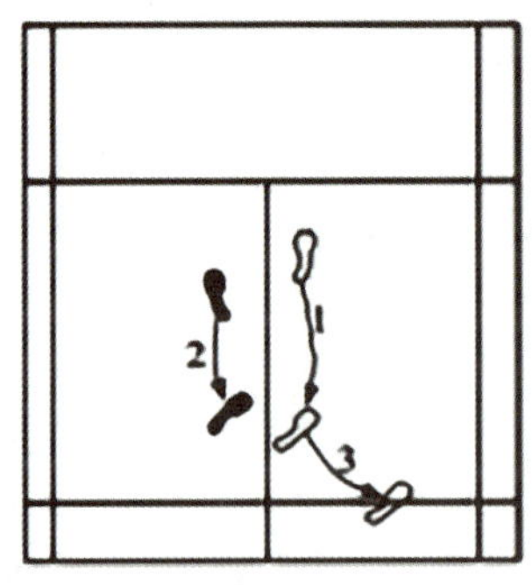

图 4-74　侧身并步后退

图 4-75　交叉步后退

（2）反手击球后退步伐

调整重心后，右脚后撤一步，接着上体左转，左脚随即向左后退一步，右脚再跨出一

步，背对网，做底线反手击球。反手击球后退步伐应根据来球距离的远近调整。如离来球较近，可采用两步后退步伐，上体向左后转，左脚同时后撤一步，右脚再向左后跨一步，做底线反手击球。如距来球较远，则采用三步或五步后退步伐。右脚先垫一步，而后左脚向后方跨一步，再按右、左、右向后退。但无论是几步，反手击球后退步伐最后一步应右脚在后，重心在右脚上，如图 4-76、图 4-77 所示。

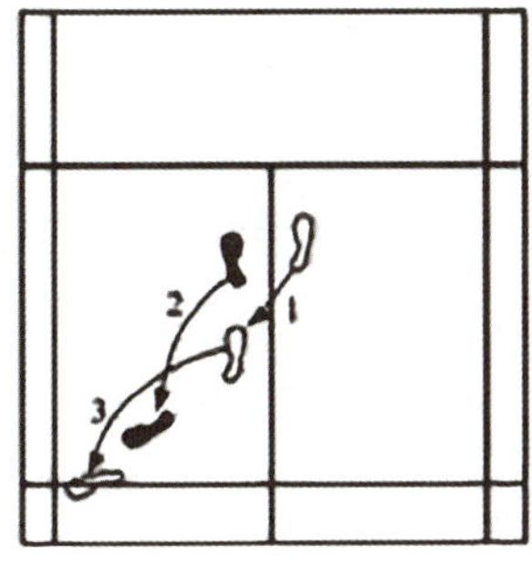

图 4-76 三步交叉后退

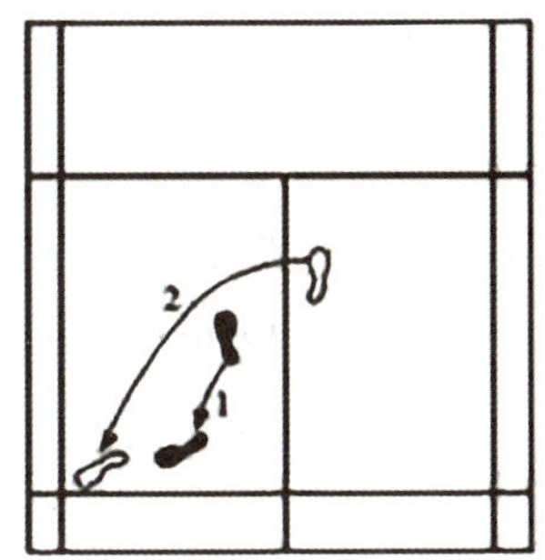

图 4-77 两步后退

知识小课堂

后退步伐注意事项

采取后退步伐时，要注意侧身后退的前几步步幅要小，最后一步步幅要大。练习者完成击球动作后重心前移，迅速回归场地中心位置。

3. 两侧移动步伐（中场步伐）

两侧移动步伐多用于接对方的杀球和击来的半场低平球。其站位和准备姿势与上网步伐基本相同。

（1）向右侧移动步伐

两脚左右开立，脚跟稍提起，根据来球，调整重心，上体稍倒向左侧，左脚掌内侧用力起蹬，右脚同时向右侧转跨大步。如距来球较远，左脚向右垫一小步再起蹬，右脚同时向右侧转跨大步。

（2）向左侧移动步伐

根据来球，调整重心，上体稍倒向右侧，右脚掌内侧用力起蹬，左脚同时向左侧转跨大步。来球较远时，左脚先向左侧移半步，上体向左转身的同时右脚向左前交叉跨大步。

思考与练习

你认为羽毛球运动适合哪些职业的从业者？为什么？

四、羽毛球基本战术与打法

（一）基本战术

1. 发球抢攻

从发球开始就争取控制对方，攻杀得分。发球抢攻一般发网前低球，结合平快球、平高球，争取第三拍主动进攻。

2. 进攻后场

当对方技术不熟练，后场还击力量差，回球路线和落点盲目性大时，多采用这种战术将对方压制到后场附近，造成对方被动，然后伺机取胜。对付后退步伐较慢，反击能力差和急于上网的对手，可重复压底线，突击杀球、吊球，或重复攻后场直线，突击对角线。

3. 攻前场

对基本功较差的对手，可以攻对方前场两角，乘机取胜。

4. 打四方球结合突击

若对方步伐较慢，体力稍差，技术不全面，可通过快速准确的落点攻击对方场区的四个角，伺机向空当进攻。

5. 杀吊球上网

当对方打来后场高球时，先以杀球配合吊球把球下压，落点要选择在场区的两条边线附近，使对方被动回球。若对方还击网前球，迅速上前搓球、勾球或扣球，创造中后场大力扣杀的机会。

6. 守中反攻

先以高远球诱使对方进攻，在对方强攻不下疏于防守时，即可突击进攻；或在对手体力下降，进攻速度缓慢时，再发动进攻。

（二）基本打法

在羽毛球比赛中，运动员把相同的单项技术组合成不同特点、不同风格的打法。

1. 压后场底线

通过高远球或进攻性平高球压对方后场底线，迫使对方后退，然后配合大力杀球或吊网前球争取得分。

2. 打四方球控制落点

以高远球、平高球或吊球快速准确地攻击对方场区的四个角，迫使对手前后左右来回奔跑，待其来不及回到中心位置时，攻其空当部位。

3. 快拉快吊控制网前

以平高球吊对方后场两角，配合快吊网前两角，引对手上网，当对方被动回网前球时，迅速上网控制网前，并用前扑、勾球结合推后场底角，迫使对手疲于奔跑，被动回球，从而创造中、后场大力扣杀和网前扑球的机会。

4. 后场下压

在后场通过扣杀、劈杀或吊球等进攻技术，迫使对方放网前球，这时主动上网，迫使对方挑高球，然后再后退起跳大力扣球。

5. 守中反攻

这种技术是利用吊打四方球及防守中的球路变化调动对方，伺机反攻。

知识小课堂

羽毛球比赛中，哪些行为属于违例？

在羽毛球比赛中，了解哪些行为属于违例是非常重要的。以下是五种常见的发球违例行为及其具体规定。

①过腰违例：当运动员的球拍顶端越过自己的腰部时，视为违例。这意味着运动员需要在击球前保持球拍低于腰部。

②过手违例：在击球瞬间，球拍顶端未朝下，整个拍框没有明显低于握拍手的整个手部，这也被视为违例。运动员需要确保在击球过程中，球拍顶端始终朝下。

③未先击球托违例：在击球瞬间，并非首先击中羽毛球的球托部分，也视为违例。运动员需要在击球时首先击中球的球托部分。

④不正当行为违例：当发球队员的前向挥拍动作中断时，视为违例。这意味着球员在发球过程中，前向挥拍动作不能中断。

⑤发球方位错误违例：如果运动员的发球位置不正确，也视为违例。正确的发球位置是场地中线后的发球区。

五、羽毛球运动场地与规则

在羽毛球比赛中，必须先了解羽毛球场地规则，充分了解规则才能够在赛场上更加游刃有余。

（一）羽毛球场地

羽毛球场长度为 13.40 米，双打宽度为 6.10 米，单打宽度为 5.18 米，双打球场对角线长度为 14.723 米，单打球场对角线长度为 14.366 米，如图 4–78 所示。理想的羽毛球比赛场地是用具有弹性的木材拼接而成（不能把小木块竖着拼接）。国际比赛中已使用化学合成材料制作可移动的塑胶球场。在基层比赛中，当达不到上述条件时，也可以在水泥地或三合土的地面上进行比赛。不论是采用木板地面还是合成材料地面，都必须保证运动员在比赛时地面不会太滑或太黏，并有一定的弹性。

球场界线必须清晰，场地线宽均为 40 毫米，颜色最好是白色、黄色或其他容易辨别的颜色。所有场地线均属于其所划定区域的组成部分。在综合性体育馆内，常有各种不同场地的线干扰，应用与地板相似的颜色，将那些会干扰羽毛球场的界线覆盖。

球场上空 12 米以内及球场四周 2 米以内，不得有任何障碍物（包括相邻的两个球场）。若客观条件无法满足这些要求时，应该尽可能符合对球场的各项规定。

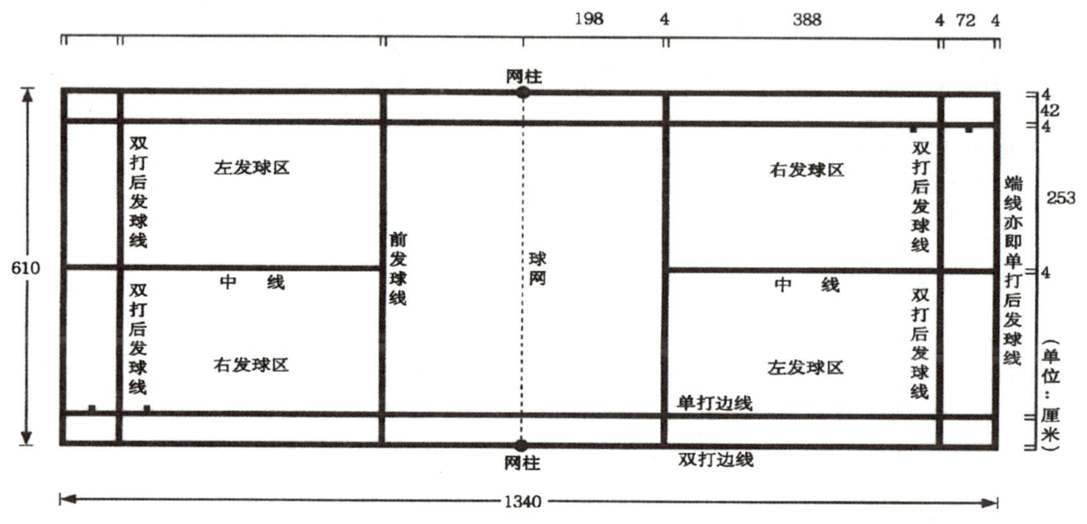

图 4-78　羽毛球标准场地

（二）球网

羽毛球网长度为 6.10 米、宽度为 760 毫米，由优质深色的天然或人造纤维制成，网孔大小在 15 ～ 20 毫米之间，网的上沿应缝有 75 毫米宽的双层白布（对折而成），并用细钢丝绳或尼龙绳从夹层穿过，牢固地张挂在两网柱之间。标准球网应为黄褐色或草绿色。网柱高度为 1.55 米，无论是单打或双打，两根网柱都应分别立在双打场地边线的中点上。正式比赛时，球网中部上沿离地面的高度必须为 1.524 米，球网两端高度为 1.55 米。球网的两端必须与网柱系紧，它们之间不应该有缝隙。

（三）羽毛球比赛规则

1. 比赛项目

比赛项目包括男子单打、女子单打、男子双打、女子双打、混合双打、男子团体、女子团体。

2. 比赛的计分方法及规则

采用 21 分制，即双方分数先达 21 分者胜，三局两胜。每局双方打到 20 平后，一方

领先 2 分即算该局获胜；若双方打成 29 平，一方领先 1 分，即算该局取胜。

新制度中每赢 1 球得 1 分，并且有除特殊情况（比如地板湿了，球打坏了），球员不可再提出中断比赛的要求。但是，允许每局一方以 11 分领先时，比赛进行 1 分钟的技术暂停，让比赛双方擦汗、喝水等。

得分者方有发球权，如果本方得单数分，从左边发球；得双数分，从右边发球。在第三局或只进行一局的比赛中，当一方分数首先到达 11 分时，双方交换场区。

3. 交换场区

若出现以下情况运动员应交换场区：

①第一局结束；

②第三局开始；

③第三局中或只进行一局的比赛进行至一方达到 11 分时。

运动员未按以上规则交换场区，一经发现立即交换，已得分数有效。

4. 比赛中的站位

（1）单打站位

发球员的分数为 0 或双数时，双方运动员均应在各自的右发球区发球或接发球。

发球员的分数为单数时，双方运动员均应在各自的左发球区发球或接发球。

如遇“再赛”情况，发球员应以该局的总分数来确定站位：若总分为 15 分（单数），双方运动员均应在各自的左发球区发球或接发球；若总分为 16 分（双数），双方运动员均应在各自的右发球区发球或接发球。

球发出后，双方运动员就不再受发球区的限制，可以自由击球到对方场区的任何位置，运动员的站位也可以在自己这方场区的界内或界外。

（2）双打站位

一局比赛开始时即获得发球权的一方，都应从右发球区开始发球。

只有接发球员才能接发球；如果其同伴去接球或被球触及，发球方得一分。

每局开始首先发球的运动员，在该局本方得分为 0 或双数时，都必须在右发球区发球或接发球；得分为单数时，则应在左发球区发球或接发球。

◆ 实训营

举办班级羽毛球比赛

一、实训目标

①提升羽毛球技能水平，激发学生参与羽毛球运动的热情。

②学会策划和组织一场完整的羽毛球比赛，包括赛程安排、规则制定、场地布置和裁判工作。

③掌握羽毛球比赛的基本组织流程和比赛规则的执行方法。

④学会使用比赛记录工具，记录比赛结果并进行总结分析。

二、实训设备与材料

羽毛球场地（学校体育馆或室外场地）、羽毛球、球拍、记分牌、裁判哨、比赛记录、奖品（如奖状、小奖品等）、摄影设备（用于记录比赛现场）。

三、实训内容

1. 比赛策划与筹备

①任务：学生分组，每组负责策划一场班级羽毛球比赛，包括比赛时间、地点、参赛人员、赛制安排等。

②方法：

- 确定比赛时间（如利用体育课或课余时间）；
- 选择比赛场地（如学校体育馆的羽毛球场地）；
- 确定参赛人员名单，分组进行单打、双打或混合双打比赛；
- 制定比赛规则（参考国际羽毛球比赛规则，简化后适用于班级比赛）；
- 准备比赛用品（羽毛球、球拍、记分牌、裁判哨等）。

2. 赛程安排与组织

①任务：每组根据参赛人数和比赛项目，制订详细的赛程表，并安排裁判和工作人员。

②方法：

- 制订比赛分组和对阵表，采用循环赛或淘汰赛制；
- 安排裁判员、记分员和场地工作人员，明确各自职责；
- 提前通知参赛选手比赛时间和规则，确保比赛顺利进行。

3. 比赛实施

①任务：按照赛程安排，组织并实施羽毛球比赛，确保比赛公平、公正、安全进行。

②方法：

- 比赛前进行场地布置，检查比赛用品是否齐全；
- 比赛开始前进行简短的开幕式，介绍比赛规则和注意事项；
- 比赛过程中，裁判员严格执行比赛规则，记分员准确记录比赛结果；
- 比赛结束后，组织颁奖仪式，颁发奖品（如奖状、小奖品等），并对比赛进行总结。

4. 比赛记录与总结

①任务：记录比赛过程中的数据（如比分、胜负情况），并对比赛进行总结分析。

②方法：

- 使用比赛记录表，记录每场比赛的比分、参赛选手表现等信息；
- 比赛结束后，组织参赛选手和工作人员进行总结会议，分享比赛经验和感受；
- 分析比赛过程中出现的问题（如规则争议、组织失误等），提出改进建议。

5. 成果展示与汇报

①任务：每组展示比赛的组织过程和成果，分享经验教训。

②方法：

- 制作 PPT 或海报，展示比赛策划、赛程安排、比赛现场照片、比赛结果等内容；
- 小组成员汇报比赛组织过程中的亮点和不足，分享改进措施；
- 学生撰写个人实训报告，总结实训收获和体会。

四、实训评价

1. 比赛组织评价

①评价比赛策划的合理性，包括赛程安排、规则制定、场地布置等。

②评价比赛组织的实施效果，重点关注比赛的流畅性、公平性和安全性。

2. 比赛记录与总结评价

①评价比赛记录的完整性和准确性，包括比分记录、比赛结果等。

②评价比赛总结的深度和广度，重点关注对问题的分析和改进建议。

3. 小组展示与汇报评价

评价小组展示的内容完整性、逻辑性和创新性，以及团队成员的协作能力。

4. 个人实训报告评价

评价学生对实训过程的总结能力，包括对比赛组织过程的反思和改进措施的合理性。

5. 小组互评与教师评价

小组成员互评，评价团队成员在比赛组织过程中的参与度和贡献；教师综合评价，给出改进建议。

第五章　民族传统体育

学习目标

知识目标

1. 掌握民族传统体育项目的起源、发展和文化内涵。

2. 熟悉武术、散打、八段锦等项目的基本技术、理论知识和运动特点。

3. 掌握武术套路的基本动作、散打的攻防技术和八段锦的功法要领。

能力目标

1. 能够在民族传统体育的学习过程中，通过自主查阅资料、观看教学视频等方式提升技能水平。

2. 能够在练习过程中分析自身技术动作的不足，并提出改进方法；同时，能够在教学或比赛中解决实际问题。

素质目标

1. 通过学习民族传统体育，深刻体会其文化内涵，增强对中华优秀传统文化的认同感和自豪感。

2. 在民族传统体育项目的练习中，能够克服困难，培养吃苦耐劳的精神和坚韧不拔的意志。

第一节　武术套路

武术

一、武术概述

武术是以技击动作为主要内容，以套路和格斗为运动形式，注重内外兼修的中国传统体育项目。武术在我国有着悠久的历史和广泛的群众基础，它融健身性、技击性和艺术性于一体，是深受人们喜爱的一种体育项目。

武术萌芽于祖先与野兽的搏斗。随着部落战争的此消彼长，攻防格斗技术不断积累。自卫本能的升华、猎取食物的需求为武术发展奠定了基础。从单纯的攻防格斗到带有健身色彩的民间体育运动，从相击形式的搏斗到舞练形式的演练，从单练、对练到套路，武术的内容不断充实。狭义的武术特指中华武术，它是中华民族的宝贵遗产，以中华优秀传统文化为基础。在其源远流长的发展过程中，武术摄养生之精髓，集技击之大成，攻防自卫，养生健体，具有“内外合一”“神形兼备”“尚武崇德”的特点。中国武术历史悠久，受到了道家、儒家、佛家等诸家思想的影响，得到了传统医学、杰出兵法、哲学思辨等理论的熏陶，以阴阳五行学说为基础，形成了独特的武学文化，既富含博大精深、攻防兼备的动作套路，又包括讲礼守信、尊师重道、行侠仗义的道德标准。

我国武术代表团曾多次出访，以精湛的技艺在众多国家和地区引起强烈反响，“武术热”风靡全球。1990 年，国际武术联合会（简称国际武联）在北京成立；1994 年，该组织被国际单项体育联合会接纳为会员。2002 年，国际奥委会第 113 次全会正式承认武术为体育项目。1990 年第 11 届亚运会，武术被列为正式比赛项目，2008 年第 29 届奥运会将武术作为特别项目进行表演。

二、武术的礼仪

武术礼仪是习武者应共同遵守的最基本的道德行为规范，体现了习武之人的文明礼貌。

（一）抱拳礼

抱拳者并步站立；左掌右拳在胸前相抱，左指根线与右拳棱相齐，高与胸齐；拳、掌与胸部的距离为 20 ～ 30 厘米，如图 5-1 所示。

（二）抱刀礼

抱刀者并步站立；左手抱刀，屈臂抬起使刀横于胸前，刀刃向上；右手成掌，掌心附于左手拇指第一指节上，高与胸齐；两手与胸部的距离为 20 ～ 30 厘米，如图 5-2 所示。

图 5-1 抱拳礼

图 5-2 抱刀礼

（三）持剑礼

持剑者并步站立；左手持剑，屈臂抬起使剑身贴前臂外侧斜横于胸前；右手成掌，掌外沿附于左手食指根节，高与胸齐；两手与胸部的距离为 20 ～ 30 厘米，如图 5-3 所示。

（四）持枪（棍）礼

持枪（棍）者并步站立；右手持枪（棍）靠把端约三分之一处，屈臂置于胸前，枪（棍）身直立；左手成掌，掌外沿附于右手拇指第二指节上；两手与胸部的距离为 20 ～ 30 厘米，如图 5-4 所示。

图 5-3 持剑礼

图 5-4 持枪（棍）礼

（五）持扇礼

持扇者并步站立；左手持扇，屈臂抬起使扇骨贴前臂外侧斜横于胸前；右手成掌，掌外沿附于左手食指根节，高与胸齐，两手与胸部的距离为 20 ～ 30 厘米，如图 5-5 所示。

图 5-5 持扇礼

（六）持双器械礼

持双器械者并步站立；一手持握两把器械，行抱刀礼或持剑礼、持枪（棍）礼；若不能一手持握器械，则应两手持械面向裁判长立正行注目礼。

（七）其他礼仪

①当检录员检查器械或裁判长要求检查器械时，若是短器械，运动员应将器械尖朝下，竖直递上；若是长器械，运动员则应将器械梢（尖）朝上，竖直递上。

②其他器械参照以上各种礼仪执行。

思考与练习

1. 谈谈对“以武会友”“四海武林团结奋进”的理解。
2. 思考上述所讲到的这些礼仪在日常训练和生活中的重要性。

三、武术基本功

（一）手型和手法

1. 手型

拳：四指并拢卷握，拇指紧扣食指和中指的第二指节，如图 5-6 所示。

掌：四指并拢伸直，拇指弯曲紧扣于虎口处，如图 5-7 所示。

勾：五指的第一指节捏拢在一起，屈腕，如图 5-8 所示。

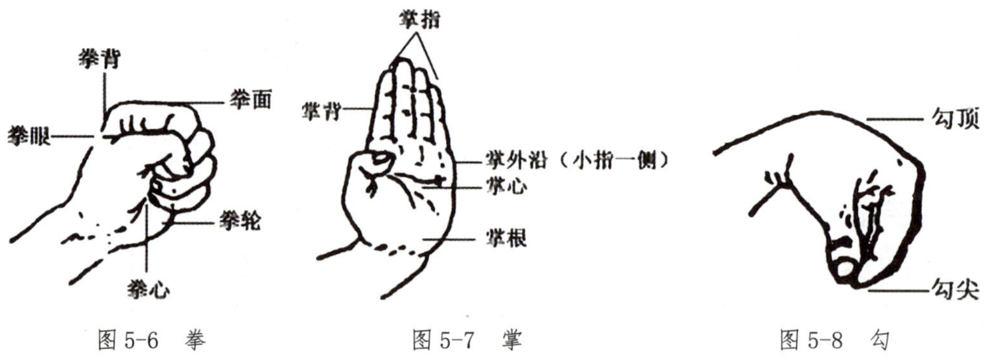

图 5-6　拳　　图 5-7　掌　　图 5-8　勾

2. 手法

常用的手法有冲拳、推掌和亮掌。

（1）冲拳

冲拳分为平拳和立拳两种。其中，平拳拳心向下，立拳拳眼向上。下面以平拳为例介绍冲拳的动作要领，如图 5-9 所示。

预备姿势：两脚左右开立至与肩同宽，两拳抱于腰间，拳心向上，肘尖向后。

动作要领：挺胸，收腹，直腰，右拳从腰间向前猛力冲出，左肘向后牵拉；同时左转腰顺肩，内旋臂，力达拳面，臂伸直与肩同高，眼向前平视。练习时两手交替进行。

（2）推掌

预备姿势：与冲拳相同。

动作要领：如图 5-10 所示，右拳变掌，前臂内旋，以掌根为发力点向前猛力推出，左肘向后牵拉，同时左转腰顺肩，臂伸直与肩同高；眼向前平视。练习时两手交替进行。

（3）亮掌

预备姿势：与冲拳相同。

动作要领：如图 5-11 所示，右拳变掌，由腰间向右、向上画弧，至头部右前方时抖腕亮掌，掌心向上，虎口向下，臂呈弧形，头随右手动作左转；眼向左方平视。练习时两手交替进行。

图 5-9 冲拳

图 5-10 推掌

图 5-11 亮掌

（二）步型和步法

步型和步法练习能增强腿部的速度和力量，以提高两脚移动转换的灵活性和稳固性。

1. 步型

（1）弓步

弓右腿为右弓步，弓左腿为左弓步。以右弓步为例，右脚向前一大步（为本人脚长的 4～5 倍），脚尖稍内扣；右腿屈膝半露（大腿接近水平），膝与脚尖垂直。左腿挺膝伸直，脚尖内扣（斜向前方），两脚全脚着地。上体正对前方，眼向前平视，两手抱拳于腰间，如图 5-12 所示。

（2）马步

两脚平行开立（约为本人脚长的 3 倍），脚尖正对前方，屈膝半蹲，膝部不超过脚尖，大腿接近水平，全脚着地，身体重心落于两腿之间，两手抱拳于腰间，如图 5-13 所示。

（3）虚步

左脚在前为左虚步，右脚在前为右虚步。以右虚步为例，两脚前后开立，左脚外展 45°，屈膝半蹲；右脚脚跟离地，脚面绷平，脚尖稍内扣，虚点地面，膝微屈，重心落于左腿上。两手叉腰，眼向前平视，如图 5-14 所示。

图 5-12　弓步

图 5-13　马步

图 5-14　虚步

（4）仆步

仆左腿为左仆步，仆右腿为右仆步。以左仆步为例，两脚左右开立，右腿屈膝全蹲，大腿和小腿靠紧，臀部接近小腿，全脚着地，脚和膝外展，左腿伸直平仆，脚尖里扣，全脚着地。两手抱拳于腰间，眼向左方平视，如图 5-15 所示。

（5）歇步

左脚在前为左歇步，右脚在前为右歇步。以左歇步为例，两脚交叉靠拢全蹲，左脚全脚着地，脚尖外展；右脚前脚尖着地，膝部贴于前外侧，臀部坐于右脚接近脚跟处。两手抱拳于腰间，眼向左前方平视，如图 5-16 所示。

图 5-15　仆步

图 5-16　歇步

2. 步法

步法有击步、垫步和弧形步三种。

（1）击步

两脚前后开立，同肩宽。两手可叉腰。上体前倾，后脚离地提起，前脚随即蹬地前纵。在空中时，后脚向前碰击前脚。落地时，后脚先落，前脚后落。眼向前平视。跳起至空中时，要保持上体正直并侧对前方。

（2）垫步

两脚前后开立，同肩宽。两手可叉腰。后脚离地提起，用脚掌向前脚处落步，前脚立即以脚掌蹬地向上稍跳起，将步位让于后脚，然后屈膝提腿向前落步。眼向前平视。

（3）弧形步

两脚前后开立，同肩宽。两手可叉腰。两腿半蹲，两脚迅速连续向侧前方行步。每步大小略比肩宽，走弧形路线。眼向前平视。

（三）腿法

腿部练习的目的是提高腿部的柔韧性、灵活性、力量等。

1. 正踢腿

两脚并立，两手立掌或握拳，两臂侧平举。左脚向前上半步，左腿支撑，右脚脚尖勾起向前额处猛踢。两眼向前平视。练习时左右腿交替进行，如图 5-17 所示。

2. 侧踢腿

与正踢腿同。右脚向前上半步，脚尖外展，左脚脚跟稍提起；身体略右转，左臂前伸，右臂后举。随即左脚脚尖勾紧向耳侧踢起，同时右臂屈肘上举亮掌，左臂屈肘立掌于右肩前或垂于裆前；眼向前平视。踢左腿为左侧踢，踢右腿为右侧踢，如图 5-18 所示。

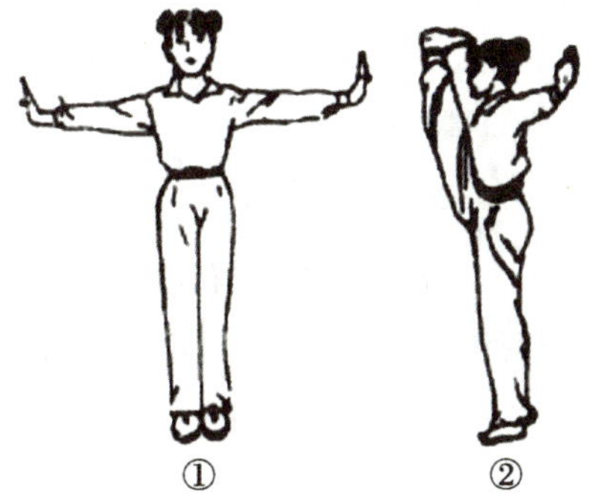

图 5-17　正踢腿

图 5-18　侧踢腿

3. 外摆腿

与正踢腿同。右脚向右前方上半步，左脚尖勾紧，向右侧上方踢起，经面前向左侧上方摆动，直腿落在右腿旁。两眼向前平视。左掌可在左侧上方击响。练习时左右腿交替进行，如图 5-19 所示。

4. 里合腿

与正踢腿同。左脚向右前方上半步，左脚脚尖勾起里扣并向左上方踢起，经面前向右侧上方直腿摆动，落于右脚外侧，右手掌可在右侧上方迎击左脚掌（击响），也可不做击响动作。两眼向前平视。练习时，左右腿交替进行，如图 5-20 所示。

图 5-19　外摆腿

图 5-20　里合腿

5. 弹腿

两腿并立，两手叉腰。右腿屈膝提起，大腿与腰平，右脚绷直。提膝接近水平时，要迅速猛力挺膝，向前平踢（弹击），力达脚尖。大腿与小腿成一直线，高与腰平，左腿伸直或微屈支撑，两眼平视，如图 5-21 所示。

6. 蹬腿

与弹腿同，唯脚尖勾起，力达脚跟，如图 5-22 所示。

7. 侧踹腿

两脚并立，两手叉腰。两腿左右交叉，右腿在前，稍屈膝。随即右腿伸直支撑，左腿屈膝提起，左脚里扣，脚跟用力向左侧上方踹出，高与肩平，上体向右侧倒，眼视左侧方。练习时，左右腿可交替进行，如图 5-23 所示。

图 5-21　弹腿　　图 5-22　蹬腿　　图 5-23　侧踹腿

（四）腰部练习

腰部练习的目的是提高腰部灵活性。

1. 俯腰

两脚并立，两手五指交叉，直臂上举，手心朝上，上体前俯，两手尽量在脚尖前贴地；然后，两手松开，抱住两小腿的下方，逐渐使胸部贴近腿部，稍停后起立；还可以向左或向右侧俯腰，使两手在左右脚外侧贴触地面，如图 5-24 所示。

①　②　③

图 5-24　俯腰

2. 甩腰

两脚开立同肩宽，两腿伸直，两臂上举，以腰髋为轴，上体有后屈甩腰动作，两臂也随之甩动，后屈时要抬头、挺胸、收腹，如图 5-25 所示。

3. 涮腰

两脚开立略宽于肩，两臂自然下垂，以腰髋为轴，上体前倾，两臂从左前下方伸出，随即经前向右、向后、向左翻转绕环一周，如图 5-26 所示。

①　②

图 5-25　甩腰

①　②

图 5-26　涮腰

（五）肩臂练习

肩臂练习主要提高肩关节韧带的柔韧性，扩大肩关节的活动范围，增强臂部力量，提高上肢运动的敏捷性，为学习和掌握各种拳、掌的手法打下必要的专项素质基础。

1. 压肩

预备姿势：面对肋木站立，与肋木保持一大步距离，两脚左右开立至与肩同宽。

动作要领：两手握住肋木，上体前倾并做下振压肩动作；做压肩动作时，也可以两人面对面站立，互相扶按肩部，做上体前倾的下振压肩动作；还可以由他人协助做振压肩部练习，如图 5-27 所示。

单人压肩

双人压肩

图 5-27　压肩

2. 单臂绕环

预备姿势（以右臂绕环为例）：左弓步站立，左手扶按左腿，右臂垂于体侧。

动作要领：向后绕环时，右臂由下向前、向上、向后绕环一周；向前绕环时，右臂由下向后、向上、向前绕环一周。练习时左右臂交替进行。做左臂绕环时，换右弓步站立，如图 5-28 所示。

图 5-28　单臂绕环

3. 双臂绕环

预备姿势：开步站立，两臂垂于体侧。

动作要领：以肩关节为轴，两臂分别向前和向后做直臂绕环。两臂交替进行顺时针绕环和逆时针绕环，如图 5-29 所示。

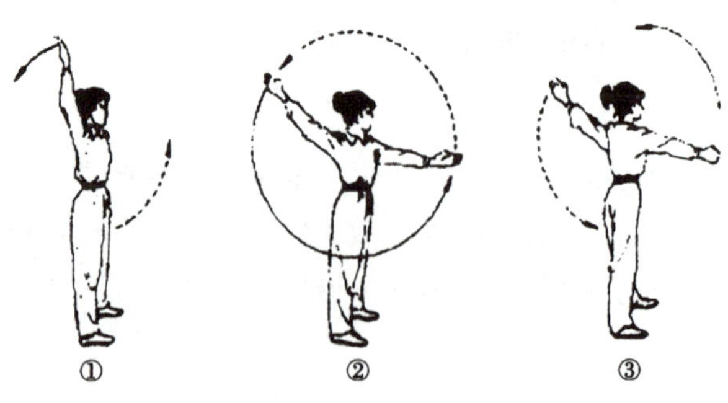

图 5-29　双臂绕环

（六）五步拳

1. 预备姿势

两脚并拢；两拳抱于腰间，肘尖向后，拳心向上；目视前方，如图 5-30 所示。

2. 弓步冲拳

左脚向前迈一步，身体左转，右腿蹬直；同时，左手向左平搂后平收回腰间抱拳，右拳向前直冲成平拳；目视前方，如图 5-31 所示。

3. 弹踢冲拳

重心前移，左腿蹬直，右腿向前弹出，高于腰部或齐平；同时，左拳由腰间向前直冲成平拳，右拳收回腰间；目视前方，如图 5-32 所示。

图 5-30　预备姿势

图 5-31　弓步冲拳

图 5-32　弹踢冲拳

4. 马步架打

右脚落地，身体左转 90°，两腿下蹲成马步；同时，左拳变掌，屈臂上架在头的上方，右拳从腰间向右直冲成平拳；头右转，目视右前方，如图 5-33 所示。

5. 歇步盖掌

①左脚向右脚后插一步，左脚前脚掌着地；同时，右拳变掌，由右经头上向前下盖，高与胸齐；身体左转 90°，左掌变拳收回腰间；目视右掌。

②两腿屈膝下蹲成歇步；左拳向前冲出成平拳，右掌变拳收回腰间；目视左拳，如图 5-34 所示。

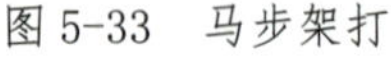

图 5-33　马步架打

图 5-34　歇步盖掌

6. 提膝仆步穿掌

①左腿提膝，右腿蹬直，身体稍左转；左拳变掌，手心向下，指尖斜向右前方，右拳变掌，掌心向上，从左手背部穿出，掌心向前，左手顺势收至右腋下；目视右手。

②右腿屈膝下蹲，左脚落地向前伸直成仆步；左手掌指朝前沿左腿内侧穿至左脚面；目视左掌，如图 5-35 所示。

7. 虚步挑掌

左腿屈膝前弓，右脚蹬地向前上步，成右虚步；左手向上、向后划弧成勾手，勾尖略高于肩，右手由后向下、向前顺右腿外侧向上挑掌，掌指向上；目视前方，如图 5-36 所示。

8. 并步抱拳

重心前移，右脚蹬直，左脚向右脚靠拢成并步；左勾手与右掌变拳收回腰间；目视前方，如图 5-37 所示。

图 5-35　提膝仆步穿掌

图 5-36　虚步挑掌

图 5-37　并步抱拳

知识小课堂

练习五步拳的益处

1. 强身健体

通过练习五步拳的各种动作，能够全面锻炼人体的肌肉、骨骼和关节。例如，弓步、

马步、仆步等步型动作，能增强腿部肌肉力量，提高身体的平衡能力和稳定性；冲拳、架打、穿掌等手型动作，可锻炼手臂、肩部的肌肉，增强上肢的力量和灵活性。长期坚持练习，有助于提升身体的整体素质，增强体质，预防疾病。

2. 培养协调性

五步拳的动作包含上肢与下肢、身体与步伐的多种配合，这就要求练习者在运动过程中保持高度的协调性。例如，弹踢冲拳时，腿部的弹踢动作要与手臂的冲拳动作同时完成，这就要求身体各部位的肌肉、关节在神经系统的统一指挥下，精确地协同工作。通过反复练习，能有效提高练习者的身体协调性和反应速度。

3. 提升心理素质

武术练习不仅是对身体的锻炼，更是对心理的磨砺。在练习五步拳时，从最初的动作生疏到逐渐熟练掌握，再到能够将拳法打得刚劲有力、行云流水，这个过程需要练习者克服困难、坚持不懈。每一次进步都能增强练习者的自信心，培养其坚韧不拔的意志品质。同时，武术的对练或表演还能锻炼练习者的应变能力和心理素质，使其在面对挑战时更加从容自信。

4. 传承文化

五步拳作为中国传统武术的重要组成部分，承载着丰富的文化内涵。它体现了中华民族的尚武精神、哲学思想和审美观念。练习五步拳，不仅能掌握一种武术技能，更能传承与弘扬中华优秀传统文化。通过学习五步拳，练习者能够深入了解武术背后的文化底蕴，增强民族自豪感和文化认同感。

四、初级三路长拳

武术初级三路长拳是由国家武术联合会组织全国武术专家于 1957 年创编而成的，适合武术初级练习者学习的初级长拳套路。全套动作除了预备式和结束动作，分为四段，来回练习四遍，每段 8 个动作，合计 36 个动作；套路布局和路线变化前后呼应，左右兼顾，均匀合理，在强调动作规格化，注重功力的同时，还较好地体现了攻防意识，增强了学习的趣味。套路内容充实，编排合理，由简而繁，由易而难，非常适合武术初学者进行练习。

（一）起势

起势包括并步站立、虚步亮掌和并步对拳 3 个动作。

1. 并步站立

两脚并步站立，双臂垂于身体两侧，五指并拢贴靠腿外侧，眼向前平视，如图 5-38 所示。

2. 虚步亮掌

①右脚向右后方撤步成左弓步。右掌向右、向上、向前画弧，掌心向上；左臂屈肘，左掌提至腰侧，掌心向上（或左手做弯勾手，向下画弧至身后，直臂上勾，勾尖向上），如图 5-39 所示。

②右腿微屈，重心后移。左掌经胸前从右臂上向前穿出伸直；右臂屈肘，右掌收至腰侧，掌心向上。

3. 并步对拳

①右脚向前上一步，双臂下垂后摆。

②左脚向右脚并步，双臂向外、向上经胸前屈肘下按，两掌变拳，拳心向下，停于小腹前。目视左方，如图 5-40 所示。

图 5-38　并步站立

图 5-39　虚步亮掌

图 5-40　并步对拳

（二）第一段

初级三路长拳第一段包括弓步冲拳、弹腿冲拳、马步冲拳、弓步冲拳、弹腿冲拳、大跃步前穿、弓步击掌和马步架掌 8 个动作。

1. 弓步冲拳

①左脚向左上一步，脚尖向斜前方；右腿微屈，成半马步。左臂向上、向左格打，拳眼向后，拳与肩同高；右拳收至腰侧，拳心向上。目视左拳。

②右腿蹬直成左弓步。左拳收至腰侧，拳心向上；右拳向前冲出，高与肩平，拳眼向上。目视右拳，如图 5-41 所示。

2. 弹腿冲拳

重心前移至左腿，右腿屈膝提起，脚面绷直，猛力向前弹出伸直，高与腰平。右拳收至腰侧；左拳向前冲出。目视前方，如图 5-42 所示。

3. 马步冲拳

右脚向前落步，脚尖里扣，上体左转。左拳收至腰侧，双腿下蹲成马步；右拳向前冲出。目视右拳，如图 5-43 所示。

图 5-41　弓步冲拳

图 5-42　弹腿冲拳

图 5-43　马步冲拳

4. 弓步冲拳

右臂屈肘向右格打，拳眼向后。目视右拳。上体右转 90°，同时右拳收于腰间，左拳冲出，右脚尖外撇向斜前方，成弓步，如图 5-44 所示。

5. 弹腿冲拳

重心前移至右腿，左腿屈膝提起，脚面绷直，猛力向前弹出伸直，高与腰平。左拳收至腰侧，右拳向前冲出。目视前方，如图 5-45 所示。

6. 大跃步前穿

①左腿屈膝。右拳变掌内旋，以手背向下挂至左膝外侧，上体前倾。目视右手。

②左脚向前落步，双腿微屈。右掌继续向后挂，左拳变掌，向后、向下伸直。目视右掌。

③右腿落地全蹲，左腿随即落地向前铲出成仆步。右掌变拳抱于腰侧，左掌由上向右、向下画弧成立掌，停于右胸前。目视左脚，如图 5-46 所示。

图 5-44　弓步冲拳

图 5-45　弹腿冲拳

图 5-46　大跃步前穿

7. 弓步击掌

右腿猛力蹬直成左弓步。左掌经左脚面向后画弧至身后成勾手，左臂伸直，勾尖向上，右拳由腰侧变掌向前推出，掌指向上，掌外侧向前，目视右掌，如图 5-47 所示。

8. 马步架掌

①重心移至双腿中间，左脚脚尖里扣成马步，上体右转。右臂向左侧平摆，稍屈肘；

同时左勾手变掌，由后经左腰侧从右臂内向前上穿出，掌心均朝上。目视左手。

②右掌立于左胸前；左臂向左上屈肘抖腕亮掌于头部左上方，掌心向前。目视右方，如图 5-48 所示。

图 5-47　弓步击掌

图 5-48　马步架掌

（三）第二段

初级三路长拳第二段包括虚步栽拳、提膝穿掌、仆步穿掌、虚步挑掌、马步击掌、叉步双摆掌、弓步击掌和转身踢腿马步盘肘 8 个动作。

1. 虚步栽拳

①右脚蹬地，屈膝提起；左腿伸直，以前脚掌为轴向右后转体 180°。右掌由左脚前向下经右腿外侧向后画弧成勾手，左臂随体转动并外旋，使掌心朝右。目视右手。

②右脚向右落地，重心移至右腿上。下蹲成左虚步。左掌变拳下落于左膝上，拳眼向里，拳心向后；右勾手变拳，屈肘向上架于头右上方，拳心向前。目视左方，如图 5-49 所示。

2. 提膝穿掌

①右腿稍伸直。右拳变掌收至腰侧，掌心向上。左拳变掌由下向左、向上画弧，盖压于头上方，掌心向前。

②右腿蹬直，左腿屈膝提起，脚尖内扣。右掌从腰侧经左臂内向右前上方穿出，掌心向上；左掌收至右胸前成立掌。目视右掌，如图 5-50 所示。

3. 仆步穿掌

右腿全蹲，左腿向左后方铲出成左仆步。右臂不动，左掌由右胸前向下经左腿内侧，向左脚面穿出。目随左掌转视，如图 5-51 所示。

图 5-49　虚步栽拳

图 5-50　提膝穿掌

图 5-51　仆步穿掌

4. 虚步挑掌

①右腿蹬直，重心前移至左腿，成左弓步。右掌稍下降，左掌随重心前移向前挑起。

②右脚向左前方上步，左腿半蹲，成右虚步。身体随上步左转 180°，在右脚上步的同时，左掌由前向上、向后画弧成立掌，右掌由后向下、向前上挑成立掌，指尖与眼平。目视右掌，如图 5-52 所示。

5. 马步击掌

①右脚落实，脚尖外撇，重心稍升高并右移，左掌变拳收至腰侧，右掌俯掌向外掳手。

②左脚向前上一步，以右脚为轴向右后转体 180°，双腿下蹲成马步。左掌从右臂上成立掌向左侧击出；右掌变拳收至腰侧。目视左掌，如图 5-53 所示。

6. 叉步双摆掌

①重心稍右移，同时两掌向下、向右摆，掌指均向上。目视右掌。

②右脚向左腿后插步，前脚掌着地。双臂继续由右向上、向左摆，停于身体左侧，均成立掌，右掌停于左肘窝处。目随双掌转视，如图 5-54 所示。

图 5-52　虚步挑掌　　图 5-53　马步击掌　　图 5-54　叉步双摆掌

7. 弓步击掌

①双腿不动。左掌收至腰侧，掌心向上；右掌向上、向右画弧，掌心向下。

②左腿后撤一步，成右弓步。右掌向下、向后伸直摆动，成勾手，勾尖向上；左掌成立掌向前推出。目视左掌，如图 5-55 所示。

8. 转身踢腿马步盘肘

①两脚以前脚掌为轴向左后转体 180°，在转体的同时，左臂向上、向前画半立圆，右臂向下、向后画半立圆。

②上动不停，两脚不动，右臂由后向上、向前画半立圆，左臂由前向下、向后画半立圆。

③上动不停，右臂向下成反臂勾手，勾尖向上；左臂向上成亮掌，掌心向前上方。右腿伸直，脚尖勾起，向额前踢。

④右脚向前落地，脚尖里扣。右手不动，左臂屈肘下落至胸前，左掌心向下。目视左掌。

⑤上体左转 90°，双腿下蹲成马步。同时左掌向前、向左平掳变拳收至腰侧，右勾手变拳，右臂伸直，由体后向右、向前平摆，至体前时屈肘，肘尖向前，高与肩平，拳心向下。目视肘尖，如图 5-56 所示。

图 5-55　弓步击掌

图 5-56　转身踢腿马步盘肘

（四）第三段

初级三路长拳第三段包括歇步抡砸拳、仆步亮掌、弓步劈拳、换跳步弓步冲拳、马步冲拳、弓步下冲拳、叉步亮掌侧踹腿和虚步挑拳 8 个动作。

1. 歇步抡砸拳

①重心稍升高，右脚尖外撇。右臂由胸前向上、向右抡直，左拳向下、向左，使臂抡直。目视右拳。

②上动不停，两脚以前脚掌为轴，向右后转体 180°。右臂向下、向后抡摆，左臂向上、向前随身体转动。

③紧接上动，双腿全蹲成歇步。左臂随身体下蹲向下平砸，拳心向上，臂部微屈；右臂伸直向上举起。目视左拳，如图 5-57 所示。

2. 仆步亮掌

①左脚由右腿后抽出向前上一步，左腿蹬直，右腿半蹲，成右弓步。上体微向右转。左拳收至腰侧，右拳变掌向下经胸前向右横击掌。目视右掌。

②右脚蹬地屈膝提起，上体右转。左拳变掌从右掌上向前穿出，掌心向上；右掌平收至左肘下。

③右脚向右落步，屈膝全蹲，左腿伸直，成仆步。左掌向下、向后画弧成勾手，勾尖向上；右掌向右、向上画弧微屈，抖腕亮掌，掌心向前。头随右手转动，至亮掌时，目视左方，如图 5-58 所示。

3. 弓步劈拳

①右腿蹬地立起，左腿收回。右掌变拳收至腰侧，左勾手变掌由下向前上经胸前向左做掳手。

②右腿经左腿前方向左绕上一步，左腿蹬直成右弓步。左手向左平掳后再向前挥摆，虎口朝前。

③在左手平掳的同时，右拳向后平摆，然后向前、向上做抡劈拳，拳高与耳平，拳心向上，左掌外旋接扶右前臂。目视右拳，如图 5-59 所示。

图 5-57 歇步抡砸拳　　图 5-58 仆步亮掌　　图 5-59 弓步劈拳

4. 换跳步弓步冲拳

①重心后移，右脚稍向后移动。右拳变掌，臂内旋，以掌背向下画弧挂至右膝内侧，左掌背贴靠右肘外侧，掌指向前。目视右掌。

②右腿自然上抬，上体稍向左扭转。右掌挂至身体左侧，左掌伸向右腋下。目随右掌转视。

③右脚以全脚掌用力向下震跺，与此同时，左脚急速离地抬起。右手由左向上、向前掳盖而后变拳收至腰侧；左掌伸直向下、向上、向前屈肘下按，掌心向下。上体右转，目视左掌。

④左脚向前落步，右腿蹬直成左弓步。右拳向前冲出，拳高与肩平；左掌藏于右腋下，掌背贴靠腋窝。目视右拳，如图 5-60 所示。

5. 马步冲拳

上体右转 90°，重心移至双腿中间，成马步。右拳收至腰侧，左掌变拳向左冲出，拳眼向上。目视左拳，如图 5-61 所示。

6. 弓步下冲拳

右脚蹬直，左腿弯曲，上体稍向左转，成左弓步。左拳变掌向下经体前向上架于头左上方，掌心向上，右拳自腰侧向左前斜下方冲出。目视右拳，如图 5-62 所示。

图 5-60　换跳步弓步冲拳　　图 5-61　马步冲拳　　图 5-62　弓步下冲拳

7. 叉步亮掌侧踹腿

①上体稍右转。左掌由头上下落于右手腕上，右拳变掌，双手交叉成“十”字。目视双手。

②右脚蹬地并向左腿后叉步，以前脚掌着地。左掌由体前向下、向后画弧成勾手，勾尖向上；右掌由前向右、向上画弧抖腕亮掌，掌心向前。目视左方。

③重心移至右腿，左腿屈膝提起，向左上方猛力蹬出。上肢姿势不变，目视左方，如图 5-63 所示。

8. 虚步挑拳

①左脚在左侧落地。右掌变拳稍后移，左勾手变拳由体后向左上挑，拳背向上。

②上体左转 180°，微含胸前俯。左拳继续向前、向上画弧上挑，右拳向下、向前画弧挂至右膝外侧，同时右膝提起。目视右拳。

③右脚向左前方上步，脚尖点地，重心落于左脚，左腿下蹲成右虚步。左拳向后画弧收至腰侧，拳心向上；右拳向前屈臂挑出，拳眼斜向上，拳与肩同高。目视右拳，如图 5-64 所示。

图 5-63　叉步亮掌侧踹腿

图 5-64　虚步挑拳

（五）第四段

初级三路长拳第四段包括弓步顶肘、转身左拍脚、右拍脚、腾空飞脚、歇步下冲拳、仆步抡劈拳、提膝挑掌和提膝劈掌弓步冲拳 8 个动作。

1. 弓步顶肘

①重心升高，右脚踏实。右臂内旋，向下直臂画弧，以拳背下挂至右膝内侧，左拳不变。目视前下方。

②左腿蹬直，右腿屈膝上抬。左拳变掌，右拳不变，双臂向前、向上画弧摆起。目随右拳转视。

③左脚蹬地起跳，身体腾空，双臂继续画弧至头上方。

④右脚先落地，右腿屈膝，左脚向前落步，以前脚掌着地。同时双臂向右、向下屈肘停于右胸前，右拳变掌，左掌变拳。右掌心贴靠左拳面。

⑤左脚向左上一步，左腿屈膝，右腿蹬直成左弓步。右掌推左拳，以左肘尖向左顶出，高与肩平。目视前方，如图 5-65 所示。

2. 转身左拍脚

①以两脚前脚掌为轴向右后转体 180°，随着转体，右臂向上、向右、向下画弧抡摆，同时左拳变掌向下、向后、向前上抡摆。

②左腿伸直向前上踢起，脚面绷平。左掌变拳收至腰侧，右掌由体后向上、向前拍击左脚面，如图 5-66 所示。

3. 右拍脚

①左脚向前落地，左拳变掌向下、向后摆，右掌变拳收至腰侧。

②右腿伸直向前上踢起，脚面绷平。左拳变掌由后向上、向前拍击右脚面，如图 5-67 所示。

图 5-65　弓步顶肘

图 5-66　转身左拍脚

图 5-67　右拍脚

4. 腾空飞脚

①右脚落地。

②左脚向前摆起，右脚猛力地跳起，左腿屈膝继续向前上摆。同时右拳变掌向前、向上摆起，左掌先上摆而后下降拍击右掌背。

③右腿继续上摆，脚面绷平。右掌拍击右脚面，左掌由体前向后上举，如图 5-68 所示。

5. 歇步下冲拳

①左、右脚先后相继落地。左掌变拳收至腰侧。

②身体右转 90°，双腿全蹲成歇步。右掌抓握、外旋变拳收至腰侧；左拳由腰侧向前下方冲出，拳心向下。目视左拳，如图 5-69 所示。

6. 仆步抡劈拳

①重心升高，右臂由腰侧向体后伸直，左臂随身体重心升高向上摆起。

②以右脚前脚掌为轴，左腿屈膝提起，上体左转 270°。左拳由前向后下画立圆一周；右拳由后向下、向前上画立圆一周。

③左腿向后落一步，屈膝全蹲，右腿伸直，脚尖里扣成右仆步。右拳由上向下抡劈，拳眼向上；左拳后上举，拳眼向上。目视右拳，如图 5-70 所示。

图 5-68　腾空飞脚

图 5-69　歇步下冲拳

图 5-70　仆步抡劈拳

7. 提膝挑掌

①重心前移成右弓步。同时右拳变掌由下向上抡摆，左拳变掌稍下落，右掌心向左，左掌心向右。

②左、右臂在垂直面上由前向后各画立圆一周。右臂伸直停于头上，掌心向左，掌指向上；左臂伸直停于身后成反勾手。同时右腿屈膝提起，左腿挺膝伸直独立。目视前方，如图 5-71 所示。

8. 提膝劈掌弓步冲拳

①下肢不动，右掌由上向下猛劈伸直，停于右小腿内侧，用力点在小指一侧；左勾手变掌，屈臂向前停于右上臂内侧，掌心向右。目视右掌。

②上动不停，左腿蹬直成右弓步。右手抓握变拳收至腰侧，左拳由腰侧向左前方冲出。目视左拳，如图 5-72 所示。

图 5-71　提膝挑掌

图 5-72　提膝劈掌弓步冲拳

（六）收势

收势包括虚步亮掌、并步对拳和还原 3 个动作。

1. 虚步亮掌

①右脚扣于左膝后，两拳变掌，双臂屈肘交叉于体左前，右臂在左臂上。目视右掌。

②右脚向右后落步，重心后移，右腿半蹲，上体稍右转。同时右掌向上、向右、向下画弧停于左腋下；左掌向左、向上画弧停于右臂上与左胸前，两掌心左下右上。目视左掌。

③左脚尖稍向右移，右腿下蹲成左虚步。左臂伸直向左、向后画弧成反勾手；右臂伸直向下、向右、向上画弧抖腕亮掌，掌心向前。目视左方，如图 5-73 所示。

2. 并步对拳

①左腿后撤一步，同时两掌从两腰侧向前穿出伸直，掌心向上。

②右腿后撤一步，同时双臂分别向体后下摆。

③左脚后退半步向右脚并拢。双臂由后向上经体前屈臂下按，两掌变拳，停于腹前，

拳心向下，拳面相对。目视左方，如图 5-74 所示。

3. 还原

双臂自然下垂，目视正前方，如图 5-75 所示。

图 5-73　虚步亮掌

图 5-74　并步对拳

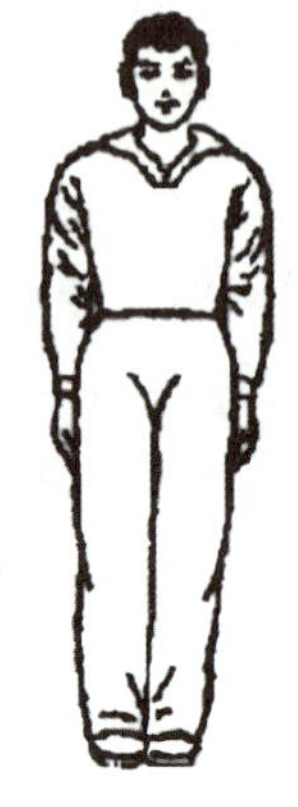
图 5-75　还原

楷模风范

武术宗师黄飞鸿的传奇人生

黄飞鸿，这位在中国武术史上熠熠生辉的人物，出生在广东南海西樵禄舟村。他的父亲黄麒英，是清末赫赫有名的“广东十虎”之一。黄飞鸿自幼便展现出对武术的浓厚兴趣与天赋，5 岁起便跟随父亲习武。那时的他，每日晨曦微露便起身，在庭院中跟着父亲一招一式地练习基本功，无论是烈日炎炎还是寒风凛冽，从未间断。

12 岁时，黄飞鸿就跟随父亲在街头卖艺。这段经历不仅帮助他积累了丰富的实战经验，还使他对家传功夫有了更深刻的理解。他的一招一式都精准有力，每一个动作都凝聚着多年的刻苦训练。一次，在街头卖艺时，一位路过的武师看到黄飞鸿的拳法，不禁上前挑战。黄飞鸿毫不畏惧，沉着应对，凭借扎实的家传功夫，巧妙地化解了对方的进攻，并以凌厉的反击让对手心服口服。这次经历让黄飞鸿在当地声名鹊起，也让他更加坚定了在武术道路上探索的决心。

后来，黄飞鸿有幸遇到“铁桥三”的爱徒林福成，林福成见黄飞鸿天赋异禀且勤奋好学，便将铁线拳和飞砣绝技传授给他。在学习铁线拳时，黄飞鸿每日对着木桩反复练习，感受拳劲在身体内的流转，力求将每一个动作的劲道发挥到极致。之后，他又在宋辉镗处学得无影脚。为了掌握无影脚的精髓，他日夜苦练腿部力量，不断调整出脚的角度和速度。经过长时间的刻苦钻研，他的武艺日臻精进，逐渐形成了自己独特的风格。

黄飞鸿一生秉持着“习武德为先”的理念，从不恃强凌弱。他力主摒弃门派之见，认为能者为师。他还打破传统，成为最早收授女弟子和组织女子狮队的武师之一。他的

众多弟子中，男弟子梁宽和林世荣，女弟子邓秀琼等都声名远扬。

然而，1924 年 8 月，广州商团总长陈廉伯在英帝国主义支持下发动武装叛乱，纵火劫掠。黄飞鸿与其继室莫桂兰苦心经营数十年的宝芝林连同民族英雄刘永福写给他的牌匾和他唯一的照片，都毁于这场战火。这场突如其来的灾难让黄飞鸿遭受了沉重打击，他忧郁成疾，于次年冬天与世长辞。黄飞鸿身后萧条，幸得弟子邓秀琼为他料理后事，将他葬于白云山麓。

黄飞鸿的一生，是为武术事业拼搏的一生，是弘扬中华武德的一生。他的故事激励着无数后人投身武术学习，传承和发扬中华武术精神，他也成为中国武术史上一座不朽的丰碑。

五、太极八法五步

（一）太极八法五步简介

太极八法五步是国家体育总局为了更好地宣传、推广、普及太极拳，弘扬中华优秀传统文化，本着科学化、规范化、简易化的原则，在现有 24 式太极拳的基础上，从各式太极拳中具有共性的、最为核心的“八法五步”技术（即掤、捋、挤、按、採、挒、肘、靠八种“劲法”，以及进、退、顾、盼、定五种“步法”）入手，进行系统的提炼和整理，从而形成的一套具有文化性、健身性和简易性的太极拳普及套路。它动作结构简单，数量合理，内涵丰富，易学易练，是继 24 式简化太极拳之后，国家推出的又一个更加简化的、较为理想的太极拳入门套路。

（二）太极八法五步的特点

1. 动作简单，易学易练

从套路的内容选择来看，太极八法五步的套路动作主要是从 24 式太极拳、48 式太极拳，以及杨氏太极拳、孙氏太极拳等目前较为普及的太极拳套路中选取掤、捋、挤、按、採、挒、肘、靠 8 种“劲法”和进、退、顾、盼、定 5 种“步法”的典型动作编排而成的，既尊重了传统，又体现了创新，解决了传统太极拳套路冗长、动作重复的问题，使其动作内容简洁明了，易学易练，易于普及，也为今后继续学习太极拳其他套路奠定坚实的基础。

2. 结构严谨，布局合理

从套路的结构布局来看，太极八法五步是由原地站桩式练习和行进间练习两部分组成的，原地动作突出了八法的练习，而行进间动作则是将八法与五步（即“十三势”）进行了有机结合，将传统太极拳“十三势”直观地呈现了出来。整个套路的编排围绕着原地，向前、后、左、右、中定 5 个方向展开，左右对称，布局合理，并且压缩了练习空间，适合在家中或在办公室中进行练习，具有广泛的适应性，非常适合太极拳的普及推广。

3. 风格突出，锻炼身心

太极八法五步继承了杨氏太极拳大架套路的风格特点，整个套路演练要求动作和顺、呼吸舒畅、速度均匀、刚柔相济、中正圆满、轻灵沉着。在练习过程中十分注重“意、气、形”的整体配合，通过“心静体松”的基本要求，使意识、呼吸和动作三者有机地结合起来，达到强身健体、保健康复的功效，是一项强度适中、适用广泛的全民健身运动。

（三）太极八法五步技术动作

1. 起势

（1）动作过程

身体自然站立，左脚向左侧横跨一步，两臂由体侧向前、向上平举，随后屈膝下蹲，两掌慢慢下按。头正颈直，目视前方，如图 5-76 所示。

（2）意气配合

此动作完成 2 吸 2 呼的呼吸转换。意识引导左脚缓缓抬起，均匀吸气，当左脚向左开步站立时，均匀呼气；意识引导两臂徐徐上举，均匀吸气，随两掌缓缓下按时，均匀呼气。

（3）动作要点

强调心静体松。要求身体中正，精神集中。通过起势把身心调整到最佳练拳状态。

（4）练习方法

①身体自然站立，默念“松”“静”，体会“心静体松”的练拳状态。

②左脚向左侧横跨一步（此时须避免身体左右晃动）。两臂向上平举时配合完成吸气，当两掌慢慢下按时配合完成呼气。

（5）易犯错误及纠正方法

①两肩过于僵硬，松沉劲不够。纠正方法：反复练习耸肩和沉肩的动作，体会两肩松沉的感觉。

②注意力不够集中。纠正方法：闭目安静一会儿，然后细细体会头部的虚领顶劲与两肩、两手的下坠形成对拉的力，使注意力慢慢集中起来。

图 5-76　起势

2. 左掤势

（1）动作过程

接起势，身体右转，右手向上画弧至胸前，左手收至腹前，两掌心相对成抱球状；随后身体左转，左臂向前掤出，右手下按至右胯旁；目视前方，如图 5-77 所示。

（2）意气配合

此动作完成 1 吸 1 呼的呼吸转换。意识引导身体右转成右抱球状时，均匀吸气；意识引导左臂前掤，右掌下按时，均匀呼气。

（3）动作要点

掤在手臂。此劲是两手臂掤圆，有向上、向外之力，为“八劲”之本。犹如打足气的球体，混元一气，不可太瘪，亦不可太足。

（4）练习方法

①体会转腰抱球的动作，抱球的高度是上手与胸同高，下手与腹同高。

②体会掤势两手的运行路线、位置和方向。左手与胸同高，右手在右胯旁。

③完整练习，强调以腰带臂的连贯动作。

（5）易犯错误与纠正方法

掤劲时手臂横向发力。纠正方法：强调手臂的掤劲是由内向外发力，动作完成时手臂撑圆，掌心朝向胸口。

图 5-77　左掤势

3. 右捋势

（1）动作过程

接原地左掤势，身体右转，两掌旋臂翻掌，以腰带臂，向下、向外画弧捋带；目视右侧，如图 5-78 所示。

（2）意气配合

此动作完成 1 吸 1 呼的呼吸转换。意识引导两掌翻掌前引，均匀吸气；意识引导两掌向下、向外画弧时，均匀呼气。

（3）动作要点

捋在掌心。此劲是两手向侧向的引化力，使对方失去重心。三分向下、七分向后。以腰带臂，向外捋带。

（4）练习方法

①体会两掌翻掌前送的动作，两手的高度与胸同高，左手掌心朝下，右手掌心朝上。

②体会下捋的路线，两掌由前方向下、向后、向外捋带至体侧，右手与肩同高，掌心朝前，左手在右臂关节内侧，掌心朝后。

③完整练习，强调以腰带臂向外捋带。

（5）易犯错误与纠正方法

两掌下捋时，身体后仰，路线过于贴近身体。纠正方法：在下捋时要保持上体中正，同时强调要以腰带臂，两掌向下、向右侧捋带。

图 5-78　右捋势

4. 左挤势

（1）动作过程

接原地右捋势，身体左转，两掌相叠收至胸前，随后向前横挤，左手在外，左掌心朝内，右掌心朝外；目视前方，如图 5-79 所示。

（2）意气配合

此动作完成 1 吸 1 呼的呼吸转换。意识引导身体左转，两掌相叠时，均匀吸气；意识引导两臂向前挤出时，均匀呼气。

（3）动作要点

挤在手背。此劲是用手臂向前的推挤之力。以前臂挤击对方，有压迫之意，使其失去运化余地。两掌相叠，向前横挤。

（4）练习方法

①体会两掌相叠收至胸前的动作，随转腰两掌相叠，右手搭在左腕处。

②体会向前横挤动作，两掌相叠与胸同高。

③完整练习：强调以腰带臂，以及前挤势的路线。

（5）易犯错误与纠正方法

两掌由体侧直接摆到前方。纠正方法：强调两掌相叠收至胸前，再向前挤出。

图 5-79　左挤势

5. 双按势

（1）动作过程

接原地左挤势，两掌翻掌分开，掌心向下，随后两掌由前向后、向下、向前画弧按推；目视前方，如图 5-80 所示。

（2）意气配合

此动作完成 1 吸 1 呼的呼吸转换。意识引导两掌分开向后引化，均匀吸气；意识引导两掌向下、向前按推时，均匀呼气。

（3）动作要点

按在腰部。此劲是防守化解之法，可将对方来势之力阻截，并引而向下，再向前推击。腰部用力，两掌按推。

（4）练习方法

①体会两掌分开动作，右手经左手上方分开，两掌与肩同宽。

②体会双按势的动作路线，两掌由前向后、向下，再提起向前方按出。

③完整练习，强调两掌的运行路线。

（5）易犯错误与纠正方法

两掌的双按由腹前直接挑起。纠正方法：强调双按掌的路线，下按腹前后，两掌略微上抬后再向前按出。

图 5-80　双按势

6. 右採势

（1）动作过程

接原地双按势，身体右转，两掌变拳，随转体向下抓握採拉；目视右下方，如图 5-81 所示。

（2）意气配合

此动作完成 1 吸 1 呼的呼吸转换。意识引导两掌前引，均匀吸气；意识引导两掌变拳向右下方採拉时，均匀呼气。

（3）动作要点

採在手指。此劲是以两手抓住对方手腕或肘部向下、向后下沉之力。两手抓握，向下发力。

（4）练习方法

①体会两掌旋臂握拳动作，左掌外旋变拳，拳心朝上，右掌微内旋变拳，拳心朝下。

②体会两拳以腰带臂，向右下方採拉动作。两拳与腹同高。

③完整练习，强调以腰带臂，腰部发力的动作。

（5）易犯错误与纠正方法

右採的方向错误。纠正方法：强调腰的带动，两掌抓握向右下方採拉。

7. 左捌势

（1）动作过程

接原地右採势，身体左转，两拳变掌，随转体向前、向左横向捌带，右掌心朝上，左掌心朝外；目视前方，如图 5-82 所示。

（2）意气配合

此动作完成 1 吸 1 呼的呼吸转换。意识引导两拳变掌向外引掌，均匀吸气；意识引导两掌向前捌带时，均匀呼气。

（3）动作要点

捋在两肱。此劲是以两臂向左右、上下挡开对方之力。两臂旋带，横向发力。

（4）练习方法

①体会两拳变掌、旋臂动作，两掌与胸同高。

②体会以腰带臂向左侧捋带动作，要求两肩要平，力点在右掌外沿。

③完整练习，强调以腰带臂左捋时身体的基本姿态，避免身体侧倒。

（5）易犯错误及纠正方法

向左捋带时，两肘上抬。纠正方法：将书包挂在肘关节上，体会沉肩垂肘的感觉。

图 5-81　右採势

图 5-82　左捋势

8. 左肘势

（1）动作过程

接原地左捋势，身体右转，左手变拳屈臂，用左肘向前方撞击，右手附于左臂外侧；目视前方，如图 5-83 所示。

（2）意气配合

此动作完成 1 吸 1 呼的呼吸转换。意识引导左手变拳，均匀吸气；意识引导身体右转，左肘向前方撞击时，均匀呼气。

（3）动作要点

肘在屈使。此劲是以肘击人之力，在近身时用腰腿之劲加以意气使用。左臂屈使，以肘撞击。

（4）练习方法

①体会左臂屈肘向前撞击的动作，肘尖朝前。

②体会腰部发力，用肘撞击的动作，力点在肘部。

③完整练习，强调左肘撞击的方向和力点。

（5）易犯错误与纠正方法

没有转腰，肘关节在侧方撞击。纠正方法：强调充分转腰，使肘关节指向前方，反复练习转腰、屈肘向前方撞击。

9. 右靠势

（1）动作过程

接原地左肘势，身体左转，右手变拳，屈臂撑圆，用右肩臂向前靠击，左拳变掌收至右肩旁；目视前方，如图 5-84 所示。

（2）意气配合

此动作完成 1 吸 1 呼的呼吸转换。意识引导右手变拳，均匀吸气；意识引导身体左转，右肩臂向前靠击时，均匀呼气。

（3）动作要点

靠在肩胸。此劲是以肩、胸、背、臂等身体部位击打之力，贴身时用腰腿之劲加以意气使用。右臂撑圆，肩臂靠击。

（4）练习方法

①体会右手的路线，右手屈臂内旋，肩臂由内向前方靠击。

②体会手臂紧张，力点在肩臂处的靠击。

③完整练习，强调转腰与肩臂同时向前方的完整用力。

（5）易犯错误与纠正方法

力点不明确。纠正方法：与同伴配合练习，一位练习靠势，另一位附于练习者肩臂处，让其体会靠势的力点。

图 5-83　左肘势

图 5-84　右靠势

10. 右掤势

（1）动作过程

接原地右靠势，身体左转，左手向上画弧至胸前，右手收至腹前，两掌心相对呈抱球状；随后身体右转，右臂向前掤出，左手下按至左胯旁；目视前方，如图 5-85 所示。

（2）意气配合

此动作完成 1 吸 1 呼的呼吸转换。意识引导身体左转成左抱球状，均匀吸气；意识引

导右臂前掤、左掌下按时，均匀呼气。

（3）动作要点

掤在手臂。此劲是两手臂掤圆，有向上、向外之力，为“八劲”之本。犹如打足气的球体，混元一气，不可太瘪，亦不可太足。

（4）练习方法

同“左掤势”，唯方向相反。

（5）易犯错误及纠正方法

同“左掤势”，唯方向相反。

图 5-85　右掤势

11. 左捋势

（1）动作过程

接原地右掤势，身体左转，两掌旋臂翻掌，以腰带臂向下、向外画弧捋带；目视左侧，如图 5-86 所示。

（2）意气配合

此动作完成 1 吸 1 呼的呼吸转换。意识引导两掌翻掌前引，均匀吸气；意识引导两掌向下、向外画弧时，均匀呼气。

（3）动作要点

捋在掌心。此劲是两手向侧向的引化力，使对方失去重心。三分向下、七分向后。以腰带臂，向外捋带。

（4）练习方法

同“右捋势”，唯方向相反。

（5）易犯错误与纠正方法

同“右捋势”，唯方向相反。

12. 右挤势

（1）动作过程

接原地左捋势，身体右转，两掌相叠收至胸前，随后向前横挤，右手在外，右掌心朝内，左掌心朝外；目视前方，如图 5-87 所示。

（2）意气配合

此动作完成 1 吸 1 呼的呼吸转换。意识引导身体右转，两掌相叠，均匀吸气；意识引导两臂向前挤出时，均匀呼气。

（3）动作要点

挤在手背。此劲是用手臂向前的推挤之力。以前臂挤击对方，有压迫之意，使其失去运化余地。两掌相叠，向前横挤。

（4）练习方法

同“左挤势”，唯方向相反。

（5）易犯错误与纠正方法

同“左挤势”，唯方向相反。

图 5-86　左捋势

图 5-87　右挤势

13. 双按势

（1）动作过程

接原地右挤势，两掌翻掌分开，掌心向下，随后两掌由前向后、向下、向前画弧按推；目视前方，如图 5-88 所示。

（2）意气配合

此动作完成 1 吸 1 呼的呼吸转换。意识引导两掌分开向后引化，均匀吸气；意识引导两掌向下、向前按推时，均匀呼气。

（3）动作要点

按在腰部。此劲是防守化解之法，可将对方来势之力阻截，并引而向下，再向前推击。腰部用力，两掌按推。

（4）练习方法

同“双按势”，唯方向相反。

（5）易犯错误及纠正方法

同“双按势”，唯方向相反。

图 5-88　双按势

14. 左採势

（1）动作过程

接双按势，身体左转，两掌变拳，随转体向下抓握採拉；目视左下方，如图 5-89 所示。

（2）意气配合

此动作完成 1 吸 1 呼的呼吸转换。意识引导两掌前引，均匀吸气；意识引导两掌变拳向左下方採拉时，均匀呼气。

（3）动作要点

採在手指。此劲是以两手抓住对方手腕或肘部向下、向后下沉之力。两手抓握，向下发力。

（4）练习方法

同“右採势”，唯方向相反。

（5）易犯错误与纠正方法

同“右採势”，唯方向相反。

15. 右挒势

（1）动作过程

接原地左採势，身体右转，两拳变掌，随转体向前、向右横向挒带，左掌心朝上，右掌心朝外；目视前方，如图 5-90 所示。

（2）意气配合

此动作完成 1 吸 1 呼的呼吸转换。意识引导两拳变掌向外引掌，均匀吸气；意识引导两掌向前捌带时，均匀呼气。

（3）动作要点

挒在两肱。此劲是以两臂向左右、上下挡开对方之力。两臂旋带，横向发力。

（4）练习方法

同“左挒势”，唯方向相反。

（5）易犯错误与纠正方法

同“左挒势”，唯方向相反。

图 5-89　左採势

图 5-90　右挒势

16. 右肘势

（1）动作过程

接原地右挒势，身体左转，右手变拳屈臂，用右肘向前方撞击，左手附于右臂外侧；目视前方，如图 5-91 所示。

（2）意气配合

此动作完成 1 吸 1 呼的呼吸转换。意识引导右手变拳，均匀吸气；意识引导身体左转，右肘向前方撞击时，均匀呼气。

（3）动作要点

肘在屈使。此劲是以肘击人之力，在近身时用腰腿之劲加以意气使用。右臂屈使，以肘撞击。

（4）练习方法

同“左肘势”，唯方向相反。

（5）易犯错误及纠正方法

同“左肘势”，唯方向相反。

17. 左靠势

（1）动作过程

接原地右肘势，身体右转，左手变拳，屈臂撑圆，用左肩臂向前靠击，右拳变掌收至左肩旁；目视前方，如图 5-92 所示。

（2）意气配合

此动作完成 1 吸 1 呼的呼吸转换。意识引导左手变拳，均匀吸气；意识引导身体右转，左肩臂向前靠击时，均匀呼气。

（3）动作要点

靠在肩胸。此劲是以肩、胸、背、臂等身体部位击打之力，贴身时用腰腿之劲加以意气使用。左臂撑圆，肩臂靠击。

（4）练习方法

同“右靠势”，唯方向相反。

（5）易犯错误与纠正方法

同“右靠势”，唯方向相反。

图 5-91　右肘势

图 5-92　左靠势

18. 进步左右掤势

（1）动作过程

接原地左靠势，身体右转，收左脚，同时两掌画弧收于胸腹前成抱球状；左脚向前上步成左弓步，并随重心前移，左臂由下向前掤出，右手下按至右胯旁；目视前方。右掤势动作与左掤势动作完全相同，唯方向相反，如图 5-93 所示。

（2）意气配合

此动作完成 4 吸 4 呼的呼吸转换。意识引导身体右转，两掌画弧，均匀吸气，意识引导重心移至右腿，收脚抱球时，均匀呼气；意识引导左脚向前上步，左脚脚跟着地时，均匀吸气，意识引导重心前移成左弓步左掤势时，均匀呼气；意识引导重心后移时均匀吸气，意识引导身体左转收脚抱球时均匀呼气；意识引导右脚向前上步，右脚脚跟着地时，均匀吸气，意识引导重心前移成右弓步右掤势时，均匀呼气。

（3）动作要点

①步法移动要平稳，手臂前掤要撑圆，上下肢协调一致。

②通过进步的腰腿劲把掤劲向上、向外之力发挥出来。

（4）练习方法

①体会下肢进步的步法动作，强调下肢的虚实转换。

②结合上肢的掤势，体会左右进步掤势的练习。

③完整练习，强调进步的虚实转换与掤势的协调一致。

（5）易犯错误与纠正方法

下肢虚实不分，上下肢不协调。纠正方法：向前出脚，用脚跟虚点地面，然后重心前移成弓步；配合下肢重心的前移，上肢完成掤势。

图 5-93　进步左右掤势

19. 退步左右捋势

（1）动作过程

接进步左右掤势，重心后移，身体左转，以腰带臂，两掌向下、向左画弧捋带；目视左侧，右捋势动作和左捋势动作完全相同，唯方向相反，如图 5-94 所示。

（2）意气配合

此动作完成 2 吸 2 呼的呼吸转换。意识引导两掌翻掌前引，均匀吸气，意识引导身体后移左转，两掌向下、向左画弧时，均匀呼气；意识引导重心移至左腿，两掌画弧前引，右脚收脚后撤时，均匀吸气，意识引导重心后移右转，两掌向下、向右画弧时，均匀呼气。

（3）动作要点

①身体要中正，重心后移与下捋要一致。

②通过退步的腰腿劲把捋劲向下、向后、向外的侧向引化力发挥出来。

（4）练习方法

①体会下肢退步的步法动作，强调下肢的虚实转换。

②结合上肢的捋势，体会退步左右捋势的练习。

③完整练习，强调退步的虚实转换与捋势的协调一致。

（5）易犯错误与纠正方法

退步时身体左右晃动。纠正方法：完成退步时，强调身体的中正，以腰带臂左右捋带。

图 5-94　退步左右捋势

20. 左移步左挤势

（1）动作过程

接退步左右捋势，重心移至右腿，左脚向左横移步，脚掌着地，随后重心移至左腿，右脚跟步震脚，两掌相叠经胸前向左侧横挤发力，左手在外，掌心朝内；目视左侧，如图 5-95 所示。

（2）意气配合

此动作完成 1 吸 1 呼的呼吸转换。意识引导左脚向左横移步，两掌向右侧引掌，均匀吸气；意识引导重心左移，身体左转，震脚向左横挤时，配合发力呼气。

（3）动作要点

①身体转动要充分，并步震脚与左挤势发力要一致。

②通过横移步的腰腿劲把挤劲向前的推掷之力发挥出来。

（4）练习方法

①体会下肢横向左移步的步法动作，强调左横移步时前脚掌落地的虚实转换。

②结合上肢的挤势，体会右脚跟步震脚与左挤势的练习。

③完整练习，强调左横移步与震脚左挤势的协调一致。

（5）易犯错误与纠正方法

震脚与左挤势不一致。纠正方法：转腰左挤势的同时，震脚发力，力达左掌背。

图 5-95　左移步左挤势

21. 左移步双按势

（1）动作过程

接左移步左挤势，左脚向左横移步，脚跟着地，随后重心移至左腿，身体左转，右脚跟步，脚掌着地，同时两掌由展开随转体经胸向前按出；目视前方，如图 5-96 所示。

（2）意气配合

此动作完成 1 吸 1 呼的呼吸转换。意识引导左脚横移，脚跟着地，两掌展开，均匀吸气；意识引导两掌经胸前向前按出时，均匀呼气。

（3）动作要点

①身体转动要充分，转身与双按掌要一致。

②横移步的腰腿劲把双按势的引按之力发挥出来。

（4）练习方法

①体会下肢横向左移步的步法动作，强调左移步时左脚跟落地接转身右脚跟步。

②结合上肢的双按势，体会左移步跟步与转身双按势的练习。

③完整练习，强调左移步与转身双按势的协调一致。

（5）易犯错误与纠正方法

双按掌时两肘关节上抬。纠正方法：两掌合于胸前向前按出时，反复体会垂肘的感觉。

图 5-96　左移步双按势

22. 右移步右挤势

（1）动作过程

接左移步双按势，重心移至右脚，左脚扣脚，右脚向右横移步，脚掌着地，随后重心移至右腿，左脚跟步震脚，同时两掌相叠经胸前向右侧横挤发力，右手在外，掌心朝内；目视右侧，如图 5-97 所示。

（2）意气配合

此动作完成 1 吸 1 呼呼转换。意识引导右脚向右横移步，两掌向左侧引掌，均匀吸气；意识引导重心右移，身体右转，震脚向右横挤时，配合发力呼气。

（3）动作要点

①身体转动要充分，并步震脚与右挤势发力要一致。

②通过横移步的腰腿劲把挤劲向前的推掷之力发挥出来。

（4）练习方法

同“左移步左挤势”，唯方向相反。

（5）易犯错误与纠正方法

同“左移步左挤势”，唯方向相反。

图 5-97　右移步右挤势

23. 右移步双按势

（1）动作过程

接右移步右挤势，右脚向右横移步，脚跟着地，随后重心移至右腿，身体右转，左脚跟步，脚掌着地，同时两掌由展开随转体经胸向前按出；目视前方，如图 5-98 所示。

（2）意气配合

此动作完成 1 吸 1 呼的呼吸转换。意识引导右脚横移，脚跟着地，两掌展开，均匀呼气；意识引导两掌经胸前向前按出时，均匀呼气。

（3）动作要点

①身体转动要充分，转身与双按掌要一致。

②通过横移步的腰腿劲把双按势的引按之力发挥出来。

（4）练习方法

同“左移步双按势”，唯方向相反。

（5）易犯错误与纠正方法

同“左移步双按势”，唯方向相反。

图 5-98　右移步双按势

24. 退步左右採势

（1）动作过程

接右移步双按势，重心移至左脚，右脚扣脚，身体左转，随后左脚向后撤步，同时随重心后移，两掌变拳由前向下採拉；目视前下方。右採势动作与左採势动作完全相同，唯方向相反，如图 5-99 所示。

（2）意气配合

此动作完成 2 吸 2 呼的呼吸转换。意识引导左脚后撤，两掌前引，均匀吸气，意识引导重心后移，两掌变拳向左下採拉时，均匀呼气；意识引导右脚后撤，两掌前引，均匀吸气，意识引导重心后移，两掌变拳向右下採拉时，均匀呼气。

（3）动作要点

①退步时身体移动要中正平稳，重心后移与两手抓握下采要一致。

②通过退步的腰腿劲把左右採势抓握向下、向后下沉之力发挥出来。

（4）练习方法

①体会下肢退步的步法动作，强调下肢的虚实转换。

②结合上肢的採势，体会退步左右採势的练习。

③完整练习，强调退步的虚实转换与握拳下採的协调一致。

（5）易犯错误与纠正方法

下採时两拳的位置和路线不清楚。纠正方法：反复练习原地下採势动作，体会两拳的位置和路线，以及以腰带臂的感觉。

图 5-99　退步左右採势

25. 进步左右挒势

（1）动作过程

接退步左右採势，左脚摆脚，两腿交叉，身体左转，两拳变掌向左侧挒带，右掌心朝上，左掌心朝外；目视前方。右挒势动作与左挒势动作完全相同，唯方向相反，如图 5-100 所示。

（2）意气配合

此动作完成 2 吸 2 呼的呼吸转换。意识引导左脚抬起，两掌向右引掌，均匀吸气，意识引导左脚落地，两掌变拳向左侧挒带时，均匀呼气；意识引导右脚抬起，两掌向左引掌，均匀吸气，意识引导右脚落地，两掌向右侧挒带时，均匀呼气。

（3）动作要点

①左右转体重心要稳，身体转体与左右挒势要一致。

②通过进步的腰腿劲把左右挒势向左右挡开对方之力发挥出来。

（4）练习方法

①体会下肢交叉步的步法动作，强调两腿的交叉与两脚的位置。

②结合上肢的挒势，体会进步左右挒势的练习。

③完整练习，强调交叉步的转换与左右捌带的协调一致。

（5）易犯错误与纠正方法

捌势两掌的距离太大。纠正方法：强调前手捌势，后手应在前手肘关节内侧。

图 5-100　进步左右捌势

26. 右移步右肘势

（1）动作过程

接进步左右捌势，左脚向前并步，身体右转，右脚上步，随后右脚扣脚，左脚跟步震脚，右掌变拳，屈臂用右肘向右侧撞击发力，左掌向右侧画弧，附于右臂外侧；目视右侧，如图 5-101 所示。

（2）意气配合

此动作完成 1 吸 1 呼的呼吸转换。意识引导身体右转，右脚上步，均匀吸气；意识引导左脚震脚，右肘撞击时，配合发力呼气。

（3）动作要点

①并步与右肘撞击要协调一致。

②通过横移步的腰腿劲把右肘势的撞击之力发挥出来。

（4）练习方法

①体会下肢右脚上步扣脚，左脚跟步震脚的步法动作，强调转腰与震脚要一致。

②结合上肢的右肘势，体会转腰与右肘撞击的练习。

③完整练习，强调右脚上步、左脚跟步震脚的动作与右肘撞击的协调一致。

（5）易犯错误与纠正方法

震脚与右肘势不一致。纠正方法：转腰右肘撞击的同时，震脚发力，力达右肘。

27. 右移步右靠势

（1）动作过程

接右移步右肘势，右脚向右横移步，成半马步，右臂撑圆，用右肩臂之力向外靠击，

左掌附于右肩前方；目视右前方，如图 5-102 所示。

（2）意气配合

此动作完成 1 吸 1 呼的呼吸转换。意识引导右脚向右横移步，均匀吸气；意识引导做半马步，右肩臂靠击时，均匀呼气。

（3）动作要点

①半马步与右靠势要协调一致。

②通过横移步的腰腿劲把右靠势的靠击之力发挥出来。

（4）练习方法

①体会下肢右移成半马步，强调重心略偏后。

②结合上肢的右臂撑圆向前发力，体会右靠势的力点。

③完整练习，强调右移步成半马步与右靠势的协调一致。

（5）易犯错误与纠正方法

重心前移，力点不准确。纠正方法：半马步做好，让同伴在你的肩臂处施以压力，体会右靠势的力点。

图 5-101　右移步右肘势

图 5-102　右移步右靠势

28. 左移步左肘势

（1）动作过程

接右移步右靠势，重心移至左脚，右脚扣脚，身体左转，左脚脚跟辗转后扣脚，随后右脚跟步震脚，左掌变拳，屈臂用左肘向左侧撞击发力，右掌向左侧画弧，附于左臂外侧；目视左侧，如图 5-103 所示。

（2）意气配合

动作完成 1 吸 1 呼的呼吸转换。意识引导身体左转，右掌前摆，均匀吸气；意识引导右脚震脚，左肘撞击发力时，均匀呼气。

（3）动作要点

①并步与左肘撞击要协调一致。

②通过横移步的腰腿劲把左肘势的撞击之力发挥出来。

（4）练习方法

同“右移步右肘势”，唯方向相反。

（5）易犯错误与纠正方法

同“右移步右肘势”，唯方向相反。

29. 左移步左靠势

（1）动作过程

接左移步左肘势，左脚向左横移步，成半马步，左臂撑圆，用左肩臂之力向外靠击，右掌附于左肩前方；目视左前方，如图 5-104 所示。

（2）意气配合

此动作完成 1 吸 1 呼的呼吸转换。意识引导左脚向左横移步，均匀吸气；意识引导做半马步，左肩臂靠击时，均匀呼气。

（3）动作要点

①半马步与左靠势要协调一致。

②通过横移步的腰腿劲把左靠势的靠击之力发挥出来。

（4）练习方法

同“右移步右靠势”，唯方向相反。

（5）易犯错误与纠正方法

同“右移步右靠势”，唯方向相反。

图 5-103　左移步左肘势

图 5-104　左移步左靠势

30. 中定左右独立势

（1）动作过程

接左移步左靠势，左脚扣脚，右脚收半步，重心移至右腿，左脚提起成独立势，左拳变掌，由体侧向上挑掌，右掌按于右胯旁，目视前方。右独立势动作与左独立势动作完全相同，唯方向相反，如图 5-105 所示。

（2）意气配合

此动作完成 2 吸 2 呼的呼吸转换。意识引导右脚收半步，两掌落于体侧，均匀吸气，意识引导左脚提起成独立势时，均匀呼气；意识引导左脚落地，重心移至左腿，均匀吸气，意识引导右脚提起成独立势时，均匀呼气。

（3）动作要点

①独立势要稳定，与挑掌要协调一致。

②通过独立势将膝顶肘击的力发挥出来。

（4）练习方法

①体会下肢独立势练习，强调身体的中正，重心要稳。

②结合上肢的挑掌，体会两掌的正确位置。

③完整练习，强调独立势与上挑掌的协调一致。

（5）易犯错误与纠正方法

身体不正，重心不稳。纠正方法：保持身体中正，支撑腿站稳，使抬起腿缓缓提起。

图 5-105　中定左右独立势

31. 十字手

（1）动作过程

接中定左右独立势，右脚下落，两脚自然开立，两掌相叠合于胸前，左手在外，两掌心均朝内；目视前方，如图 5-106 所示。

（2）意气配合

此动作完成 1 吸。意识引导右脚落地，两掌相合，均匀吸气。

（3）动作要点

①沉肩垂肘，松腰松胯。

②通过十字手将两掌向前、向上架开对方之力发挥出来。

（4）练习方法

①体会上肢左掌合于右掌前方，两掌交叉与胸同高。

②结合右脚的下落，体会两掌相合的正确位置。

（5）易犯错误与纠正方法

两掌相合的位置过高。纠正方法：反复练习两掌相合与胸同高。

32. 收势

（1）动作过程

接十字手，两掌翻掌分开，随身体慢慢立起，缓缓下落。随后左脚收至右脚内侧，成并步站立；目视前方，如图 5-107 所示。

（2）意气配合

此动作完成 2 呼 1 吸。意识引导两掌缓缓下落时，均匀呼气。意识引导左脚缓缓抬起，均匀吸气；意识引导左脚收脚并步站立时，均匀呼气。

（3）动作要点

①身体中正，意识内敛。

②通过收势把身心调整到练拳前的自然状态。

（4）练习方法

①体会上肢两掌慢慢下落与身体站立一致的感觉。

②结合左脚收脚并步站立，将呼吸慢慢调整平稳，意识集中。

（5）易犯错误与纠正方法

收脚时身体左右晃动。纠正方法：保持两腿略微弯曲收腿，然后再缓缓伸直。

图 5-106　十字手

图 5-107　收势

思考与练习

太极八法五步不仅是一种武术套路，也是一种文化传承。思考在现代社会中，推广和传承太极八法五步有什么重要意义。作为练习者，你将如何在日常生活中传播太极文化，让更多人了解和受益于太极？

第二节　武术散打

一、散打概述

1979 年，散打在我国成为竞技比赛项目。2000 年，首届中国武术散打王争霸赛在湖南长沙市举行，中国武术散打进入了专业赛制的时期。2001 年，中国武术散打王争霸赛在竞赛组织方面的最大突破是邀请外国选手正式组队参加常规比赛。这标志着中国武术散打王争霸赛的国际化理念由设想变为现实。

二、散打基本技术

（一）实战姿势

以左势为例，以下均同。侧身，成前后并；立步，两手握拳，拳眼斜朝上，两臂左前、右后屈举于体前；左臂肘关节夹角在 90° ～ 110°，右臂肘关节夹角小于 90°，垂肘紧护右肋；下颚微收，闭嘴合齿；面部和左肩、左拳正对对方。

动作要领：实战时根据攻防动作的特点，要求进退灵活，攻守严密，移动方便。姿势不可太低，重心控制在两脚之间，两手紧护躯体，暴露给对方打击的有效部位尽量缩小。

（二）基本步法

1. 进步

前脚（左脚）先向前进半步，后脚再跟进半步。

动作要领：进步步幅不宜过大，后脚跟进步后保持实战姿势，进步后跟步衔接速度越快越好。

2. 退步

后脚（右脚）先后退半步，前脚再退回半步。

动作要领：同进步要领。

3. 上步

后脚向前上一步，同时左、右拳前后变换成反架实战姿势。

动作要领：上步时身体重心要平稳，两手动作与上步要协调配合，同时进行。

4. 撤步

前脚向后撤一步，同时左、右拳前后变换成反架实战姿势。

动作要领：同上步要领。

5. 闪步

左（右）脚向左（右）侧移半步，右（左）脚随之向左（右）滑步，同时，身体向右

（左）转动约 90°。

动作要领：步法轻灵，转体闪躲敏捷。

6. 换步

左脚与右脚同时蹬地并前后交换位置，同时，两拳前后交换成反架实战姿势。

动作要领：转换时要以髋关节带动两腿，身体不能明显向上腾空。

（三）实战拳法

1. 左冲拳

右脚微蹬地，重心微前移，同时，左拳直线向前冲出，力达拳面。

动作要领：蹬地、拧腰、旋臂，出拳快，上体不前倾，回收迅速成实战姿势。

攻防含义：距离对手较近，易发动，可高、低姿势配合，左躲右闪，击打对方腰部以上任何部位。多用于以假乱真，以虚招引诱对手。

2. 右冲拳

右脚微蹬地内扣，转腰顺肩，右拳直线冲出，力达拳面；左拳（也可变掌）回收至右肩内侧。

动作要领：充分利用转腰蹬地加大冲拳力量，经腰、肩、肘达于拳面。动作完成后以腰带肘主动回收。

攻防含义：右冲拳动作幅度大，力量大，主要攻击对方的面部和胸、肋部位。在左先锋拳突破对方防守后使用效果最佳。

3. 掼拳

右脚微蹬地内扣，合胯向左转腰，同时，右拳经外向前向里横掼，力达拳面或偏于拳眼侧，左拳变掌收护于下颏。

动作要领：右脚扣膝，合胯转腰带动掼拳发力。动作幅度宜小不宜大。

攻防含义：适用于距离较近时，连击或防守后反击，专击对方头侧或肋部。

4. 抄拳（以右手为例）

右脚蹬地，扣膝合胯，微向左转腰的同时，右拳由下向前、向上抄起，大小臂夹角在 90° ～ 110°，拳心朝里，力达拳面，左手回收至右肩内侧。

动作要领：右抄拳要借助蹬地、扣膝、合胯、转腰，发力由下至上，协调顺达。抄拳时右臂先微内旋再外旋，呈螺旋形运行。

攻防含义：适用于近距离攻击对方下颏或胸、腹部。

（四）实战腿法

1. 蹬腿（以左蹬腿为例）

右腿直立或稍屈，左腿提膝抬起，勾脚，以脚跟领先向前蹬出。

动作要领：屈膝高抬，爆发用力，快速连贯。

攻防含义：可主动攻击对方的躯干部，也可加步法或防守后运用，如进步蹬腿，防拳蹬腿。

2. 踹腿（以右踹腿为例）

左腿直立或稍屈支撑，身体左转 180°，同时右腿屈膝前抬，小腿外摆，脚尖勾起，脚掌用力向前踹出，力达脚掌，上体可侧倾。

动作要领：踹出时一定以大腿推动小腿直线向前发力。

攻防含义：配合步法运用，变化多，宜在不同距离使用。人体下、中、上各部位均可攻击。

3. 横摆踢腿（以右踢腿为例）

左膝外展，上体左转、收腹，带动右腿，扣膝、收髋，向左上方横摆踢腿，踝关节屈紧，力达脚背至小腿下端。

动作要领：以转体带动摆腿，动作连贯快速。

攻防含义：主要攻击对方肋部、头部，运用得好能起到重击对手的作用。但是，因其弧形横摆路线长，易被对方察觉和防守，使用时应注意突然性。

4. 勾踢腿（以右踢腿为例）

左膝外展，左脚前掌左转 180°，收腹合胯，带动右腿直腿勾脚向前、向左弧线擦地勾踢，脚背屈紧内扣，力达脚弓内侧。

动作要领：勾踢快速，力点准确，保持身体平衡。

攻防含义：当对方身体重心在前腿时，可击其脚后跟，破坏其支撑的稳定性。配合同侧手，切拨对手上盘效果更佳。

（五）实战摔法

摔法是运用手拉、脚绊，配合身体旋转的力学原理使对方身体失去平衡而摔倒的技击形式。

1. 抱腿前顶摔

双方由实战姿势开始。当甲拳击乙头部时，乙下潜躲闪，上左步，两手抱甲双腿用力回拉，同时用左肩顶甲腹部，将其摔倒。

动作要领：下潜敏捷、抱腿紧，双手回拉与向前顶肩同时进行。

攻防含义：无论是主动进攻，还是防守反击，运用此法一定要掌握好时机、距离。

2. 抱腰过胸摔

甲击乙头部，乙闪身进步贴身，双臂抱住甲腰部；右腿上步屈膝后蹬地，同时向后弓腰，仰头将甲抱起，随之向后倒地，离地面约 30 厘米时突然向左转体，将甲摔于身下。

动作要领：抱腰紧，抱起、挺腹协调有力，翻转要迅速及时。

攻防含义：主要用于对方左、右冲拳攻击自己头部时，防守后反击。

3. 抱腿别腿摔

当甲站立或用左侧弹踢腿时，乙避势抱起甲左腿，并上左腿绊别甲支撑腿，随即上体右转用胸上压甲左腿，使其倒地。

动作要领：抱腿敏捷，别腿、转体、压腿衔接要快而有力。

攻防含义：可用于主动进攻或防守后反击。左右别腿均可使用。

4. 夹颈过背摔

甲用左直拳击乙头部。乙用前臂格挡，左臂由甲右肩上穿过后屈臂夹甲颈部，同时，右脚在向右转体时撤步至与左脚平行，两腿屈膝，以左侧髋部紧贴甲前身，继而两腿蹬伸，向下弓腰低头将甲背起后摔倒。

动作要领：夹颈牢，转身快，贴靠紧，低头弓腰、蹬腿协调连贯。

攻防含义：多用于对方冲拳、掼拳击打自己头部时防守后反击。

拓展阅读

全国武术散打锦标赛

全国武术散打锦标赛是由国家体育总局武术运动管理中心、中国武术协会主办的国家级散打赛事，是国内水平最高的年度散打赛事之一，参赛单位包括各省、自治区、直辖市、新疆生产建设兵团体育局，各行业体协，有关体育院校，中国武术协会训练基地等。

全国武术散打锦标赛多年来持续举办，不断发展完善。如2022年比赛分为重庆赛区和漯河赛区。近年来国家体育总局武术运动管理中心举办的规模最大、时间跨度最长的一次全国武术散打锦标赛是2023年在山东省枣庄市举办的，首次增设了男子团体和女子团体对抗赛，并应用了智能护具。智能护具自研发以来首次在正式的全国比赛中使用。

比赛一般分多轮进行，包括晋级赛、半决赛和决赛等。如2024年，在广东湛江举办的比赛中，7月3日至9日进行团体项目、男子和女子个人项目晋级赛，7月10日进行男子、女子个人项目决赛。

全国武术散打锦标赛的举办具有重要意义。首先，该比赛推动武术发展，为全国各地的武术散打运动员提供了一个高水平的竞技平台，有助于提高武术散打的整体水平，推动武术散打项目的普及和发展。其次，该比赛为国家武术散打队选拔优秀后备人才，为国际赛事储备力量。此外，该比赛也是武术散打运动员展示自己实力，获得荣誉和晋升机会的重要途径。最后，该比赛以武术文化作为文化交流的纽带，传播中华优秀传统文化，发扬体育竞技精神，让更多人了解和喜爱武术。

第三节 健身气功八段锦

一、八段锦简介

气功，是中华优秀传统文化的组成部分，健身气功是将自身形体活动、呼吸吐纳和心理调节相结合的民族传统体育项目。而八段锦是流传最广的健身气功功法之一。八段锦功法是一套独立而完整的健身功法，起源于宋代，至今有800多年的历史。现代的八段锦在内容与名称上均有所改变，此功法分为八段，每段一个动作，故名为“八段锦”。

二、八段锦技术动作

（一）基本手形

1. 拳形

大拇指抵掐无名指根节内侧，其余四指屈拢收于掌心。

2. 掌形

①五指微屈，稍分开，掌心微含。

②拇指与食指竖直分开呈八字状，其余三指第一、二指节屈收，掌心微含。

3. 爪形

五指并拢，大拇指第一指节，其余四指第一、二指节屈收扣紧，手腕伸直。

（二）基本步形

马步：开步站立，两脚间距约为本人脚长的2～3倍，屈膝半蹲，大腿略高于水平。

（三）预备式

动作一：两脚并步站立；两臂自然垂于体侧；身体中正，目视前方。

动作二：随着松腰沉髋，身体重心移至右腿；左脚向左侧开步，脚尖朝前，约与肩同宽；目视前方。

动作三：两臂内旋，两掌分别向两侧摆起，约与髋同高，掌心向后；目视前方。

动作四：上动不停。两腿膝关节稍屈；同时，两臂外旋，向前合抱于腹前呈圆弧形，与脐同高，掌心向内，两掌指间距约10厘米；目视前方。

（四）技术动作要点

1. 双手托天理三焦

动作一：接预备式，两臂外旋微下落，两掌五指分开在腹前交叉，掌心向上；目视前方。

动作二：上动不停。两腿徐缓挺膝伸直；同时，两掌上托至胸前，随之两臂内旋向上托起，掌心向上；抬头，目视两掌。

动作三：上动不停。两臂继续上托，肘关节伸直；同时，下颌内收，动作略停；目视前方。

动作四：身体重心缓缓下降；两腿膝关节微屈；同时，十指慢慢分开，两臂分别向身体两侧下落，两掌捧于腹前，掌心向上；目视前方。

动作要点：本式托举、下落为一遍，共做六遍。练功时，两掌上托要舒胸展体，略有停顿，保持抻拉；两掌下落要松腰沉髋，沉肩坠肘，松腕舒指，上体中正。

功理与作用：通过两手交叉上托，缓慢用力，保持抻拉，可使“三焦”通畅、气血调和。拉长躯干与上肢各关节周围的肌肉、韧带及关节软组织，对防治肩部疾患、预防颈椎病等具有良好的作用。

2. 左右开弓似射雕

动作一：接上式，身体重心右移；左脚向左侧开步站立，两腿膝关节自然伸直；同时，两掌向上交叉于胸前，左掌在外，两掌心向内；目视前方。

动作二：上动不停。两腿徐缓屈膝半蹲成马步；同时，右掌屈指成爪形，向右拉至肩前；左掌成八字掌，左臂内旋，向左侧推出，与肩同高，坐腕；两掌心相左，犹如拉弓射箭之势；动作略停；目视左掌方向。

动作三：身体重心右移；同时，右手五指伸开成掌，向上、向右画弧，与肩同高，指尖朝上，掌心斜向前；左手指伸开成掌，掌心斜向后；目视右掌。

动作四：上动不停。重心继续右移；左脚回收成并步站立；同时，两掌分别由两侧下落，捧于腹前，指尖相对，掌心向上；目视前方。

动作五至八：同动作一至动作四，唯左右相反。

动作要点：本式一左一右为一遍，共做三遍。第三遍最后一动时，身体重心继续左移；右脚回收成开步站立，与肩同宽，膝关节微屈；同时，两掌分别由两侧下落，捧于腹前，指尖相对，掌心向上；目视前方。

功理与作用：本式可以展肩扩胸，发展上肢肌肉力量，提高协调能力，同时有利于矫正驼背、含胸等不良姿势。

3. 调理脾胃须单举

动作一：接上式，两腿徐缓挺膝伸直；同时，左掌上托，左臂外旋上穿经面前，随之臂内旋上举至头左上方，肘关节微屈，力达掌根，掌心向上，掌指向右；同时，右掌微上托，随之臂内旋下按至右髋旁，肘关节微屈，力达掌根，掌心向下，掌指向前，动作略停；目视前方。

动作二：松腰沉髋，身体重心缓缓下降；两腿膝关节微屈；同时，左臂屈肘外旋，左掌经面前下落于腹前，掌心向上；右臂外旋，右掌向上捧于腹前，两掌指尖相对，相距约

10 厘米，掌心向上；目视前方。

动作三和四：同动作一和二，唯左右相反。

动作要点：本式一左一右为一遍，共做三至八遍。做完后，两腿膝关节微屈；同时，右臂屈肘，右掌下按于右髋旁，掌心向下，掌指向前。

功理与作用：通过左右上肢一松一紧的上下对拉，可以牵拉腹腔，对中焦，即脾胃和肝胆起到按摩作用；同时可以刺激位于腹、胸、肋部的相关经络以及背部的穴位，达到调理脾胃和脏腑经络的作用。练习此式也可使脊柱内各椎骨间的小关节及小肌肉得到锻炼，从而增强脊柱的灵活性与稳定性，有利于预防和治疗肩、颈疾病。

4. 五劳七伤往后瞧

动作一：接上式，两腿徐缓挺膝伸直；同时，两臂伸直，掌心向后，指尖向下，目视前方；然后上动不停，两臂充分外旋，掌心向外；头向左后转，动作略停；目视左斜后方。

动作二：松腰沉髋，身体重心缓缓下降；两腿膝关节微屈；同时，两臂内旋按于髋旁，掌心向下，指尖向前；目视前方。

动作三：同动作一，唯左右相反。

动作四：同动作二。

动作要点：本式一左一右为一遍，共做三至八遍。做完后，两腿膝关节微屈；同时，两掌捧于腹前，指尖相对，掌心向上；目视前方。练习此式时注意头要向上顶，肩要向下沉；转头不转体，旋臂，两肩后张。

功理与作用："五劳"指心、肝、脾、肺、肾五脏劳损；"七伤"指喜、怒、悲、忧、恐、惊、思七情伤害。本式动作通过上肢伸直外旋扭转的静力牵张作用，可以扩张牵拉胸腔、腹腔内的脏腑。本式动作中往后瞧的转头动作，可刺激颈部穴位，达到防治"五劳七伤"的目的。练习本式可增加颈部及肩关节周围参与运动的肌群的收缩力，增加颈部运动幅度；活动眼肌，预防眼肌疲劳以及肩、颈与背部的疾患；同时，改善颈部及脑部血液循环，有助于缓解或消除中枢神经系统疲劳。

5. 摇头摆尾去心火

动作一：接上式，身体重心左移；右脚向右开步站立，两腿膝关节自然伸直；同时，两掌上托与胸同高时，两臂内旋，两掌继续上托至头上方，肘关节微屈，掌心向上，指尖相对；目视前方。

动作二：上动不停。两腿徐缓屈膝半蹲成马步；同时，两臂向两侧下落，两掌扶于膝关节上方，肘关节微屈，小指侧向前；目视前方。

动作三：身体重心向上稍升起，而后右移；上体先向右倾，随之俯身；目视右脚。

动作四：上动不停。身体重心左移；同时，上体由右向前、向左旋转；目视右脚。

动作五：身体重心右移，成马步；同时，头向后摇，上体立起，随之下颌微收；目视前方。

动作六至八：同动作三至动作五，唯左右相反。

动作要点：本式一左一右为一遍，共做三至八遍。做完后，身体重心左移，右脚回收成开步站立，与肩同宽；同时，两掌向外经两侧上举，掌心相对；目视前方。随后松腰沉髋，身体重心缓缓下降，两腿膝关节微屈；同时屈肘，两掌经面前下按至腹前，掌心向下，指尖相对；目视前方。

功理与作用：通过练习此式可以刺激脊柱与督脉，达到疏经泄热的作用，有助于祛除心火。

6. 两手攀足固肾腰

动作一：接上式，两腿挺膝伸直站立；同时，两掌指尖向前，两臂向前、向上举起，肘关节伸直，掌心向前；目视前方。

动作二：两臂外旋至掌心相对，屈肘，两掌下按于胸前，掌心向下，指尖相对；目视前方。

动作三：上动不停。两臂外旋，两掌心向上，随之两掌掌指顺腋下向后插；目视前方。

动作四：两掌心向内沿脊柱两侧向下摩运至臀部；随之上体前俯，两掌继续沿后腿向下摩运，经脚两侧置于脚面；抬头，动作略停；目视前下方。

动作要点：本式一上一下为一遍，共做六遍。做完六遍后，上体立起；同时，两臂向前、向上举起，肘节伸直，掌心向前；目视前方。随后松腰沉髋，身体重心缓缓下降；两腿膝关节微屈；同时，两掌向前下按至腹前，掌心向下，指尖向前；目视前方。

功理与作用：通过前屈后伸可以刺激脊柱、督脉以及命门、阳关、委中等穴位，有助于防治生殖泌尿系统方面的慢性疾病，达到固肾壮腰的目的。通过脊柱大幅度前屈后伸，可有效发展躯干前、后伸屈的脊柱肌群的力量与伸展性，同时对腰部的肾、肾上腺、输尿管等器官有良好的牵拉、按摩作用，可以改善其功能，刺激其活动。

7. 攒拳怒目增气力

接上式，身体重心右移，左脚向左开步；两腿徐缓屈膝半蹲成马步；同时，两掌握固，抱于腰侧，拳眼朝上；目视前方。

动作一：左拳缓慢用力向前冲出，与肩同高，拳眼朝上；瞪目，视左拳冲出方向。

动作二：左臂内旋，左拳变掌，虎口朝下；目视左掌。左臂外旋，肘关节微屈；同时左掌向左缠绕，变掌心向上后握固；目视左拳。

动作三：屈肘，回收左拳至腰侧，拳眼朝上；目视前方。

动作四至六：同动作一至动作三，唯左右相反。

动作要点：本式一左一右为一遍，共做三至八遍。做完后，身体重心右移，左脚回收成并步站立；同时，两拳变掌，自然垂于体侧；目视前方。练习此式时，冲拳要怒目瞪眼，注视冲出之拳，同时脚趾抓地，拧腰顺肩，力达拳面；拳回收时要旋腕，五指用力抓握。

功理与作用：本式中的“怒目瞪眼”可刺激肝经，使肝血充盈、肝气疏泄，有强健筋

骨的作用。两腿下蹲配合趾抓地、双手攥拳、旋腕、手指逐节强力抓握等动作，可刺激手、足三阴三阳十二经脉的俞穴和督脉等；同时，使全身肌肉、经脉受到静力牵张刺激。长期锻炼可使全身筋肉结实，气力增加。

8. 背后七颠百病消

动作一：接上式，两脚跟提起；头上顶，动作略停；目视前方。

动作二：两脚跟下落，轻震地面；目视前方。

动作要点：本式一起一落为一遍，共做七遍。脚跟起落锻炼人体平衡力，起的时候要如平地拔起，脚趾抓地，提肛收腹，让六腑气机处于紧张状态。下落的时候就像山河地震，震动脊柱和督脉。

功理与作用：脚趾为足三阴、足三阳经交汇之处，脚十趾抓地，可刺激足部有关经脉，调节相应脏腑的功能；同时，颠足可刺激脊柱与督脉，使全身脏腑经络气血通畅，阴阳平衡。颠足而立可发展小腿后部肌群力量，拉长足底肌肉、韧带，提高人体的平衡能力。落地震动可轻度刺激下肢及脊柱各关节内外结构，并使全身肌肉得到放松复位，有助于解除肌肉紧张。

9. 收式

动作一：接上式，两臂内旋，向两侧摆起，与髋同高，掌心向后；目视前方。

动作二：两臂屈肘，两掌相叠置于丹田处（男性左手在内，女性右手在内）；目视前方。

动作三：两臂自然下落，两掌轻贴于腿外侧；目视前方。

功理与作用：气息归元，放松肢体肌肉，愉悦心情，进一步巩固练功效果，逐渐恢复到练功前安静时的状态。

拓展阅读

八段锦与中医养生

八段锦是一套融合了中医理论和肢体运动的传统健身功法，有着悠久的历史和深厚的文化底蕴。从中医角度来看，八段锦的每一式动作都与人体的经络、脏腑有着密切联系。例如，“双手托天理三焦”这一式，通过双手上举，拉伸身体两侧的三焦经，促进三焦的气血运行。三焦是人体元气和水液运行的通道，三焦经通畅，有助于调节全身的气机和水液代谢，增强脏腑功能。“左右开弓似射雕”则通过模拟拉弓射箭的动作，拉伸了人体的肺经和大肠经，对呼吸系统和消化系统有很好的保健作用。肺主气，司呼吸，大肠主传导糟粕，这一式能够增强肺的呼吸功能，促进大肠的蠕动。

八段锦整套功法动作舒展优美，配合均匀、深长的呼吸，能够调和气血、疏通经络、强身健体。长期练习八段锦，可改善人体的新陈代谢，增强免疫力，预防和缓解一些慢性疾病。在古代，八段锦就被广泛应用于养生保健，无论是宫廷贵族还是民间百姓，都热衷于练习。如今，八段锦更是作为一种简单易学、功效显著的健身方式，在全国各地乃至世界范围内推广，将中医养生理念通过肢体运动的形式传播到千家万户。

◆ 实训营

观看《中国少数民族传统体育集萃》纪录片

一、实训目标

①了解中国少数民族传统体育项目基本信息。

②激发对中国少数民族传统体育的兴趣，增强民族自豪感和文化认同感。

③培养对民族文化的尊重和保护意识，树立传承和弘扬民族文化的使命感。

二、实训内容

1. 观看纪录片

①任务：组织学生集体观看《中国少数民族传统体育集萃》纪录片。

②方法：

• 提前准备好纪录片资源（可通过学校图书馆、网络平台等渠道获取）；

• 在教室或多媒体教室组织学生观看，确保观看环境安静、设备正常；

• 观看过程中，提醒学生注意记录关键信息，如少数民族传统体育项目的名称、特点、文化背景等。

2. 记录与讨论

①任务：学生在观看过程中记录关键信息，并在观看结束后进行小组讨论。

②方法：

• 学生记录纪录片中的重要信息（如项目名称、起源、规则、文化意义等）；

• 观看结束后，学生分组讨论，分享自己对纪录片内容的理解和感受，讨论少数民族传统体育的价值和意义。

3. 撰写观后感

①任务：学生撰写观后感，总结纪录片内容和个人体会。

②方法：

• 教师提供观后感写作指导，帮助学生明确写作结构（如开头、正文、结尾）；

• 学生独立撰写观后感，要求内容真实、条理清晰、语言流畅。

4. 成果展示与汇报

①任务：每组推选一名代表，汇报小组讨论内容和观后感。

②方法：

- 制作 PPT 或海报，展示纪录片中的精彩片段、小组讨论要点和个人观后感；
- 每组代表进行汇报，时间控制在 5 ～ 8 分钟，汇报内容包括纪录片内容总结、小组讨论结果和个人体会；
- 教师对各组汇报进行点评，总结少数民族传统体育的文化价值和传承意义。

三、实训评价

1. 记录与讨论评价

①评价学生在观看过程中的记录情况，包括记录的完整性和准确性。

②评价小组讨论的参与度和讨论质量，重点关注学生对纪录片内容的理解和思考。

2. 观后感评价

①评价观后感的结构完整性、内容深度和语言表达能力。

②重点关注学生对少数民族传统体育项目的认识和感受，以及对文化传承的思考。

3. 成果展示与汇报评价

①评价小组汇报的内容完整性、逻辑性和创新性。

②评价汇报人的表达能力和团队协作能力。

4. 小组互评与教师评价

①小组成员互评，评价团队成员在活动过程中的参与度和贡献。

②教师综合评价，给出改进建议，总结活动亮点和不足。

第六章 田径运动

学习目标

知识目标

1. 了解田径运动的定义、特点、分类、基本规则、场地设施和裁判方法。

2. 掌握跑类运动、跳跃类运动、投掷类运动的基本技术动作。

能力目标

1. 能够通过参与跑、跳、投等田径项目的练习，亲身体验田径运动对身体素质的锻炼作用，理解其在提升健康水平和竞技能力中的重要性。

2. 能够形成战术意识和比赛心理，提高应对各种比赛情况的能力。

素质目标

1. 在田径运动的练习和比赛中，能够克服困难，增强竞争意识和拼搏精神。

2. 与队友相互配合、相互支持，增强团队合作意识；同时，通过学习田径比赛规则，培养遵守规则、尊重裁判的良好体育道德风尚。

第一节 田径运动的概述

一、田径运动的起源与发展

田径运动的发展是一个跨越数千年的复杂过程。田径运动起源于人类早期的基本生存活动，包括狩猎、战争和日常生活中的各种活动。这些活动需要人们进行奔跑、跳跃、投掷等动作，以追逐猎物、跨越障碍或防御敌人。古希腊奥林匹克运动会是田径运动发展的重要里程碑，公元前 776 年的第一届古代奥运会标志着田径运动项目作为正式比赛项目。在古代中国，长跑活动等田径运动不仅用于娱乐，还用于提高体能和技能。

现代田径运动发展的标志性事件是 1896 年在希腊雅典举办的首届现代奥林匹克运动会。这次运动会将走、跑、跳、投掷等 12 个项目列为正式比赛项目，奠定了现代田径运动的基础。此后，田径运动在全球范围内迅速发展，并成为奥运会的核心项目之一。1912 年，国际业余田径联合会（现称“世界田径联合会”）成立，统一了全球田径运动的规则和标准，进一步推动了田径运动的国际化发展。

二、田径运动的特点和分类

（一）田径运动的特点

1. 健身性

田径运动易于在群众中广泛开展，并且具有较高的健身价值。长时间系统地参加田径运动，能提高人的走、跑、跳、投等基本运动技能水平，能全面发展人的速度、力量、耐力、灵敏性、柔韧性等身体素质。

2. 竞技性

竞技体育是社会文化不可缺少的组成部分，每年在国际和国内举行的田径运动比赛众多。田径运动比赛是竞技运动中公平竞争的典范，运动员的拼搏精神和运动美是激励人们欣赏体育的源泉。

3. 基础性

田径运动的运动基础价值表现在三个方面：第一，人类永远会依靠走、跑、跳、投等基本运动技能来提高生存、生活和生命质量；第二，很多体育运动项目都离不开走、跑、跳、投等动作；第三，田径运动能有效和全面地提高人的各种身体素质。

4. 教育性

在田径运动项目教学、训练和比赛中，参与者可以在运动技术学习中提高思考能力，同时要承受一定的生理、心理负荷，还必须遵守一定的要求和规则，这有利于参与者养成

良好的思维习惯和心理素质。

5. 娱乐性

参加田径运动可以愉悦身心。在各种以田径运动为主的游戏和比赛中，参与者自身技术的改进、运动水平的提高同时也会给参与者本人以很大的心理满足，使其身心得到健康发展。

6. 自然性

在现代社会中，人们渴望回归自然，而走、跑、跳、投是人类在适应自然环境时产生的技能，也是人类在自然环境中生存的重要手段。田径运动能力的提高可以提高人们在自然环境中的生存能力。

（二）田径运动的分类

《田径竞赛规则（2018—2019）》中将田径运动分为径赛、田赛、公路跑、竞走和越野跑。国际正式比赛中田径运动的比赛项目见表 6-1。

表6-1　国际正式比赛中田径运动的比赛项目

<table>
<tr><th colspan="2">类别</th><th>组别</th><th>项目</th></tr>
<tr><td rowspan="4">竞走</td><td rowspan="2">场地竞走</td><td>男子组</td><td>10 千米、20 千米</td></tr>
<tr><td>女子组</td><td>5 千米、10 千米、20 千米</td></tr>
<tr><td rowspan="2">公路竞走</td><td>男子组</td><td>20 千米、50 千米</td></tr>
<tr><td>女子组</td><td>20 千米</td></tr>
<tr><td rowspan="10">跑</td><td rowspan="2">短距离跑</td><td>男子组</td><td>100 米、200 米、400 米</td></tr>
<tr><td>女子组</td><td>100 米、200 米、400 米</td></tr>
<tr><td rowspan="2">中距离跑</td><td>男子组</td><td>800 米、1 500 米、3 000 米</td></tr>
<tr><td>女子组</td><td>800 米、1 500 米</td></tr>
<tr><td rowspan="2">长距离跑</td><td>男子组</td><td>5 000 米、10 000 米</td></tr>
<tr><td>女子组</td><td>5 000 米、10 000 米</td></tr>
<tr><td rowspan="2">跨栏跑</td><td>男子组</td><td>110 米栏（1.067 米）、400 米栏（0.914 米）</td></tr>
<tr><td>女子组</td><td>100 米栏（0.838 米）、400 米栏（0.762 米）</td></tr>
<tr><td rowspan="2">障碍跑</td><td>男子组</td><td>3 000 米</td></tr>
<tr><td>女子组</td><td>3 000 米</td></tr>
</table>

续表

<table>
<tr><th colspan="2">类别</th><th>组别</th><th>项目</th></tr>
<tr><td rowspan="4">跑</td><td rowspan="2">马拉松</td><td>男子组</td><td>42. 195 千米</td></tr>
<tr><td>女子组</td><td>42. 195 千米</td></tr>
<tr><td rowspan="2">接力跑</td><td>男子组</td><td>4×100 米、4×400 米</td></tr>
<tr><td>女子组</td><td>4×100 米、4×400 米</td></tr>
<tr><td colspan="2" rowspan="2">跳跃</td><td>男子组</td><td>跳高、撑竿跳高、跳远、三级跳远</td></tr>
<tr><td>女子组</td><td>跳高、撑竿跳高、跳远、三级跳远</td></tr>
<tr><td rowspan="8">投掷</td><td rowspan="2">铅球</td><td>男子组</td><td>铅球（7. 26 千克）</td></tr>
<tr><td>女子组</td><td>铅球（4 千克）</td></tr>
<tr><td rowspan="2">标枪</td><td>男子组</td><td>标枪（800 克）</td></tr>
<tr><td>女子组</td><td>标枪（600 克）</td></tr>
<tr><td rowspan="2">铁饼</td><td>男子组</td><td>铁饼（2 千克）</td></tr>
<tr><td>女子组</td><td>铁饼（1 千克）</td></tr>
<tr><td rowspan="2">链球</td><td>男子组</td><td>链球（7. 26 千克）</td></tr>
<tr><td>女子组</td><td>链球（4 千克）</td></tr>
<tr><td colspan="2" rowspan="2">全能</td><td>男子组</td><td>100 米、跳远、铅球、跳高、400 米、110 米栏、铁饼、撑竿跳高、标枪、1500 米</td></tr>
<tr><td>女子组</td><td>100 米栏、铅球、跳高、200 米、跳远、标枪、800 米</td></tr>
</table>

三、田径运动的比赛规则

（一）田赛项目竞赛规则要点

1. 比赛方法

奥运会田赛项目的比赛通常先分两组进行及格赛，满足及格标准的直接进入决赛，如达到及格标准的运动员人数不足 12 人，不足的人数按及格赛成绩递补。远度项目决赛前三轮比赛的顺序由抽签决定。决赛前三轮比赛结束后，按成绩取前八名运动员进行最后三轮比赛；第四、五轮比赛排序按前三轮成绩的倒序排列，第六轮比赛排序则按前五轮成绩的倒序排列，成绩最好的在最后跳（掷）。

2. 有效成绩

①除犯规外，跳跃远度项目比赛中，运动员每次试跳的成绩均为有效成绩。

②除犯规外，高度项目比赛中，运动员每次跳过的高度均为有效成绩。

③除犯规外，投掷项目比赛中，运动员投出的器械完全落在落地区内（不包括落地区边线）才算有效，丈量成绩时从距离投掷区最近的落地点算起。标枪项目中，枪尖必须触地成绩才算有效。

3. 名次

远度项目比赛结束以后，以运动员最好的一次试跳（掷）成绩，包括因第一名成绩相等而进行的决名次赛的成绩，作为最后的决定成绩判定名次，成绩好者列前。如成绩相等，按下列规定裁定。

①在远度项目比赛中，如出现最好成绩相等，则以第二好成绩来确定名次，依次类推，直到最后一个成绩。

②如果还是相同，除了第一名以外，其他名次可以并列；如果涉及第一名成绩相同，必须让这些涉及第一名的运动员继续比赛，直到决出第一名为止。

在高度项目比赛中，如出现最好成绩相等，则按以下规定裁定。

①在出现成绩相等的高度上，试跳次数较少者名次列前。

②如成绩仍然相等，则在包括最后跳过的高度在内的决赛全部比赛中，试跳失败次数较少者名次列前。

③如成绩仍相等，当涉及第一名时，进行决名次赛，直到分出名次为止。如成绩不涉及第一名，名次并列。

4. 犯规

（1）跳远、三级跳远

跳远、三级跳远有下列之一情况即判犯规。

①运动员以身体任何部位触及起跳线之前的地面。

②从起跳板两端之外起跳，无论是否超过起跳线的延长线。

③触及起跳线和落地区之间的地面。

④在落地过程中触及落地区以外的地面，而落地区外的触地点较落地区内的最近触地点更靠近起跳线。

⑤离开落地区时，运动员在落地区外地面的第一触地点较落地区内最近触地点和在落地区内因身体失去平衡而留下的任何痕迹更靠近起跳线。

⑥在助跑或跳跃中采用任何空翻姿势。

⑦还未通知该运动员试跳，而进行试跳，不管是否成功，都应判该次试跳失败。

⑧无故错过该次试跳顺序。

⑨无故延误时限。比赛时，运动员无故延误时间，即不准参加该次试跳。如果在比赛中再次无故延误比赛时间，即取消该运动员的比赛资格，但在此之前的比赛成绩仍然有效。每次试跳的时限为 1 分钟，只有当一名运动员连续两次试跳时，其试跳时限为 2 分钟。在时限只剩最后 15 秒时，计时员举黄旗示意，当时限到时，落下黄旗，主裁判应判定运动

员该次试跳失败。如时限到的同时，运动员已开始试跳，应允许其进行该次试跳。如果裁判员通知运动员试跳开始后，运动员才决定免跳，当时限已过时，应判为该次试跳失败。

（2）跳高

跳高有下列之一情况即判犯规。

①使用双脚起跳。

②由于运动员的试跳动作致使横杆未能停留在横杆托上。

③在越过横杆之前，身体触及立柱前沿垂直面以外的地面或落地区，但如果裁判员认为运动员并没有受益，则不应由此而判该次试跳失败。

④无故延误时限。

⑤当裁判员通知运动员试跳开始后，运动员才决定免跳，当时限已过时，应判该次试跳失败。

⑥试跳时，运动员有意用手或手指把即将从横杆托上掉下的横杆放回。

⑦无故错过该次试跳顺序。

（3）撑杆跳高

撑竿跳高有下列情况之一即判犯规。

①试跳后，由于运动员的试跳动作致使横杆未能停留在横杆托上。

②在越过横杆之前，运动员的身体或所用撑竿的任何部位触及插斗前壁上沿垂直面以外的地面或落地区。

③起跳离地后，将原来握在下方的手移握至上方的手以上或原来握在上方的手向上移握。

④试跳时，运动员用手稳定横杆或将横杆放回。

⑤无故延误时限。

⑥当裁判员通知运动员试跳开始后，运动员才决定免跳，当时限已过时，应判为该次试跳失败。

⑦当裁判员根据运动员登记的架距调整好架距后，计时员已开始计时，运动员再提出调整架距，则再次调整架距的时间应计入运动员的试跳时间内，如因此而超出试跳时限，则应判定试跳失败。

⑧无故错过该次试跳顺序。

⑨试跳中，当撑竿不是朝远离横杆或撑竿跳高架方向倾倒时，有人接触撑竿，而有关裁判长认为，如果撑竿不被接触，将会碰落横杆，则应判此次试跳失败。

（4）投掷

投掷项目在比赛过程中，运动员如果有下列违反规则的行为，则会被判犯规，成绩无效。

①超出时间限制。

②投掷铅球和标枪技术不符合规则规定（规则要求铅球和标枪必须由单手从肩上掷出）。

③在投掷过程中，身体和器械的任何一部分触及投掷圈铁圈上沿或圈外的地面和标枪投掷弧、延长线以及线以外地面的任何一部分，或者铅球抵趾板的上面，即为投掷失败。

④当器械未落地，运动员离开投掷圈或助跑道。标枪运动员在投出的枪落地前，在投掷后转身，完全背对其投出的标枪。完成投掷后，链球、铁饼和铅球运动员未从投掷圈后半圈的延长线后面退出，标枪运动员未从投掷弧以及延长线以后退出。

⑤在没有犯规的情况下，参赛者可以中止已开始的试掷动作，将器材放下以后暂时离开投掷区，并重新开始，但是未在规定的时限内完成投掷。

⑥参赛者在比赛期间离开比赛区域，但未经裁判员许可并且没有裁判员陪伴。

⑦比赛过程中，运动员在比赛场地使用以下电子设备：摄像机、便携式录放机、手机等类似的电子设备。

5. 裁判员的旗示

在跳跃项目比赛中，通常有一名主裁判手中持有红、白旗帜各一面，用来示意运动员试跳是否成功。举红旗表示试跳失败，成绩无效；举白旗表示成功，成绩有效。在投掷项目比赛中，通常有两名主裁判手中持有红、白旗帜各一面，用来示意运动员试投是否成功。举红旗表示试投失败，成绩无效；举白旗表示试投成功，成绩有效。其中一名站在投掷区附近的称为内场主裁判，主要判定运动员在试投过程中是否犯规；另一名在落地区内的称为外场主裁判，主要判定器械落地点是否有效。

拓展阅读

田径运动与心理健康的深度关联

田径运动对心理健康的积极影响远超想象。从基础心理学理论来看，运动能促使身体分泌内啡肽，这种物质被称为“快乐荷尔蒙”。在进行田径运动时，尤其是长跑，随着运动时间的增加和强度的提升，内啡肽分泌量会显著上升，从而有效缓解焦虑情绪，减轻压力。比如，很多职场人士在工作压力大时选择夜跑，跑完后会感到身心愉悦，焦虑感明显减轻，这就是内啡肽发挥了作用。

田径运动能够增强自信心。当运动员通过长期训练，在短跑项目中提升了速度，或者在跳远项目中增加了跳远距离，每一次成绩的进步都能让他们感受到自身的成长与能力的提升。这种通过努力获得的成就感，会逐渐转化为强大的自信心，体现在生活的方方面面。在学校里，参与田径队训练的学生，在学习和社交中往往表现得更加自信，勇于面对挑战。

田径运动还能培养坚韧不拔的意志品质。田径训练过程艰苦，需要运动员日复一日地坚持。以马拉松训练为例，运动员要经历漫长的耐力训练，在这个过程中，他们会面临身体的疲惫、伤痛等诸多困难。但正是在克服这些困难的过程中，他们的意志得到了磨炼，学会了在困境中坚持，这种坚韧的意志品质将使他们受益一生，帮助他们应对生活中的各种挫折。

（二）径赛项目竞赛规则要点

1. 短跑、中长跑的名次判定

在田径比赛中，所有赛跑项目参赛者的名次取决于其身体躯干（不包括头、颈、臂、腿、手或足）抵达终点线后沿垂直面为止时的顺序，以先到达者名次列前。在任一赛次中，如遇运动员成绩相等，则终点摄像主裁判应考虑有关运动员精确到1/1 000秒的实际成绩。如果成绩依然相等，则有关运动员均应进入下一赛次。如实际条件不允许，应抽签决定进入下一赛次的人选。在决赛中若第一名成绩相同，则裁判长有权决定是否重赛，若无条件重赛，则并列第一；至于其他名次成绩相同，按并列处理。

2. 短跑及中长跑的起跑

在国际赛事中，所有400米及以下的径赛项目，必须采用蹲踞式起跑及起跑器。发令员口令为“各就位（on your marks）”“预备（set）”，最后发令枪响。在“各就位”及“预备”口令之后，参赛者应立即完成有关动作，否则属起跑犯规。如果有运动员抢跑，发令员就会宣布起跑犯规。对第一次起跑犯规的运动员应给予警告，除全能项目之外，每项比赛只允许一次起跑犯规，之后每次起跑犯规的运动员均将被取消该项目的比赛资格。全能比赛中，如果一名运动员两次起跑犯规，将被取消比赛资格。除此以外，在“各就位”口令发出后，以声音或动作扰乱他人，也判为起跑犯规。在枪声响起前有任何起跑动作，均属起跑犯规。如因仪器或其他原因而非运动员个人原因造成起跑犯规，应向所有运动员出示绿牌。

400米以上（不含400米）的径赛项目，均采取站立式起跑。发令员口令为“各就位”，当所有参赛者在起跑线后准备妥当并静止后，便可鸣枪开始比赛。

3. 分道跑

在分道跑和部分分道跑的径赛项目中，参赛者越出跑道，获得实际利益或冲撞、阻碍其他参赛者，会被取消资格。如果参赛者被推或挤出指定的跑道，只要未获得实际利益也未影响他人，可不取消其参赛资格。同样，任何参赛者在直道中越出其跑道或在弯道中越出其跑道的外侧，只要没有获得实际利益及阻碍他人，均不算犯规。

4. 赛次和分组

径赛一般分为第一轮（round 1）、第二轮（round 2）、半决赛（semi-finals）和决赛（finals）四个赛次。而赛次的安排和分组，以及每一赛次的录取人数等都将根据报名参加比赛的人数来决定。预赛分组时要尽可能把成绩好的运动员平均分配到不同的小组中去。在其后的各轮比赛中，分组依据为运动员在前一轮的比赛成绩。如果可能，相同国家或地区的运动员应分开。

5. 分道

运动员在所有短跑、跨栏和4×100米接力赛中自始至终都必须在自己的跑道里。800米

和 4×400 米接力赛中，运动员在自己的跑道里起跑，当运动员通过抢道标志线以后才能离开自己的跑道，切入里道。运动员的跑道由技术代表抽签确定。第二轮开始的各轮比赛中，跑道的选择还需依据运动员在上一轮的比赛结果，如排名前 4 位的运动员先抽签后分别占据第 3、4、5、6 跑道，后 4 名抽签排定第 1、2、7、8 跑道。

6. 接力赛

4×100 米接力跑是分道进行的。

接力赛中，运动员必须在 30 米的接力区内完成交接棒。接力区内的判定是根据接力棒的位置，而不是根据参赛者的身体或四肢的位置。

在 4×400 米接力跑中，第一棒全程及第二棒的第一弯道是分道跑，第二棒运动员要跑至抢道线后方可自由抢道。第一棒的传接必须在参赛者指定的跑道内进行；裁判员根据第二及第三棒运动员通过 200 米起点处的先后，按次序让其第三及第四棒的队友在接力区内，由内至外排列等候接棒。所有接棒者均不可在接力区外起跑。

接力棒必须拿在手上，直到比赛结束为止。完成交接棒后，运动员应留在本队的跑道中以免因影响他人而被取消比赛资格。任何人掉了棒，必须由其本人拾回，而且应在不影响别人的情况下，方可越出自己的跑道拾回接力棒。

7. 跨栏

各参赛者必须在自己的跑道内完成比赛，当参赛者跨越栏架时，若其腿或足从低于栏架顶的水平线跨越，或跨越并非自己赛道上的栏架，或故意以手或足撞倒任何栏架，均取消其参赛资格。

8. 风速

在 100 米、200 米和 100 米栏、110 米栏比赛中，如果顺风风速超过 2 米 / 秒，运动员创造的成绩就不能成为新的纪录。

9. 公路赛

奥运会公路赛包括男子、女子 20 千米竞走、男子 50 千米竞走以及男子、女子马拉松比赛。

（1）起跑

当发令员召集运动员到出发线以后，运动员按抽签排定的顺序排列。发令枪响以后比赛开始，任何人两次抢跑都会被取消比赛资格。

（2）取胜

躯干第一个触到终点线的运动员为优胜者。

（3）饮料站

在比赛的起点和终点应提供水和其他饮料，在比赛路线上每隔 5 千米设置一个饮料站。每一个饮料站内分别设有组委会提供的饮料和运动员自己准备的饮料。在两个饮料站之间

还应设置饮水用水站，运动员经过时可以取饮用水，还可以取浸了水的海绵为身体降温。除了已经设置的站点之外，运动员不能从比赛线路的其他地方获得饮料，否则将被取消比赛资格。

10. 竞走

竞走比赛有两个核心规则；一是竞走运动员必须始终保持至少有一只脚与地面接触；二是前腿从脚着地的一瞬间起直至抬到垂直位置必须始终伸直，膝关节不能弯曲。

比赛中有 6 ～ 9 名专职的竞走裁判员监督运动员。按规则规定，他们不能借助任何设备帮助判断，只能依靠自己的眼睛来判断运动员是否犯规。当竞走裁判员看到竞走运动员的动作有违反竞走技术的迹象时，应予以黄牌警告，并在赛后报告给主裁判。当运动员的行进方式违反竞走技术的规定，表现出肉眼可见的腾空或膝关节弯曲时，竞走裁判员须将一张红卡送交竞走主裁判。当竞走主裁判收到针对同一名运动员的 3 张来自不同竞走裁判员的红卡时，该运动员即被取消比赛资格，并由主裁判或主裁判助理出示红牌通知运动员。

第二节　跑类运动

一、短跑

短跑是田径运动径赛项目中距离最短、速度最快，使人体器官处于缺氧条件下的高强度运动项目。

（一）短跑技术的构成

短跑技术分为起跑、起跑后的加速跑、途中跑和终点跑四部分。在 200 米跑和 400 米跑项目中，还要学习弯道跑技术。

1. 起跑

起跑的任务是运动员对信号作出迅速的反应，使身体迅速摆脱静止状态，尽可能获得较大的向前冲力，为起跑后的加速跑创造有利条件。常见的起跑器的安装有普通式、拉长式两种。前起跑器抵足板与地面成 30° ～ 45°，后起跑器抵足板与地面成 70° ～ 80°。两个抵足板的中轴线间隔约 15 厘米。起跑技术包括“各就位”“预备”“起动”三个阶段，如图 6-1 所示。

图 6-1　起跑

当听到“各就位”口令后，应尽快地走到起跑器前俯身以两手撑地，四指并拢与拇指呈“八”字形，撑于起跑线后，两脚依次踏在前后抵足板上，后膝跪地，两手间距略宽于肩，重心均匀地落在两手、前脚掌和后膝之间，肩、颈、背部自然放松，头与躯干保持在一条线上。

当听到“预备”口令后，平稳地抬起臀部，身体重心前移，两肩稍超过起跑线，使重心落在两前臂和前腿上，臀部与肩同高或略高于肩。前腿膝关节夹角为 90° ～ 100°，后腿膝关节夹角为 110° ～ 130°，两脚紧贴起跑器支撑面，集中注意力听发令枪声。听到发令枪响后，两手迅速推离地面，两臂屈肘，快速有力地前后摆动，同时两腿迅速蹬起跑器。后腿蹬离起跑器后，以膝关节领先迅速前摆，同时前腿快速有力地蹬伸髋、膝、踝关节，把身体向前送出。

思考与练习

1. 短跑起跑阶段，“各就位”“预备”口令下达后，运动员身体姿势有何要求？这样的姿势对起跑爆发力的产生有什么作用？在日常训练中，如何强化起跑姿势的规范性与稳定性？

2. 短跑运动对身体的协调性和柔韧性要求较高。分析协调性和柔韧性在短跑中的重要性，结合实际说明在日常训练中，可通过哪些练习来提高身体的协调性和柔韧性，进而提升短跑表现。

2. 起跑后的加速跑

起跑后的加速跑是从蹬离起跑器到进入途中跑的一段距离，该距离为 20 ～ 30 米，其任务是在较短的距离内尽快获得较快的速度。起跑后第一步不宜过长，一般为三脚半至四脚长，第二步为四脚至四脚半长，之后逐渐增大到途中跑的步长。加速跑时，步长逐渐加大，步频逐渐加快，上体逐渐抬起，当速度达到最大时，身体抬起到如图 6-2 所示姿势。

图 6-2　起跑后的加速跑

3. 途中跑

途中跑的任务是继续保持最高跑速。在跑的周期中包括后蹬与前摆、腾空、着地缓冲等动作。支撑脚的迅速后蹬是在前摆腿的配合下，迅速伸展髋、膝、踝关节。前摆时，摆动腿大腿摆过支撑腿后，大、小腿随惯性折叠，前摆时带动同侧髋关节向前上方摆出。当摆动腿摆到最高点时大腿积极下压，前脚掌着地，完成“扒地”动作，前脚掌在重心投影点前 25 ～ 35 厘米处着地。着地后迅速转入缓冲阶段，缓冲时支撑腿、踝关节适度弯曲，为后蹬动作做好准备。途中跑时，上体应保持正直稍有前倾，头部正直，两眼平视前方。两臂弯曲，以肩为轴，轻松有力地前后摆动。前摆时，手的高度在下颌附近；后摆时，肘关节稍向外，大臂不超过肩，如图 6-3 所示。

图 6-3　途中跑

4. 终点跑

终点跑的任务是尽力保持途中跑时的高速度以跑过终点。在离终点线 10 ～ 15 米处时，应加快摆臂，距离终点线前一步距离时，上体急速前倾，以胸部或肩部撞终点线并跑过终点线，之后逐渐减慢速度。

知识小课堂

短跑训练中的前沿理念——神经肌肉训练

在现代短跑训练中，神经肌肉训练逐渐成为提升运动员表现的重要手段。传统的短跑训练主要侧重于肌肉力量和耐力的提升，而神经肌肉训练则将重点放在神经系统与肌肉系统的协同作用上。

研究表明，短跑过程中，神经系统对肌肉的控制能力极大地影响着运动员的速度。当运动员起跑时，神经系统需要迅速发出指令，让腿部肌肉在瞬间产生强大的爆发力。在加速跑和途中跑阶段，神经系统要精确调控肌肉的收缩频率和力度，以维持高效的步频和步幅。

神经肌肉训练通过特定的练习，如快速伸缩复合训练（plyometrics），来刺激神经系统，提高神经与肌肉的反应速度和协调性。例如，跳深练习要求运动员从一定高度跳下后，迅速进行向上的跳跃动作。在这个过程中，肌肉在极短时间内经历离心收缩（跳下时）和向心收缩（跳起时），这种强烈的刺激能够增强神经与肌肉的连接，使肌肉在短跑中更快地响应神经系统的指令。

此外，神经肌肉训练还注重提高肌肉的本体感觉，即肌肉对自身位置、运动状态和力量变化的感知能力。通过平衡训练、不稳定表面训练等方法，运动员能够更好地控制身体姿势和动作，减少能量损耗，提高短跑效率。

（二）弯道跑

短跑中的 200 米跑和 400 米跑有一半距离是在弯道上进行的。弯道跑技术有自身的特点。

1. 起跑后加速跑的特点

为便于加速，起跑后应尽可能有一段沿直线跑进的距离。起跑器安装应靠近跑道的外侧分道线，并正对内侧分道线的切线方向。起跑时，右手置于起跑线后，左手置于起跑线后 5 ～ 10 厘米处。起跑后加速跑，沿直线跑进，身体逐渐抬起，跑到切线处身体向内倾斜，顺利进入弯道。

2. 途中跑的特点

弯道跑时，为了克服离心力而保持快速跑进，整个身体必须向内倾斜。两臂摆动时右臂摆幅大于左臂。左脚以前脚掌外侧着地，右脚以前脚掌内侧着地。弯道跑的速度越快和弯道半径越小，则身体向内倾斜幅度越大，如图 6-4 所示。

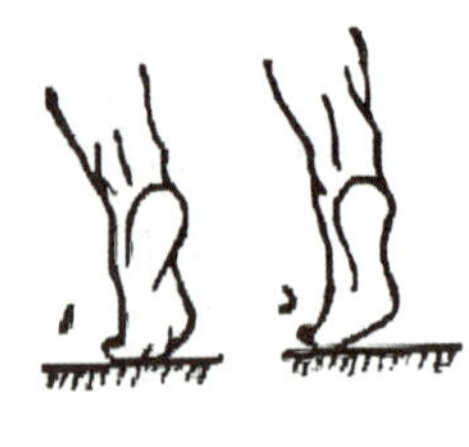

图 6-4　弯道跑

（三）短跑的主要练习方法

在进行练习之前，应根据教师讲授、示范的短跑完整技术，树立完整的动作技术概念；在进行各个环节的练习时，也要认真听取教师对技术要领的讲解。

1. 直道途中跑技术的练习

①原地摆臂和折叠大腿前摆练习。

②原地摆腿下压“扒地”练习。

③放松行进间跑 20 ～ 40 米。

2. 蹲踞式起跑技术的练习

①学习起跑技术。

②蹲踞式起跑辅助练习。

3. 起跑后加速跑技术的练习

①蹲踞式起跑后第一步前摆下压练习。

②蹲踞式起跑后加速跑 25 ～ 35 米。

4. 终点跑技术的练习

①由慢到快进行撞线练习。

② 100 米完整技术跑。

5. 弯道起跑、弯道途中跑技术的练习

①弯道起跑和起跑后的加速跑练习。

②直道进弯道途中跑练习。

③弯道进直道途中跑练习。

楷模风范

“中国飞人” 苏炳添的突破之路

在现代中国田径史上，苏炳添无疑是一颗璀璨的明星。他怀揣着中国田径在百米赛

场上占有一席之地的梦想，一路拼搏。在第三十二届夏季奥林匹克运动会男子100米半决赛中，苏炳添如闪电般爆发，创造了9秒83的个人最好成绩，刷新亚洲纪录，成为第一个站上奥运会男子百米决赛跑道的中国运动员。在陕西全运会男子百米决赛中，他又以9秒95的成绩夺得冠军，职业生涯中第十次跑进10秒。

苏炳添的每一次突破，都浸透着无数的汗水。在训练场上，他一遍又一遍地蹬踏起跑器，每次站上赛场，他拿着卷尺测量起跑器距离的细节广为人知。成功的背后，是他成千上万次全神贯注、精益求精的重复训练，每场训练他都全力以赴、力求突破。25岁时，苏炳添为了提升成绩，毅然决定更换起跑脚，这意味着要与自己长期训练形成的习惯相对抗，也面临可能出现一连串不理想成绩的风险。30岁时，腰伤和骨裂的困扰一度让他陷入消沉，但他凭借顽强的意志走出低谷。在重大赛事中，他也曾因抢跑被罚下赛场，可他把照片存进手机，时刻提醒自己从失败中汲取教训。从首度突破10秒大关到10次跑进10秒，从追平亚洲纪录到将亚洲纪录大幅提升0.08秒，苏炳添从未停止前进的步伐。

如今，除了短跑运动员的身份，苏炳添也是一名老师，在课堂上，他耐心指导动作，向同学们分享运动生涯中的奋进故事，在更多人心中种下拼搏的种子。

苏炳添用自强不息的拼劲和自我超越的勇气，为中国田径书写了新的篇章，激励着无数后来者勇敢追梦。

二、中长跑

中长跑是以有氧代谢为主，具有较大健身价值的运动项目。经常参加中长跑锻炼能提高呼吸、循环系统的机能，发展耐力素质，培养坚毅、顽强的意志和克服困难的精神。在中长跑的过程中为了保持一定速度和耐力，要求跑时动作轻松自然，身体重心移动平稳，节奏适中。

（一）中长跑技术的构成

中长跑的技术一般可分为起跑、起跑后的加速跑、途中跑和终点跑。

1. 起跑

中长跑的起跑按田径规则一般采用站立式起跑。当“各就位”口令下达后，运动员轻松地走向起跑线，两脚前后开立，有力的脚在前，脚尖尽可能靠起跑线后沿，另一只脚在后，离前脚跟约一脚长，两脚左右间隔约半脚长。两腿弯曲，重心落在前脚掌上，后脚用前脚掌着地，两臂自然下垂或前腿的异侧臂在前，同侧臂在后。身体保持稳定姿势，集中注意力听发令枪声。

2. 起跑后的加速跑

听到发令枪声后，两脚用力蹬地，后腿迅速蹬直并前摆，两臂配合两腿动作快而有力地前后摆动，使身体迅速向前冲出。加速跑时，上体前倾较大，蹬、摆积极有力，跑进速度较快，应积极占据有利的战术位置。

3. 途中跑

中长跑途中跑与短跑在技术结构和原理上基本相同，由于距离长度和跑速不同，在技术上存在不同程度的差异。中长跑途中跑时，后蹬力量要比短跑小，后蹬的角度稍大些，在上体前倾角度、摆臂与摆动腿的动作幅度方面要比短跑小，从前脚掌先着地过渡到全脚掌着地。中长跑时要做到轻松自如，步长均匀，重心平稳，呼吸与跑的节奏相配合。

4. 终点跑

终点跑是运动员在十分疲劳的情况下进行的，它是临近终点的一段距离的冲刺跑。终点冲刺应根据不同的项目、战术要求、个人特点和临场情况而定。一般比赛距离越长，开始加速的距离越长。终点跑要求运动员以坚强的意志加快蹬摆速度，奋力向终点冲去。

（二）主要练习方法

1. 站立式起跑和起跑后加速跑练习

①听口令，完成站立式起跑和起跑后加速跑，距离 50 ～ 80 米。

②完成弯道跑技术练习，距离 150 ～ 200 米。

③ 60 ～ 80 米中等速度匀速跑进。

④ 200 ～ 400 米跑进。

⑤男生跑 1 000 ～ 1 500 米，女生跑 800 ～ 1 000 米。

2. 全程跑和终点跑练习

① 200 ～ 400 米中等速度匀速跑进，在最后 60 ～ 80 米处开始加速，冲刺跑过终点。

② 1 500 米全程跑，体会起跑、加速跑、途中跑和冲刺跑。

思考与练习

1. 在不同季节进行中长跑训练时，环境因素（如温度、湿度、空气质量等）会对身体产生不同影响。分别阐述在夏季高温、冬季寒冷以及雾霾天气下进行长跑训练，需要注意哪些事项以保障身体健康和运动效果。

2. 中长跑过程中，身体的呼吸节奏和心率会发生怎样的变化？如何通过调整呼吸来维持稳定的心率，从而提高中长跑的耐力？

三、接力跑

接力跑是田径竞赛项目中规定人数、限定距离，并以接力棒为传接工具的集体性项目。目前，田径正式比赛的接力跑项目有 4×100 米和 4×400 米接力跑。接力跑除与跑的项目有同样的锻炼价值外，还有助于培养运动员团结协作的精神。

（一）接力跑技术的构成

接力跑技术主要由起跑、传接棒的方法和传接棒的时机构成。

1. 起跑

（1）持棒起跑

第 1 棒队员右手持棒，采用蹲踞式起跑，根据个人习惯，可以采取三种握棒方式，如图 6-5 所示。其中，以中指、无名指和小指握住棒端，大拇指和食指成“八”字形撑于地面最为常见。接力棒不得触及起跑线或起跑线前地面。

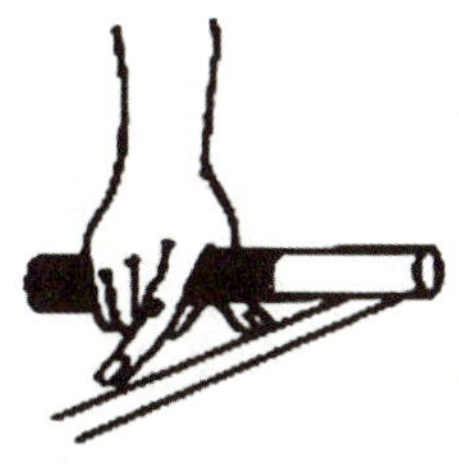
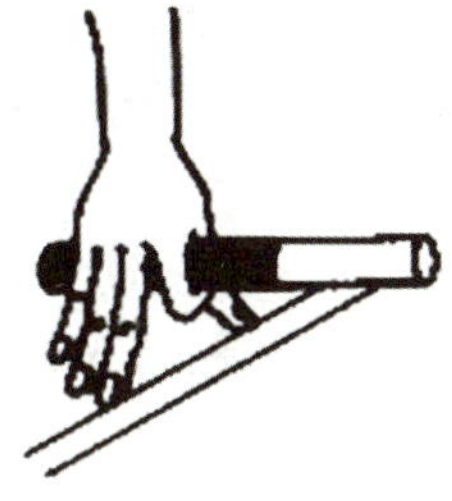
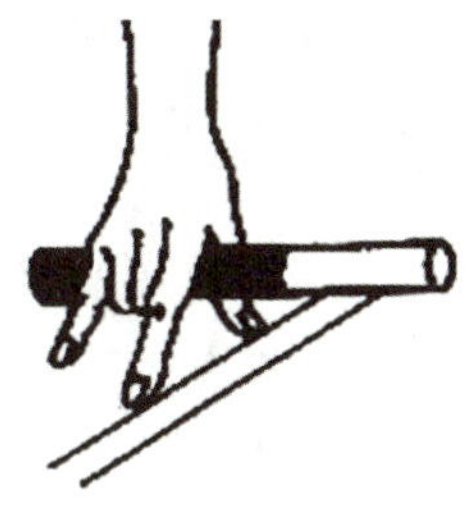

图 6-5　起跑握棒姿势

（2）接力人起跑

第 2 棒、第 3 棒、第 4 棒队员在接力区后的预跑区内采用站立式或一手撑地的半蹲踞式起跑；第 3 棒队员站在自己分道线内侧用右手准备接棒，第 2 棒、第 4 棒队员应站在各自分道线外侧用左手准备接棒。接棒队员起跑时，应选择能够清楚观察到本队传棒队员和有利于自己起跑的姿势。

2. 传接棒的方法

通常传接棒的方法有上挑式和下压式两种。

（1）上挑式

接棒人的手臂自然向后伸出，掌心向后，虎口张开朝下，传棒人将棒由下向上挑，送入接棒人手中。这种方法的优点是接棒人向后伸手的动作比较自然，容易掌握。缺点是接棒后，手已握在接力棒的中部或前端，不利于棒的传接而且容易造成掉棒和影响持棒快跑。

（2）下压式

接棒人的手臂后伸，掌心向上，虎口张开朝上，拇指向内，其余四指并拢向外，传棒人将棒的前端由上向前下压，放入接棒人手中。这种方法的优点是接棒人每次接棒时都可以握住接力棒的后端，便于下一次的传、接棒。缺点是传接棒队员的手臂动作比较紧张，影响传接棒的速度。比赛中常用混合式，采用上挑式和下压式的组合。混合方式通常为第 1 棒用上挑式传棒，第 2 棒用下压式传棒，第 3 棒用上挑式传棒。

3. 传接棒的时机

传接棒应在传棒人跑速不下降和接棒人已发挥出较高速度、两人相距约 15 米时完成。

传接棒的位置应在接力区前分界线 4 米处，此时接棒队员经过一段距离的加速跑，达到较高速度，同时传棒队员保持高速跑中，也能避免超区传接棒。也可以通过传接棒队员速度和特点确定起动标志，来确定接棒队员的接棒位置。接力跑队员应在反复练习中，确定传接棒的最佳位置和接棒运动员的起动标志。

知识小课堂

田径运动中的呼吸技巧

在田径运动中，正确的呼吸技巧至关重要。以跑步为例，短跑时通常采用憋气与快速呼吸相结合的方法。在起跑阶段，运动员会深吸一口气并短暂憋气，为起跑爆发积蓄力量，随后在加速过程中，进行快速而短促的呼吸，以满足肌肉对氧气的高需求。中长跑时，呼吸节奏则更为关键。一般建议采用“三步一呼、三步一吸”或“两步一呼、两步一吸”的节奏，这样能使呼吸与步伐相协调，维持身体的稳定供能。同时，呼吸要深且均匀，用鼻子吸气、嘴巴呼气，让空气充分进入肺部。对于投掷项目，如铅球、标枪，在发力瞬间要配合呼气，将力量集中爆发出来，完成投掷动作。掌握好田径运动中的呼吸技巧，能有效提升运动表现，减少疲劳。

（二）主要练习方法

①原地做上挑式或下压式传接棒练习。

②走动和慢跑中做上挑式或下压式传接棒练习。

③分组在接力区内快速跑中完成传接棒。

④各棒起跑技术练习。

第三节　跳跃类运动

一、跳高

跳高是以单足起跳，越过一定高度横杆的运动项目。跳高运动可以发展下肢力量，提高弹跳力，发展灵巧性和协调性，能够培养勇敢顽强和坚定果断的意志以及勇于攀登的精神。跳高技术由助跑、起跳、过杆和落地动作组成。下面主要介绍背越式跳高技术。

（一）背越式跳高技术

背越式跳高的特点是采用弧线助跑，背对横杆，最大限度地利用腾起高度做过杆动作。

1. 助跑

背越式助跑路线是弧形，助跑的距离一般是 6 ～ 8 步，前段是直线助跑 3 ～ 4 步，后段是弧线助跑 3 ～ 4 步。前段助跑接近普通跑法；后段助跑身体向圆心倾斜，倾斜度随速

度而定，其特点是身体重心高，移动快，小腿伸得不远，落地积极，步频快，最后四步的节奏为“嗒—嗒—嗒—嗒”。

丈量弧线助跑的方法如图 6-6 所示。起跳点选择在离近侧跳高架 1 米，离横杆投影点 50 ～ 80 厘米处。由起跳点沿与横杆平行的方向向前自然走 5 步，再向右转 90°，向前走 6 步，做一个标记，以 5 米为半径画弧连接此点和起跳点，这段弧线即为最后 4 步的弧线，最后从标记点再向前走 7 步做标记，定为起跑点，作为前 4 步的助跑距离。

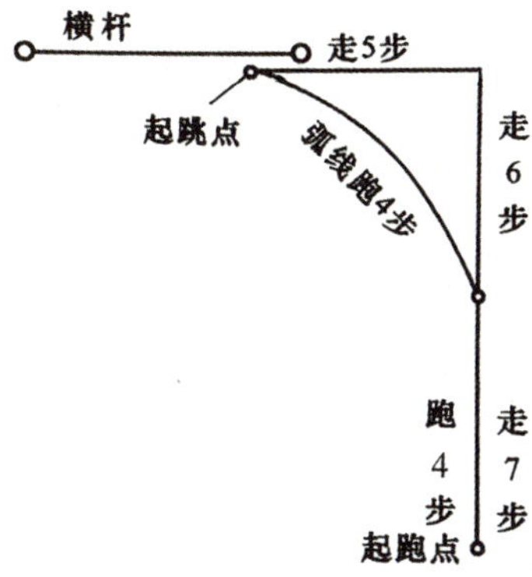

图 6-6　丈量弧线助跑的方法

2. 起跳

起跳脚顺弧线的切线方向踏上起跳点，用脚跟先落地并迅速地滚动到前脚掌着地。起跳脚落地时摆动腿蹬离地面开始摆腿，同时重心迅速跟上，上体积极前移，使起跳腿缓冲。当身体重心移到支撑点上方时，身体由倾斜迅速转为正直，腿和两臂快速有力地向上摆动，同时起跳腿积极地蹬伸，完成起跳动作。在起跳过程中摆动腿应屈腿、扣膝，向起跳腿一侧肩部摆动。手臂的摆动可采用双臂交替或双臂同时上摆带动身体向上腾起。

3. 过杆和落地

完成起跳，进入腾空状态。身体逐渐转向，背对横杆，摆动腿的膝关节放松并自然下放，肩向后伸展，头和肩先过杆，髋部充分展开，身体成“桥”，背部与横杆呈正交叉状态。当躯干、臀部飞越横杆后，随即收腹，两小腿积极地向上甩起，两腿伸直，以肩背部领先落垫，如图 6-7 所示。

图 6-7　背越式跳高

知识小课堂

跳高技术的演变

1. 跨越式到剪式

在跨越式之后，剪式跳高开始流行。剪式跳高也叫“东方式跳高”，运动员采用侧面直线助跑，用远离横杆的腿起跳，在空中时，摆动腿先过杆，然后起跳腿迅速向上收起并越过横杆，身体在空中形成剪刀交叉的姿势。剪式跳高相比跨越式，能更好地利用身体的摆动和速度，使运动员能够跳过更高的高度，在19世纪末到20世纪初，剪式跳高成为主流跳高技术。

2. 滚式的出现

20世纪20年代，滚式跳高被发明出来。运动员采用侧面弧线助跑，起跳后，身体向横杆方向旋转，以背部和臀部依次越过横杆，就像在横杆上滚动一样。滚式跳高使运动员的身体重心更接近横杆，大大提高了过杆的效率，许多优秀运动员采用这种技术取得了优异的成绩。

3. 俯卧式的辉煌

20世纪60年代，俯卧式跳高达到鼎盛时期。运动员采用较长的助跑，起跳后身体呈俯卧姿势越过横杆，头部和胸部先过杆，然后依次是腹部、腿部。俯卧式跳高对运动员的身体素质和技术要求极高，但能让运动员充分发挥自身的潜力，跳过前所未有的高度。当时，众多世界纪录都是由采用俯卧式技术的运动员创造的。

4. 背越式的革新

20世纪70年代，背越式跳高横空出世，彻底改变了跳高运动的格局。背越式跳高运动员采用弧线助跑，起跳后身体向后仰，以背部先越过横杆。这种技术的最大优势在于运动员在过杆时，身体重心可以低于横杆，极大地提高了过杆的成功率。背越式跳高一经出现，便迅速被世界各地的运动员广泛采用，成为现代跳高比赛中最主流的技术，至今仍在不断发展和完善。

（二）主要练习方法

1. 学习起跳技术

①侧对横杆和肋木或在地上画横线，起跳脚放在前面，即（左脚）迈步放脚做摆腿、送髋和起跳腿蹬伸的练习。要求摆动腿屈膝内扣，向异侧肩的方向摆动，同时骨盆跟着扭转，起跳腿蹬伸并提踵。

②在走动中做上述练习，接着起跳腿蹬离地面完成起跳。

2. 练习弧线助跑与起跳相结合的技术

①练习弧线助跑，沿直径10～15米的圆圈快跑。

②沿直径10～15米的圆圈跑，每4步做一次起跳。

③弧线助跑起跳后，头和手触高物（篮网、吊球等）。

④弧线助跑后在横杆旁起跳。

3. 学习过杆和落地技术

①在垫子上仰卧，两肩和两脚掌撑地，做向上抬臀、挺髋动作。

②背对垫子站立，然后提脚跟、挺腹和仰头、挺胸，肩向后倒落在垫子上。

③立定背越式跳高，此练习可站在弹跳板或低跳箱上进行，也可以在横杆和橡皮筋上练习。

④ 4 步弧线助跑，背越式过横杆。

4. 全程助跑练习、完整技术练习

①做 4 步弧线助跑过低杆练习。

②做 6 ～ 8 步弧线助跑背越式过杆练习。

③全程助跑越过横杆练习。

楷模风范

跳高传奇运动员——朱建华

朱建华是中国田径史上的一位传奇跳高运动员。他出生于 1963 年，从小就展现出了出色的运动天赋。1973 年，10 岁的朱建华开始接受跳高训练，在教练的悉心指导下，他的跳高成绩不断提高。

1983 年，在第五届全运会预赛中，朱建华以 2.37 米的成绩打破男子跳高世界纪录，震惊了国际田坛。同年 9 月，在全运会决赛中，他又以 2.38 米的成绩再次打破世界纪录，成为当时中国体育界的骄傲。1984 年，朱建华代表中国参加洛杉矶奥运会，在男子跳高比赛中，他以 2.31 米的成绩获得铜牌，这也是中国田径在奥运会跳高项目上取得的第一枚奖牌。

朱建华的成功，不仅在于他出色的身体素质，更在于他对跳高技术的不断钻研和创新。他在训练中不断探索适合自己的助跑节奏、起跳点和过杆方式，通过科学的训练方法和顽强的毅力，一次次突破自我，为中国跳高运动的发展作出了巨大贡献。尽管他的运动生涯后期也面临一些挑战，但他在跳高领域留下的辉煌成就，激励着无数后来的中国运动员不断追求卓越。

二、立定跳远

跳远是通过助跑、起跳、腾空和落地等一系列动作，使人体尽可能远地越过一定距离的一项田径运动项目。跳远能发展人的速度、弹跳力和灵巧性，增进身体的健康。立定跳远是指运动员双脚站立在起跳线后，不助跑，仅依靠自身的腿部力量和爆发力，通过双脚蹬地起跳，在空中保持一定的姿态后落地，主要考查运动员的下肢爆发力和协调性。

(一) 立定跳远技术

立定跳远技术由预摆、起跳、腾空和落地四部分构成。

1. 预摆

双脚左右开立，与肩同宽或略宽，两臂自然下垂。开始预摆时，两臂由后向前上方摆动，同时两腿伸直；当两臂摆至前上方时，迅速向后摆动，此时两腿屈膝，降低重心，上体稍前倾，手尽量往后摆。预摆过程中要保持身体的稳定，呼吸均匀，一般预摆 2 ～ 3 次，为起跳做好充分准备。

2. 起跳

在预摆结束后，双脚快速用力蹬地，使腿部肌肉迅速收缩，产生向上的爆发力。同时，两臂迅速由后向前上方摆动，带动身体向上腾空。起跳时，头部要保持正直，眼睛注视前方，肩部要放松，避免耸肩，以保证身体的平衡和稳定。

3. 腾空

起跳后，身体进入腾空阶段。此时，要保持身体的伸展姿态，尽量向上和向前飞跃。同时，迅速收腹举腿，将大腿尽量贴近胸部，使身体重心向前上方移动，为落地做好准备。在腾空过程中，身体要保持平衡，头部、肩部和四肢的动作要协调配合。

4. 落地

在即将落地时，小腿要尽量前伸，使脚跟先着地，然后迅速过渡到全脚掌。落地后，双腿要屈膝缓冲，降低身体重心，保持身体的平衡，防止摔倒或后倒。同时，上体要保持正直，避免前倾或后仰，以确保落地的稳定性。

(二) 主要练习方法

1. 练习下肢力量

(1) 深蹲

双脚与肩同宽或略宽，缓慢下蹲至大腿与地面平行，保持一段时间后缓慢站起，可分组进行，每组 10 ～ 15 次，进行 3 ～ 4 组。随着能力提升，可适当增加杠铃等负重，增强腿部肌肉的绝对力量。

(2) 蛙跳

双脚分开与肩同宽，屈膝下蹲后像青蛙一样向前跳跃，每次跳跃尽量保持远度和高度，连续进行，每组 10 ～ 15 次，进行 3 ～ 4 组。此练习能有效锻炼腿部的爆发力和弹跳能力。

(3) 提踵

双脚与肩同宽，前脚掌站在台阶或踏板上，后脚跟悬空，缓慢抬起脚跟，尽量向上踮起脚尖，然后缓慢放下，每组 15 ～ 20 次，进行 3 ～ 4 组，主要锻炼小腿肌肉力量，有助于提高起跳时的蹬地效果。

2. 练习腰腹力量

（1）仰卧起坐

平躺在垫子上，双腿屈膝，双手抱头或放在耳边，利用腹部力量将上半身抬起，与地面成一定角度，每组 15 ～ 20 次，进行 3 ～ 4 组，可增强腹部肌肉力量，为腾空时的收腹举腿动作提供支持。

（2）平板支撑

双肘和双脚支撑地面，保持身体呈一条直线，腹部收紧，不要塌腰或撅臀，每次坚持 30 ～ 60 秒，进行 3 ～ 4 组，能有效锻炼腹横肌等深层肌肉，提高身体在腾空和落地时的稳定性。

（3）空中单车

平躺在垫子上，双腿伸直抬起与地面成一定角度，然后双腿模拟蹬自行车的动作，缓慢而有节奏地进行，每组进行 30 ～ 60 秒，完成 3 ～ 4 组，可增强腹部和髋部的肌肉力量，有助于在立定跳远中更好地控制身体姿态。

3. 完整技术练习

反复进行立定跳远的完整动作练习，注意预摆、起跳、腾空和落地的动作衔接和协调性，不断改进技术动作。

三、三级跳远

三级跳远是一种连续跳远的项目，是助跑之后沿直线连续进行三次跳跃，可以充分展示运动者的矫健，可以有效地发展身体的协调性。三级跳远可分为助跑、第一跳、第二跳、第三跳、腾空和落地六个环节。此处介绍三级跳远的第一跳、第二跳和第三跳。其中，第一跳为单足跳，须用起跳腿落地，第二跳为跨步跳，须用摆动腿落地，第三跳用双脚落入沙坑，如图 6-8 所示。

图 6-8　三级跳远

三级跳的助跑一般跑 16 ～ 24 步。

第一跳（单足跳）是有力腿起跳，在空中做交换腿动作，有力腿落地。要点是尽量保持水平速度，起跳蹬地角约为 60°，身体重心轨迹长而平。

第二跳（跨步跳）仍是有力腿起跳，在空中呈腾空步姿势，落地之前有一个顺势高抬大腿的动作，做扒地式落地动作。

第三跳是无力腿起跳，应尽量利用所余的水平速度，并增加垂直速度，争取远度。蹬地角一般为 60° ～ 70°，起跳时两臂积极上摆，空中动作多采用蹲踞式。

第四节 投掷类运动

投掷是人类生产和生活活动中的常用动作，可以发展人的爆发力和动作准确性等。田径运动中的投掷项目有推铅球、掷铁饼和投标枪等，都是以投掷远度决定成绩的。本节详细介绍推铅球项目。

推铅球是站在直径为 2.5 米的投掷圈内，将铅球推到 40° 角的扇形区之内。推铅球技术可分为握球和持球、预备姿势、滑步、最后用力和维持身体平衡五个部分，重点是滑步技术和最后用力技术。推铅球主要有侧向滑步推铅球、背向滑步推铅球和旋转推铅球三种方式。下面将详细介绍背向滑步推铅球技术。

一、背向滑步推铅球技术

（一）握球和持球

握球时五指自然分开，手腕背屈。把球放在食指、中指和无名指根处，大、小拇指自然地扶在球的两侧，握球要稳。

握好球后把球放在肩上锁骨窝处，贴着颈部，手稍外转，掌心向前，右臂屈肘。持球和握球的方法，要根据个人的情况在实践中调整。

（二）预备姿势

背向滑步推铅球的预备姿势有高姿势和低姿势两种。

1. 高姿势

持球后，背对投掷方向，两脚前后开立，右脚在前，脚尖贴近投掷圈后沿，重心落在右腿上，左脚稍后，放松而自然弯曲，脚尖点地，距右脚约 15 ～ 20 厘米。上体正直放松，持球臂肘低于肩，左臂自然上举微屈，形成左肩高、右肩低的姿势。两眼注视前方 5 米左右。

2. 低姿势

持球后，背对投掷方向，两脚前后开立，右脚在前，脚尖贴近投掷圈后沿，左脚在后，前脚掌或脚尖着地，与右脚相距 50 ～ 60 厘米。上体屈，左臂自然下垂并稍向内，重心落在右腿上，两眼看前下方。

（三）滑步

滑步的目的是使器械获得一定的速度，并为最后用力创造良好的条件。

1. 背向滑步技术

背向滑步前先做一两次预摆（根据个人的情况，有的人可不做预摆），预摆时左脚离地，左腿向后上方摆出，上体自然前俯，左臂自然前伸，然后左腿回收，同时弯曲右腿，上体前俯，当左膝回收靠近右膝时，身体重心略向后移，右腿用力蹬伸，右腿向抵趾板中间偏右方向摆出。

右腿蹬离地面的方法有两种：一是右腿蹬直，以脚跟蹬离地面，这种方法对两腿的力量要求较高，蹬地力量大，效果比较好；二是右腿不完全蹬直，用前脚掌蹬离地面。这种方式较为省力、简单，初学者采用最为适宜。

由于右腿的蹬伸和左腿的后摆使身体向投掷方向移动，这时重心迅速收回到右腿的下面，右前脚掌在圆心处着地，与投掷方向成 90° ～ 130° 角，右脚、右膝和右髋要向投掷方向转动，右脚落地，左脚内侧支撑稍向外转，落地点在抵趾板中线靠右处，两脚几乎同时落地。

滑步结束时，上体前倾，左肩向右倾斜扭转，重心落在右腿上。铅球的投影点在右脚掌外侧。

2. 侧向滑步技术

滑步前预摆一两次（也可以不预摆），预摆的方法是左膝微屈，大腿用力向投掷方向摆动，上体向右倾，当身体平衡后，左腿回摆靠近右腿。接着左大腿用力向投掷方向摆出，同时右腿用力蹬伸。当右腿蹬直后，迅速将小腿向投掷方向收拉，脚尖稍向内转动，并将前脚掌落在圆心附近。在收腿过程中，左腿积极下落，以前脚掌内侧落在中线稍偏左处，形成推球前的动作。

（四）最后用力和维持身体平衡

最后用力是推铅球的主要环节，当滑步结束时，左脚着地的一刹那开始最后用力，在拉收右小腿的过程中，右膝和右脚向投掷方向转动，右脚着地后还要不停地蹬转，并推动右髋向投掷方向转动。由于右脚的蹬转，重心开始向左腿移动，上体迅速向投掷方向抬起，加快了铅球的运行速度。此时身体和头转到几乎面对投掷方向的程度，上体向右侧倾斜，左肩高于右肩，右腿继续蹬转，头和胸部快速转向投掷方向，重心移至左腿，迫使左腿微屈压紧支撑，并不停蹬伸支撑；快速将球推出，手指外翻拨出球。

二、铅球的练习方法

（一）学习原地推铅球的技术

①原地徒手做最后用力的模仿练习，可持轻重量实心球练习。

②正面轻推铅球练习，体会下肢协调用力的感觉，结合上肢推球的动作，两脚平开与肩宽。

③侧向原地推铅球，左侧正对投掷方向。

④原地背向推铅球。

（二）学习滑步推铅球

1. 圈外徒手滑步

①摆动腿摆动练习时可拉住同伴的手和肋木练习，两脚前后开立，成预备姿势，摆动腿后摆，带动身体向投掷方向移动。

②在摆动腿摆动的同时（左），右腿做蹬伸练习，注意蹬摆结合。

③蹬摆结束，迅速收拉右小腿，形成最后用力。

④徒手连续滑步，要求动作协调。

2. 持球滑步

从预备姿势开始做预摆和团身练习，持球滑步。

3. 滑步推铅球

这一步和最后用力结合，需要反复练习。

（三）完整技术练习

在练习中既要注意动作的连贯，又要注意技术的细节。

思考与练习

1. 如果你是跳远、接力跑比赛的主裁判，你将如何裁决这些比赛？想象比赛过程中可能会出现的问题并提出解决办法。

2. 请完整阐述跳高、推铅球的技术动作。

◆ 实训营

举办班级田径比赛

一、实训目标

①掌握田径运动中跑、跳、投等项目的基本技术动作。

②学会田径比赛的组织流程，包括赛程安排、裁判工作和场地布置。

③培养对田径运动的兴趣，增强团队合作意识和竞争精神。

二、实训设备与材料

田径场地（如学校操场）、比赛器材（如秒表、皮尺、实心球、铅球、跳高架、跳远沙坑等）、比赛记录表、奖品（如奖状、小奖品等）、摄影设备（用于记录比赛现场）。

三、实训内容

1. 比赛组织与筹备

①任务：组织一场班级田径比赛，包括赛程安排、裁判分工和场地布置。

②方法：

• 确定比赛项目（如 50 米短跑、立定跳远、实心球投掷等），制定比赛规则；

• 分组安排裁判员、计时员、记录员和场地工作人员，明确各自职责；

• 提前布置比赛场地，准备好比赛器材（如秒表、皮尺、实心球等）。

2. 田径比赛实施

①任务：按照赛程安排，组织并实施田径比赛，确保比赛公平、公正、安全进行。

②方法：

• 比赛前进行场地布置和器材准备，确保比赛顺利进行；

• 比赛过程中，裁判员严格执行比赛规则，计时员准确计时，记录员详细记录比赛成绩；

• 比赛结束后，组织颁奖仪式，颁发奖品（如奖状、小奖品等），并对比赛进行总结。

3. 比赛记录与总结

①任务：记录比赛过程中的数据（如成绩、名次），并对比赛进行总结分析。

②方法：

• 使用比赛记录表，记录每项比赛的成绩、名次和参赛选手表现；

• 比赛结束后，组织参赛选手和工作人员进行总结会议，分享比赛经验和感受；

• 分析比赛过程中出现的问题（如技术问题、组织问题等），提出改进建议。

4. 成果展示与汇报

①任务：每组展示比赛的组织过程和成果，分享经验教训。

②方法：

• 制作 PPT 或海报，展示比赛策划、赛程安排、比赛现场照片、比赛成绩等内容；

• 小组成员汇报比赛组织过程中的亮点和不足，分享改进措施；

• 学生撰写个人实训报告，总结实训收获和体会。

四、实训评价

1. 技能掌握评价

评价学生对所选田径项目的技能掌握程度，重点关注技术动作的规范性和熟练度。

2. 比赛组织评价

①评价比赛策划的合理性，包括赛程安排、规则制定、场地布置等。

②评价比赛实施的效果，重点关注比赛的流畅性、公平性和安全性。

3. 比赛记录与总结评价

①评价比赛记录的完整性和准确性，包括成绩记录、名次统计等。

②评价比赛总结的深度和广度，重点关注对问题的分析和改进建议。

4. 成果展示与汇报评价

①评价小组展示的内容完整性、逻辑性和创新性，以及团队成员的协作能力。

②评价个人实训报告的深度和广度，重点关注对比赛组织过程的反思和改进建议。

5. 小组互评与教师评价

小组成员互评，评价团队成员在比赛组织过程中的参与度和贡献；教师综合评价，给出改进建议。

第七章　健身健美与休闲运动

学习目标

知识目标

1. 了解健美操、体育舞蹈、瑜伽、健身健美、花样跳绳运动的定义、特点、起源与发展。
2. 掌握大众健美操的基本站立姿态、各部位基本动作、基本步伐。
3. 熟悉体育舞蹈的基本舞姿、舞步与风格特点。
4. 掌握瑜伽的基本体式、呼吸方法。
5. 掌握身体主要部位的基础训练方法。
6. 掌握花样跳绳基本动作、全国大众花样跳绳等级动作、车轮花样跳绳基本动作。

能力目标

1. 能够通过练习，亲身体验健美体操运动对身体姿态、柔韧性、协调性和心理状态的积极影响。

2. 能够在练习过程中，通过观察自身动作与标准姿势的差异，及时调整动作细节；同时，学会根据身体反应和心理状态，灵活调整运动强度和练习方式，确保安全与效果。

素质目标

1. 在健美操运动的练习中，能够通过呼吸控制、动作舒展和心理冥想等方式，提升身心协调能力，学会在压力情境下调节情绪、放松身心，增强心理韧性。

2. 在接触不同文化背景的运动项目时，能够理解并尊重多元文化的内涵与价值，培养跨文化交流能力与文化包容意识，同时增强对本土体育文化的认同感。

第一节　健美操

健美操

一、健美操概述

（一）健美操的起源与发展

健美操是一项以有氧练习为基础，融体操、舞蹈、音乐为一体，在音乐伴奏下，以身体练习为基本手段，达到增进健康、塑造形体和娱乐目的的一项体育运动。它体现了人体在力量、柔韧、协调、节奏感、审美及表现力等诸多方面的综合能力。

人们对健美健身的追求，以及提倡音乐与体操相结合的主张，是现代健美操形成与发展的基础。20 世纪 60 年代末，现代健美操在美国源起，最早出现在美国航空航天局，是美国医生库珀为宇航员所设计的体能训练内容之一。世界健美操的发展与美国有密切关系。20 世纪 80 年代初，美国影视明星简•方达，结合自身的健身经验和体会，编写了《简•方达健美术》一书。此时，健身热潮正在全球风靡，娱乐体育处于蓬勃发展中，因此这本书出版后，在世界范围内引起了轰动，极大地促进了健美操的发展。20 世纪 80 年代中期，美国正式举办每年一届的健美操锦标赛，并确定了竞赛规则和项目，至此，形成了竞技性的健美体操项目。

20 世纪 80 年代，我国也开始出现了健美操热潮。北京体育大学在 1984 年成立了健美操研究组，次年又创编了以“青年韵律操”为代表的六套健美操，并对其进行了推广，受到广大青年的喜爱。1986 年，《健美操试用教材》由北京体育大学编写并出版，这是我国第一部关于健美操的教材，同时北京体育大学正式在本科生中开设了健美操选修课。此后，健美操在全国高等院校中开展起来，成为一项重要的体育教学内容。

（二）健美操的分类

健美操可分为大众健美操和竞技健美操两大类，见表 7-1。

表7-1　健美操分类

<table>
<tr><th colspan="3">大众健美操</th><th>竞技健美操</th></tr>
<tr><td>徒手健美操</td><td>轻器械健美操</td><td>特殊场地健美操</td><td rowspan="2">男子单人
女子单人
混合双人
三人（混合或同性别）
集体六人（混合或同性别）</td></tr>
<tr><td>有氧健美操
形体健美操
拉丁健美操
搏击健美操
舞蹈健美操
健身街舞</td><td>踏板操
哑铃操
杠铃操
皮筋操
健身球操
花球操</td><td>水中健美操
固定器械健美操
垫上健美操</td></tr>
</table>

1. 大众健美操

大众健美操是一种有氧运动，其主要目的是“锻炼身体、保持健康”。大众健美操的动作简单，实用性强，为了保证一定的运动负荷和锻炼的全面性，动作多有重复，并多以对称的形式出现，还可使用轻器械或在特殊场地进行锻炼以增强锻炼效果。大众健美操的音乐速度较慢，一般为每 10 秒 20 ～ 24 拍，练习时间可长可短，练习要求也可以根据个体情况而变化，并且严格遵循健康、安全的原则，在保证安全的基础上，达到锻炼身体的目的。它适应不同年龄、性别、职业人群的锻炼需求，受到广大群众的喜爱，已在世界范围内得到广泛普及与开展。

2. 竞技健美操

竞技健美操是以竞技为主要目的的运动形式，对身体素质、技术能力和艺术表现力有较高的要求。竞技性健美操以成套动作为表现形式，在成套动作中必须展示连续的动作组合，综合使用七种基本步伐，并结合难度动作，是展示人体健、力、美和全面素质的竞赛项目。竞技健美操有特定的竞赛规则和评分办法，在参赛人数、比赛场地和成套动作的时间等方面都有严格规定。竞技性健美操的音乐速度为每 10 秒 26 拍以上，在动作的设计上也要求更加多样化。

二、健美操基本技术

（一）基本手型

1. 掌型（图 7-1）

①并掌：五指伸直并拢。

②开掌：五指用力分开伸直。

③花掌：又叫西班牙手型。在分掌的基础上，从小指依次内旋，形成一个扇面。

④立掌：手掌用力上屈，五指指关节自然弯曲。

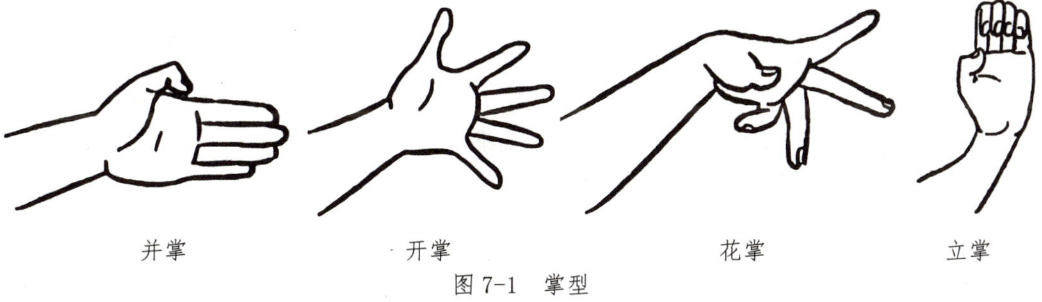

图 7-1　掌型

2. 拳型

四指卷握，大拇指末关节压住食指、中指的第二关节，如图 7-2 所示。

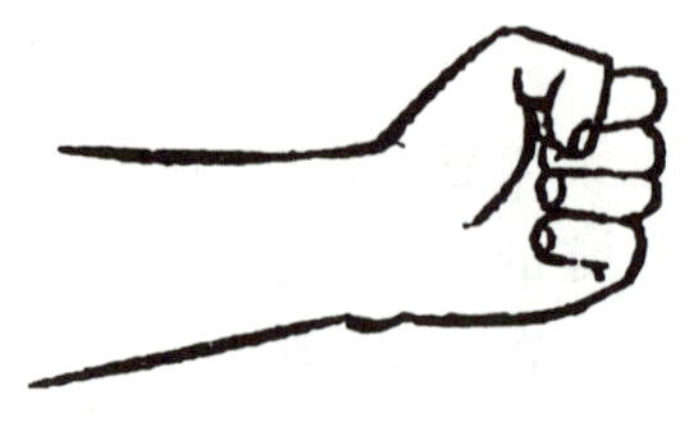

图 7-2　拳型

3. 指

①一指：拇指与中指、无名指、小指相叠，食指伸直。

②剑指：拇指与无名指、小指相叠，中指与食指并拢伸直。

③响指：无名指、小指屈，拇指与中指用力摩擦打响。

（二）基本步法

1. 踏步类

（1）踏步

如图 7-3 所示，两腿原地依次抬起，依次落地，两臂自然前后摆动。落地时，由脚尖过渡到脚跟，踝、膝、髋关节依次有弹性地缓冲。

（2）走步

如图 7-4 所示，迈步向前走时，脚跟先落地，过渡到全脚掌；向后走时则相反。其技术要点基本与踏步相同。

图 7-3　踏步

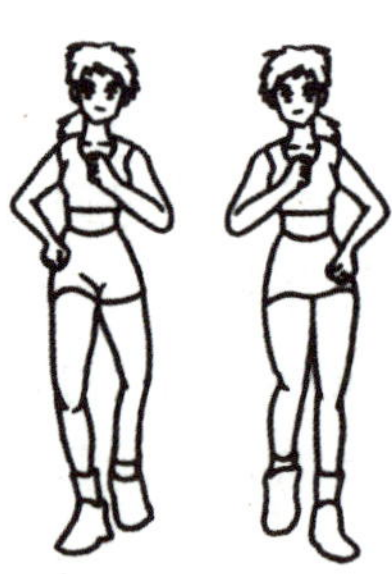

图 7-4　走步

（3）一字步

如图 7-5 所示，一只脚向前一步，另一只脚并于前脚，然后依次还原。前后均要有并脚过程；每一拍动作膝关节始终有弹性地缓冲。

（4）“V”字步

如图 7-6 所示。一只脚向前侧方迈一步，另一只脚随之向另一侧方迈一步，成两脚开立，屈膝，然后依次退回原位。两脚间距离略比肩宽，重心落于两腿之间。

图 7-5　一字步　　　　图 7-6　“V”字步

（5）漫步

如图 7-7 所示，一只脚向前迈出，屈膝，重心随之前移，另一只脚稍抬起，然后原地落下；或向后撤一步，重心后移，另一只脚稍抬起，然后原地落下。动作富有弹性，身体重心随之前后移动。

（6）跑步

如图 7-8 所示，两腿经过腾空，依次屈膝落地缓冲，脚跟要着地，两臂屈肘摆臂。

图 7-7　漫步

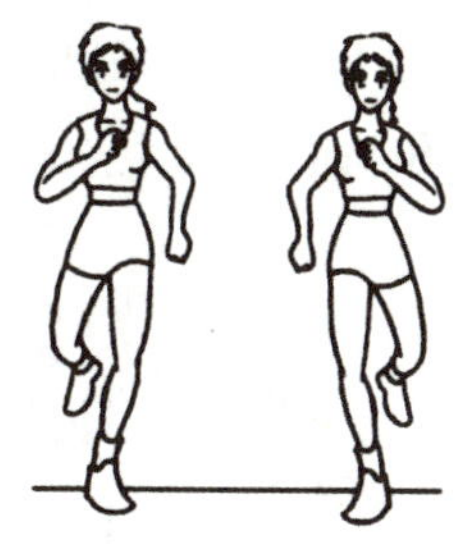

图 7-8　跑步

2. 迈步类

一条腿先迈出一步，重心移至该腿，另一条腿用脚跟、脚尖点地或吸腿、屈腿、踢腿后向另一个方向迈步。

（1）并步

如图 7-9 所示，一只脚迈出，另一只脚随之并拢屈膝点地；再向反方向迈步。两膝保持弹动，重心随之移动，动作幅度和力度可随风格而定。

（2）侧交叉步

如图 7-10 所示，一只脚向一侧迈一步，另一只脚在其后交叉，随之再向另一侧迈一步，另一只脚并拢，屈膝点地。第一步脚跟先落地，屈膝缓冲，身体重心随脚步快速移动。

图 7-9　并步　　　　图 7-10　侧交叉步

3. 点地类

一条腿屈膝站立，另一条腿伸出，用脚尖或脚跟点地后还原到并腿位置。

（1）脚尖点地

如图 7-11 所示，一条腿稍屈膝站立，另一条腿伸出（向前、向后、向一侧），脚尖点地，然后还原到并腿姿势。支撑腿始终保持屈膝站立，并随动作有弹性地屈伸。

（2）脚跟点地

如图 7-12 所示，一条腿稍屈膝站立，另一条腿伸出，脚跟点地，然后还原到并腿姿势。只可做向前和向侧的脚跟点地。

图 7-11　脚尖点地

图 7-12　脚跟点地

4. 抬腿类

一条腿站立，另一条腿抬起。

（1）提腿

如图 7-13 所示，一条腿屈膝抬起，落地还原。上体保持正直，大腿用力上提超过水平，小腿自然下垂。

（2）摆腿

如图 7-14 所示，一条腿稍屈膝站立，另一条腿做摆动。摆腿时，上体顺势前倾、后倾或侧倾。

（3）踢腿

如图 7-15 所示，一条腿稍屈膝站立，另一条腿抬起，然后还原。踢腿时，加速用力且有控制，上体保持正直。

图 7-13　提腿　　图 7-14　摆腿　　图 7-15　踢腿

（4）弹踢腿（跳）

如图 7-16 所示，一条腿站立（蹬跳），另一条腿先向后屈，再向前下方弹踢，还原。腿弹出时要有控制，无须踢太高，上体保持正直。

（5）后屈腿（跳）

如图 7-17 所示，一条腿站立（蹬跳），另一条腿向后屈膝折叠，放下腿还原。后屈腿的脚跟靠近臀部，支撑腿有弹性地缓冲落地，两膝并拢。

图 7-16　弹踢腿（跳）　　图 7-17　后屈腿（跳）

三、成套健美操内容

（一）成套健美操介绍

1. 目的与意义

通过富有节奏感、趣味性的健美操形式，吸引广大群众参与健身活动，提升身体素质和健康水平，让不同健身基础的人群都能找到适合自己的锻炼方式，养成运动习惯。

2. 特点

（1）动作多样

融合了各种步伐，像踏步、侧并步、交叉步等，还有踢腿、转体、摆髋等动作，组合丰富，可满足不同锻炼需求。

（2）强度适中

整体强度多处于中低强度水平，兼顾了健身效果与参与的可行性，适合多数人练习，能避免运动强度过大带来的不适。

（3）音乐配合

搭配节奏明快、旋律动听的音乐，音乐节拍和舞蹈动作紧密相连，让练习者能更自然地跟上节奏，增强锻炼的趣味性。

3. 级别划分

健美操分为多个级别，从初级到较高级别难度逐步递增，初级注重基础动作的掌握和简单的有氧训练，随着级别的升高，动作组合更复杂、节奏变化更丰富，对协调性、力量等各方面身体素质的要求也更高，方便不同水平的人循序渐进地锻炼提升。

4. 锻炼效果

（1）增强心肺功能

持续的有氧练习能使心肺得到有效锻炼，提升心肺的耐力和工作效率。

（2）塑造身体线条

能活动到全身肌肉，有助于燃烧脂肪、增强肌肉力量，让身体形态更加优美。

（3）提升协调性与节奏感

通过各种动作配合音乐节奏，能显著提高身体各部位配合的协调性以及对节奏的把握能力。

（二）第三套大众健美操二级规定动作

第三套大众健美操二级属于初级难度的动作，适合初级健身锻炼者，这套动作以学习和掌握健美操基本动作和基本步伐为主，主要动作有踏步、弹动、弓步、蹲、移中心、侧并步、向前踢弹、开合跳等，配合简单的上肢动作，保持中低强度的有氧训练。还增加了腹背力量练习、伸拉练习等低强度有氧训练。

（三）第三套大众健美操四级规定动作

第三套大众健美操四级属于中等难度的动作，适合有一定基础的健身锻炼者，包含多种复杂的步伐和动作组合，如踏步、踢腿、跳跃、转体等。动作节奏变化丰富，需要较好的身体协调性、柔韧性和力量才能完成。

（四）第三套大众健美操六级规定动作

第三套大众健美操六级是一套具有较高难度的动作。这套有氧舞蹈动作复杂多变，包含了大量的跳跃、旋转、移动等动作，同时还要求动作节奏变化丰富，对身体的协调性和节奏感有较高要求。如可能会有快速的步伐切换、高难度的转身动作以及力度较大的跳跃动作等。音乐节奏明快、动感强烈、速度较快、节拍清晰，能够充分激发舞者的活力和热情，使舞者更容易投入舞蹈，提升锻炼效果。

第二节　体育舞蹈

一、体育舞蹈概述

（一）体育舞蹈的起源

体育舞蹈是由交谊舞演变而来的竞技性体育项目，其起源可追溯至欧洲古老民间舞蹈。16 世纪，英国盛行被称为乡村舞的队列舞；17 世纪，法国的小步舞广受欢迎；18 世纪末，华尔兹逐渐被上流社会接受，并在法国广泛流行。19 世纪初，华尔兹出现了近距离握抱形式，这种形式猛烈冲击了传统交谊舞观念，引发了革命性变化。此后，波尔卡以近距离握抱形式传播并成为交谊舞的一种。进入 20 世纪，狐步舞、探戈等交谊舞相继出现，交谊舞逐渐形成了风格鲜明、舞步规范的技巧体系。

为了普及交谊舞，舞蹈教师将其规范化、职业化，并通过比赛竞技化。1924 年，英国皇家舞蹈教师协会对交谊舞进行整理，系统化和规范化了布鲁斯、慢华尔兹、慢狐步舞、快华尔兹、快步舞、伦巴、探戈等舞种的动作要求。1950 年，首届黑池舞蹈节举办，此后每年 5 月下旬，黑池都会举行世界性舞蹈大赛，推动了国际标准交谊舞在全球范围的推广与发展。第二次世界大战后，英国皇家舞蹈教师协会整理了拉丁舞舞种，并将其纳入国际标准交谊舞范畴。1960 年，拉丁舞成为世界标准交谊舞锦标赛项目之一，至此，国际标准交谊舞形成了包含标准舞和拉丁舞两大项群、10 个舞种的统一舞步体系。

（二）体育舞蹈的分类

体育舞蹈按照舞蹈风格和技术结构可分为标准舞和拉丁舞，按照比赛项目可分为标准舞、拉丁舞和团体舞。

1. 标准舞

标准舞由华尔兹舞、维也纳华尔兹舞、探戈舞、狐步舞和快步舞 5 个舞种组成，下面对这些舞种的特点进行具体阐述。

（1）华尔兹舞

华尔兹舞也称慢三步舞，它是从维也纳华尔兹舞演变而来的。舞曲节奏为 3/4 拍的中慢板，舞曲速度为每分钟 28 ～ 30 小节。每小节 3 拍为一组舞步，第一拍为重拍，第二、三拍为弱拍。华尔兹舞结合身体的升降、倾斜、摆荡，带动舞步的移动，使舞步起伏延绵，整个动作大气、华丽、典雅。

（2）维也纳华尔兹舞

维也纳华尔兹舞即“快三步”，也被称为“圆舞”，起源于奥地利。舞曲节奏为 3/4 拍，速度为每分钟 56 ～ 60 小节。每小节为 3 拍，第一拍为重拍。基本步伐是 6 拍走 6 步，两小节为一循环，第一小节为一次起伏。基本动作是左右快速旋转步，完成反身、倾斜、摆荡、升降等技巧。舞曲旋律流畅华丽，节奏轻松明快，动作舒展大方、热情奔放、翩跹回旋。

（3）探戈舞

探戈舞被称为“舞中之王”，起源于阿根廷。探戈舞曲节奏为 2/4 拍，速度为每分钟 30 ～ 34 小节。每小节 4 拍，第一拍为重拍。舞步有快步（Quick，Q）和慢步（Slow，S），快步为半拍，慢步为一拍，基本节奏为 S、S、Q、Q、S。舞曲以切分音为主，带有附点和停顿。舞步顿挫有力，潇洒豪放，身体动作无起伏、无升降、无旋转；表情严肃，有左顾右盼的头部闪动动作。

（4）狐步舞

狐步舞也称“福克斯”，起源于美国。舞曲节奏为 4/4 拍，速度为每分钟 28 ～ 30 小节，每小节为 4 拍，第一拍为重拍，第三拍为次重拍。基本步伐是 4 拍走 3 步，每 4 拍为一循环。舞步也分快、慢步，基本节奏为 S、S、Q、Q。以脚踝、脚底、掌趾的动作完成升降起伏。舞步流畅平滑，平稳大方，舞姿优雅飘逸，富于流动感。

（5）快步舞

快步舞起源于英国。舞曲节奏为 4/4 拍，速度为每分钟 48 ～ 52 小节，每小节 4 拍，第一拍为重拍，第三拍为次重拍。舞步分快、慢步，快步占半拍，慢步占 1 拍，基本节奏为 S、S、Q、Q 和 S、Q、Q、S。舞步组合有跳步、荡腿、滑步等动作。舞曲风格逍遥，节奏明快，舞姿轻松，步法快速多变、轻快灵动，充满活力。

2. 拉丁舞

拉丁舞由伦巴舞、恰恰舞、桑巴舞、牛仔舞和斗牛舞 5 个舞种组成，下面对这些舞种的特点进行具体阐述。

（1）伦巴舞

伦巴舞起源于古巴，16 世纪传入拉丁美洲，有着“拉丁舞之魂”的美誉。舞曲节奏为 4/4 拍，速度为每分钟 28 小节左右。每小节 4 拍，从第四拍起跳，由一个慢步和两个快步组成，基本节奏为 Q、Q、S。伦巴舞音乐缠绵抒情，舞姿柔媚动人，动作舒展优美，充满浪漫的情调。

（2）恰恰舞

恰恰舞起源于墨西哥，后传入拉丁美洲，在古巴得到发展。舞曲节奏为 4/4 拍，舞曲

速度为每分钟 30 ～ 32 小节。每小节 4 拍，重拍在第一拍，4 拍走 5 步，基本节奏是 S、S、Q、Q、S。舞曲热情奔放，舞蹈风格活泼，舞步风趣俏皮，动作利落、紧凑。

（3）桑巴舞

桑巴舞起源于巴西，是巴西一年一度的狂欢节的标志性舞蹈，被称为巴西的“国舞”。舞曲节奏为 2/4 拍或 4/4 拍，每分钟 52 ～ 54 小节。重拍在每小节的第二拍或第四拍。每小节完成一个基本舞步。基本节奏可以是 2 步（S、S）、3 步（S、Q、Q）、4 步（Q、Q、Q、Q）等。桑巴舞流动性强，律动感突出，起伏强烈，舞步奔放、敏捷，极具感染力。

（4）牛仔舞

牛仔舞起源于美国，原是美国西部牛仔跳的踢踏舞，后由于爵士乐的流行，演变成了如今的牛仔舞。舞曲节奏为 4/4 拍，舞曲速度为每分钟 42 ～ 44 小节。牛仔舞由基本舞步踏步、并合步，结合跳跃、旋转等动作组合而成。牛仔舞的舞曲节奏快速兴奋，舞姿轻松、热情、欢快，步法自由多变。

（5）斗牛舞

斗牛舞起源于法国，盛行于西班牙。舞曲节奏为 2/4 拍，速度为每分钟 60 ～ 62 小节。音乐雄壮，舞姿威猛、挺拔，舞步坚定，发力迅速，动静鲜明，收步敏捷、顿挫。

二、华尔兹的基础内容

（一）华尔兹基本元素

1. 升降

在华尔兹舞蹈过程中，舞者需要进行身体的升降动作。升降不仅为舞蹈增添了层次感和立体感，还使得舞蹈动作更加流畅和自然。舞者需要准确地掌握身体的起伏和重心转移，以确保升降动作的准确性和优美性。

2. 摆荡

摆荡是华尔兹中另一个重要的元素。它指的是舞者在舞蹈过程中，通过身体的摆动和荡漾来展现出舞蹈的韵律感和流畅性。摆荡动作要求舞者充分利用身体的柔韧性和力量，使动作更加流畅和自然。同时，舞者还需要保持良好的身体控制能力和协调性，以确保摆荡动作的优美和稳定。

3. 倾斜

倾斜式技巧在华尔兹中同样至关重要。在前进、后退、旋转等动作中，舞者需要通过身体的倾斜来保持平衡和展现出优美的舞蹈线条。倾斜动作要求舞者具备良好的平衡感和身体控制能力，能够在保持舞蹈连贯性的同时，通过身体的倾斜来呈现出更加丰富的舞蹈效果。

4. 旋转

旋转是华尔兹中最为引人注目的动作之一。它要求舞者具备良好的平衡能力和协调性，以确保旋转的流畅和优美。在华尔兹中，旋转不仅包含舞者自身的旋转，还包括共舞双方在完成一个基本舞步后的旋转过程。这些旋转动作使得华尔兹舞蹈更加富有动感和变化，增强了其观赏性。

4. 闭式位

闭式位舞姿是华尔兹中最常见的身体姿态之一，男女双方身体相对，双手相握。

5. 开式位

开式位是华尔兹中另一种常见的身体姿态，男女双方身体侧向相对，手臂自然放松。

（二）华尔兹基本步伐

1. 前进与后退基本步

（1）前进步（以男士为例）

1 拍：右脚向前迈出，重心移至右脚，左脚脚跟离地，身体稍向前倾。

2 拍：左脚向前迈出，重心移至左脚，右脚脚跟离地，保持身体直立。

3 拍：右脚向前并于左脚旁，重心在两脚之间，完成一个小节的移动。

（2）后退步（以女士为例，与男士动作对称）

1 拍：左脚向后迈出，重心移至左脚，右脚脚尖点地，身体稍向后仰。

2 拍：右脚向后迈出，重心移至右脚，左脚脚尖点地，身体保持稳定。

3 拍：左脚向后并于右脚旁，重心在两脚之间，动作连贯自然。

2. 方形步

（1）男士动作

1 拍：右脚向前迈，重心移至右脚（沿正方形一条边前进）。

2 拍：左脚向左侧横迈，重心移至左脚（横向移动，形成正方形的另一条边）。

3 拍：右脚并于左脚旁，重心回至两脚之间。

4 ～ 6 拍：左脚向后退，右脚向右侧横迈，左脚并于右脚旁，完成正方形的后两条边。

（2）女士动作

与男士动作完全对称，即男士前进时女士后退，男士横迈时女士反向横迈。

3. 侧行步（横移步）

1 拍：主力脚（如男士左脚）向侧方迈出，重心随之前移，身体保持正直，肩膀与移动方向一致。

2 拍：动力脚（右脚）迅速向主力脚并拢，重心在两脚间短暂停留。

3 拍：再次以主力脚向侧方迈出，重复上述动作，形成连续的侧向移动。

4. 左转步

（1）男士动作

1 拍：右脚向前迈，同时开始向左转体（约 45°），重心移至右脚。

2 拍：左脚向侧后方迈，继续左转（再转 45°，共 90°），重心移至左脚。

3 拍：右脚并于左脚旁，完成左转，重心回至两脚之间。

（2）女士动作

与男士反向配合，男士向前左转时，女士向后左转，转体角度相同，保持两人舞蹈框架不变。

5. 右转步

（1）男士动作

1 拍：左脚向前迈，开始向右转体（约 45°），重心移至左脚。

2 拍：右脚向侧后方迈，继续右转（再转 45°，共 90°），重心移至右脚。

3 拍：左脚并于右脚旁，完成右转，重心稳定。

（2）女士动作

与男士对称，男士向前右转时，女士向后右转，保持转体同步，确保两人动作协调。

6. 拂形步

（1）男士动作

1 拍：右脚向前迈，重心移至右脚，身体稍向前倾。

2 拍：左脚向侧后方“拂扫”迈出（脚掌轻擦地面），重心随之后移，同时身体微转（通常右转约 45°）。

3 拍：右脚向左脚方向并拢，形成交叉步姿态，重心在两脚间，身体保持延伸感。

（2）女士动作

与男士配合，男士向前时女士后退，男士拂扫时女士反向拂扫，最终形成对称的交叉造型。

三、牛仔舞的基础内容

（一）牛仔舞基本元素

牛仔舞的基本元素包括摆荡、弹动和踢腿。这些元素在牛仔舞中起着至关重要的作用，共同构成了牛仔舞的基本动作和风格。

1. 摆荡

摆荡是牛仔舞中的一个重要元素，通常涉及胯部的动作。胯部会向抬起的一条腿的反向摆动，这种动作使得舞蹈更具动感和节奏感。

2. 弹动

弹动是指身体在跳舞时向下压低然后再恢复实际高度，而不是跳跃。这种动作使得舞蹈更加稳定和流畅，避免了过多跳跃的动作。

3. 踢腿

踢腿是牛仔舞中的一个常见动作，通过腿部动作增加舞蹈的力度和动态效果。

（二）牛仔舞基本步伐

1. 基本步

左右脚交替前进，每步占一拍，共四步。这是牛仔舞中最基本的步伐，也是其他复杂步伐的基础。

2. 侧滑步

向左侧滑一步，再向右滑一步，共两拍。这个步伐注重脚步的灵活性和身体的协调性。

3. 摇摆步

左脚向前迈一步，右脚紧跟并轻触地面，然后右脚向后退一步，左脚紧跟并轻触地面，共四拍。这个步伐体现了牛仔舞的摇摆和节奏感。

4. 后退追步

这是牛仔舞中最基本也是最经典的步伐之一。舞者先将右脚向后迈出一步，同时左脚跟随右脚向后滑动，形成“后退”效果。随后，右脚再向前迈出，左脚跟上，完成“追步”。关键在于保持身体平衡和节奏连贯性。

5. 美式旋转

舞者以右脚为轴心进行顺时针或逆时针旋转，同时左右手配合旋转方向摆动，保持身体协调性和美感。这个步伐要求舞者有良好的身体控制能力和节奏感。

6. 时间步

舞者先迈出右脚，再迈出左脚，同时右脚再跟上左脚，形成一种“时间流逝”的效果。时间步常用于连接其他步伐或作为舞蹈的开头和结尾，关键在于保持脚步清晰和节奏准确。

7. 跟掌点地

舞者先将右脚向前迈出，同时左脚跟上并点地，再迅速换脚，完成一个完整的跟掌点地步伐。这个步伐注重脚掌的灵活性和身体的协调性。

此外，还有一些其他常见的牛仔舞基本步，如跳跃步，左脚向前跳一步，右脚紧跟并轻触地面，共两拍；拉步，左脚向前迈一步，右脚向左脚方向拉，共两拍；推步，左脚向前迈一步，右脚向左脚方向推，共两拍；滑步，左脚向前滑一步，右脚紧跟并轻触地面，共两拍。

思考与练习

1. 简述体育舞蹈对大学生的学习和生活有哪些意义和影响。
2. 除了上述体育舞蹈，你还知道哪些体育舞蹈项目？

第三节　瑜伽

一、瑜伽的起源

瑜伽起源于古老的印度。梵文中瑜伽的本意是“和谐”“相应”“统一”。远古一些修行者发现森林里的动物生病后不经过任何治疗就可以使疾病痊愈，于是这就启发了他们观察并注意动物及自然本身所具有的潜在治愈力。瑜伽的大多数动作通过模仿动物及植物的形态来调节身体，塑造身体姿态。它集健美、强身、修心、养性于一身，是人类在最原始的自然状态下创造的一种身心双修的方法。

二、瑜伽的基础内容

（一）瑜伽呼吸

1. 腹式呼吸

仰卧，把手放在腹部上。两鼻孔慢慢吸气，同时放松腹部，感觉空气被吸向腹部。手能感觉到腹部越抬越高，实际上这是横膈膜下降，将空气压入肺部底层。吐气时，慢慢收缩腹部肌肉，横膈膜上升，将空气排出肺部。

2. 胸式呼吸

盘腿坐，脊背挺直，双手置于肋骨处。两鼻孔慢慢吸气，同时双手感觉肋骨向外扩张并向上提升。呼气，体会肋骨下移并向内并拢。

3. 完全呼吸

盘腿坐正，一手放在腹部，一手放在肋骨处。缓缓地吸气，同时感觉腹部慢慢鼓起。先让空气充满肺的下半部，再让空气充满肺的上半部。当空气充满了肺部的每一个角落，已经吸到双肺的最大容量时，再缓缓地呼气。先放松肺的上半部，再放松肺的下半部和腹部，最后收缩腹肌，把气体完全排净。

（二）瑜伽常见坐姿

1. 简易坐

练习者坐在垫子上，两腿向前伸直，然后左腿屈膝，左脚脚掌贴在右大腿根部；右脚贴在左小腿外侧；两膝下沉、放松，两手搭放在膝关节上。上体挺直，两肩和两臂下沉、放松，下颌微收，脊柱拉长。

2. 半莲花坐

练习者以简易坐为起始动作，将右脚放在左大腿上。腰背挺直，头、颈、躯干保持在一条直线上。练习者保持这个坐姿一段时间后，可以交换两腿的位置继续练习。

3. 莲花坐

练习者以半莲花坐为起始动作，左脚抽出，左腿绕过右小腿外侧，将左脚搭放在右大腿上，两脚脚掌向上；两手放在两膝上，掌心向上，拇指与食指轻触在一起，其余三指自然打开；两膝尽量靠近两侧地面。

（三）瑜伽休息术

1. 仰卧式

仰卧式属于最行之有效的瑜伽休息体式，能够推动呼吸处于缓慢而顺畅的状态，能够使练习者的失眠、神经衰弱、身体机能紊乱等问题得到有效治疗；对高血压、心脏病等疾病产生缓解作用；能够让练习者的心灵逐步过渡到安静状态。

①准备。采取仰卧姿势，将头饰都解开；下巴略微收起，颈向后侧拉伸并向地面拉近；紧闭双目，使整个身体处于放松状态，使呼吸维持平静而自然的状态。

②手位。手臂放在身体两侧斜向下，掌心朝上。

③体位。腰骶展开，臀部稍向外移动；大腿、膝盖和双脚都微微外翻，自然地让全身下沉。

2. 婴儿式

婴儿式模仿胎儿在子宫中的姿势，是一种瑜伽休息体式，该体式不仅能有效放松练习者的整个脊柱和腰部，同时能使其神经系统处于安静状态。

①准备。跪在地面上，身体前倾，把额头放在地面上。

②手位。双臂放在身体臀部两侧，向后坐在脚跟上，手臂在体侧下沉，手背触底。

③体位。倘若臀部接触脚跟的难度很大，或者身体前倾感比较严重，建议练习者手臂朝前方伸出去下沉；倘若练习者头部难以和地面接触或患有眼部疾病，则建议其双手握拳，一个拳头置于另一个拳头上，额头置于两个拳头上。

3. 俯卧式

俯卧式作为一种瑜伽休息体式，不仅能让人全面休息，还能治疗落枕、消除颈部的僵硬症状，也能有效治疗腰椎疾患并预防各种不良体态，同时还可以增加人的安全感。

①准备。俯卧于地面，头部轻轻偏向侧面，轻轻地依靠在手臂的侧面；呼吸时感受腹部和地面轻微的挤压感。

②手位。手臂向上伸展出去。

③体位。整个躯干放松，双脚并拢，脚尖不动，脚跟外翻，小腿外侧下沉或双脚分开，脚跟朝内，脚尖朝外，大腿内侧、膝盖内侧和小腿内侧下沉。

三、瑜伽体式串联

（一）呼吸与体式的配合

呼吸与体式的配合是瑜伽练习中非常重要的环节，它不仅能够帮助练习者更好地完成体式，还能增强身体的柔韧性、力量和平衡性，同时促进身心的放松和冥想。呼吸与体式配合的原则如下。

①顺位原则：呼吸要与体式的动作顺序相匹配。一般来说，伸展和展开的动作（如手臂上举、脊柱后弯）通常与吸气配合；收缩和折叠的动作（如手臂下落、脊柱前屈）则与呼气配合。

②节奏原则：呼吸的节奏要平稳、均匀，避免急促或断断续续。呼吸的节奏可以根据体式的难度和持续时间进行调整，但总体要保持自然流畅。

③意识集中原则：在练习过程中，要将注意力集中在呼吸上，通过呼吸来引导身体的动作，同时感受身体的变化。

（二）拜日十二式

拜日十二式是瑜伽动作中的一种，是古印度人发明的一种早期瑜伽方式，由十二个姿势组成。拜日十二式可用于热身，有利于舒展身体，使内心平和，如图 7-18 所示。

图 7-18　拜日十二式

①祈祷式：双脚自然并拢，身体直立，双肩放松，目视前方。双手合十置于胸前，正常呼吸。

功效：使思绪集中和宁静。

②展臂式：保持双腿伸直不要弯曲，深长缓慢地吸气，将双手上举过头顶，伸直手肘，

脊柱向后缓慢弯曲到极限位置。

功效：伸展腹部脏器，促进消化，消除多余的脂肪。加强脊神经，开阔肺叶。

③前屈式：慢慢呼气，双手臂带动身体向前弯曲，保持双腿伸直不要弯曲，双手掌尽量按在地面上，上身尽量靠近双腿。

功效：预防胃病，促进消化，缓解便秘，使脊柱柔软，加强脊神经。

④骑马式：双手控制力量，慢慢吸气，左脚向后一大步，抬起背部，再次吸气，脊柱向后卷起，胸部推向前方。

功效：按摩腹部器官，改善其活动功能。加强两腿肌肉，增强平衡能力。

⑤顶峰式：呼气，放松背部，将右脚向后与左脚并拢，吸气，臀部上顶，伸直双膝，脚跟放在地面上，慢慢呼气，低头向下，肩背下压，尾骨转向天空的方向。

功效：强化四肢神经和肌肉。与前一姿势反方向弯曲脊柱，有助于增强脊柱的柔韧性和为脊神经供血。

⑥八体投地式：保持身体状态，慢慢弯曲手肘，双膝放在地面上，胸部下颌贴于地面。

功效：内脏倒置，促进内脏自我按摩和自愈，加强肠道蠕动，强化身体协调能力。

⑦眼镜蛇式：再次吸气，头部带动身体向前向上，伸直手肘，大腿和耻骨尽量贴于地面，颈部向上扬起，带动脊柱后卷。

功效：这个姿势对胃病，包括消化不良和便秘非常有用；锻炼脊柱，让脊神经焕发活力。

⑧顶峰式重复：同⑤。吸气时臀部向上顶起。

功效：同⑤。

⑨骑马式重复：同④。吸气，右脚向后一大步，头部抬起，带动脊柱向后卷起。

功效：同④。

⑩前屈式重复：同③。保持双手放在双脚两侧。吸气，收回右脚与左脚并拢，伸直双膝。上身靠近双腿。

功效：同③。

⑪展臂式重复：同②。吸气，双手臂带动身体慢慢向上、向后，脊柱向后卷起。

功效：同②。

⑫祈祷式重复：同①。呼气，收回手臂，双手合十，放回胸前。正常呼吸。

功效：同①。

思考与练习

1. 练习拜日十二式后，身心有什么变化？
2. 请你讲一讲瑜伽呼吸方式有哪几种。

四、瑜伽练习的注意事项

（一）练习瑜伽前的注意事项

①所有的瑜伽体式图都只是参照动作，具体做到什么程度，要根据个人情况而定。

②自行练习者一定要了解清楚每个体式练习的注意事项。

③如果练习者处于饱腹状态，血液会被大量输送到消化系统。而练习瑜伽时，血液会集中在肌肉和器官上，这无疑会影响消化和吸收。

④年长者、孕妇、骨骼方面有过损伤者、身体有特殊疾病的人应该在征得医生同意后，再进行练习。女性如果遇到经期，可以根据自己的体力做适当的练习，但避免倒立。

⑤要做好充分的热身，以防筋骨拉伤。

⑥保证练习环境安静通风。

（二）练习瑜伽时的注意事项

①时间安排与饮食要求。清晨吃早饭之前或傍晚是瑜伽锻炼的最佳时间。进餐后 3 小时左右练习瑜伽为宜，喝了流质食物则可在半个小时后开始练习。练习前尽量避免进食油腻、辛辣食物。

②身体清洁。洗澡可以让人体洁净，给人轻松的感觉，这样在进行某些练习时效果更好，因此许多人选择在练习前 1 个小时左右洗澡。此外练习者练习前须清理鼻腔，尽量清空肠道。

③衣着要求。练习瑜伽要尽可能穿着简单。练习时最好光着脚，并摘掉手表、腰带或其他饰物。

④练习场地与环境。练习瑜伽时要选择安静、清洁、空气新鲜的场地，如果在室内应注意保持空气的流通，这对于调息练习尤为重要。瑜伽练习时必须保持安静，避免交谈和心理活动，播放轻松简单的乐曲，以帮助身心能够集中。

⑤女性及某些患者的注意事项。女性在生理周期期间应避免做腹部过于用力的动作，如腹部过于用力地呼吸、做倒立类动作等。患高血压、低血压或头部受过伤害，眩晕、心衰的人应避免练习上体往下倒立的姿势，以免头部充血而发生危险。患椎间盘突出的人禁止做往前弓背的动作。

⑥练习方法。瑜伽体位包括弯、叠、折、俯、扭、抑、屈、伸、提、压等。不正确的练习会损害健康、扰乱心神，一定要在教师的指导下练习。练习瑜伽的每一步骤要谨慎，不可操之过急，练习过程中逐步增加力度和难度，顺其自然，循序渐进。

⑦休息。瑜伽休息有两种：第一种是短时间的休息，一般有 10 ～ 30 秒的休息，占用练习时间的五分之一左右；另一种是专门的休息，有时达十几分钟之久，甚至更长时间，如仰卧瑜伽放松术等。这种方法除了能达到放松的目的，还能帮助练习者恢复体内能量和精神。

（三）练习瑜伽后的注意事项

①休息半小时后再洗浴。瑜伽练习后体感非常敏锐，短时间内应避免忽冷忽热的刺激，保证体内能量有序流动。同时，休息后再洗浴能够避免毛孔过度扩张所造成的油脂清洗过度，从而保养皮肤天然保护层。

②练习后不要立即进食，最好半小时后再吃东西。因为在瑜伽练习中，消化器官得到了充分的按摩，练习后，它需要一定时间来休息调整，这样可以最大限度地保护和提升器官机能。

拓展阅读

瑜伽纪录片

下面介绍几部瑜伽纪录片，学生可以选择性地观看。

一、《瑜伽之光》（*Breathe*）

这部纪录片由微观映像工作室出品，是国内第一部聚焦瑜伽大师 B.K.S. 艾扬格的作品。艾扬格被视为“瑜伽界的米开朗琪罗”，其著作堪称瑜伽体式习练的“圣经”，他也是公认的最重要的瑜伽导师，被尊称为“现代瑜伽之父”。纪录片的拍摄历时三年，摄影团队深入印度孟买、浦那与艾扬格故乡百勒尔多地，经其家人授权，首度公开艾扬格生前珍贵影像，并独家采访其最亲密的家人和弟子。片中讲述了出身贫穷婆罗门的孱弱小孩艾扬格，如何自我追寻，最终为全世界瑜伽爱好者带来健康、安宁和智慧的历程，同时也展现了古老瑜伽文明如何通过他焕发生机，与当下生活紧密相连。通过观看这部纪录片，观众能从艾扬格的人生轨迹中，深刻感受到瑜伽在现代发展进程中的关键转折与传承脉络。

二、《神的呼吸——现代瑜伽的源头之旅》（*Der Atmende Gott*）

该纪录片从独特视角追溯现代瑜伽的源头。它带领观众深入古老印度，探寻瑜伽在漫长岁月中如何从最初简单的身心修行方式，逐步演变为如今风靡全球的健身与精神修炼体系。在纪录片中，观众可以看到瑜伽在不同历史时期，与印度本土宗教、哲学相互交融的过程，了解到其在印度社会各阶层中的发展与传播情况，帮助观众构建起对瑜伽发展历史的宏观认知，知晓现代瑜伽的诸多理念、流派形成的根源。

三、《觉醒：尤迦南达的一生》（*Awake：The Life of Yogananda*）

尤迦南达在瑜伽发展传播中占据重要地位，这部纪录片围绕他的生平展开。尤迦南达将印度瑜伽哲学与冥想实践带到西方，极大地推动了瑜伽在西方世界的普及。影片通过讲述他的成长、修行以及远渡重洋前往美国等经历，展现了瑜伽从印度走向全球的重要阶段。观看此片，能让观众理解瑜伽在跨文化传播过程中所面临的挑战与机遇，以及像尤迦南达这样的先驱者所作出的卓越贡献，进一步拓展对瑜伽全球化历史的认知。

第四节　健身健美

一、健美运动概述

健美运动是指采用专门的动作及方式进行肌肉锻炼，从而肌肉发达、增强体力、改善形体和陶冶情操的活动。健美运动不仅包括以比赛为目的的竞技健美运动，还包括以改善体形、体态为目的的群众性健美运动。

健美运动既可以徒手进行，如练习各种徒手健美操、韵律操、形体操和各种自抗力（用人体自身的能力与训练动作产生对抗的力量）动作；也可以配合各种各样的运动器械进行。常见的运动器械有杠铃、哑铃、壶铃等举重器械，单杠、双杠等体操器械，以及弹簧拉力器、滑轮拉力器、橡筋带和各种特制的综合力量练习器等。

二、健美训练的基本技术

（一）握法与握距

1. 握法

（1）正握（掌心向前）

特点：手掌朝前，手指和拇指环绕器械。这种握法适合大多数推举类动作（如杠铃卧推、引体向上）。

优点：能够更好地激活前臂和肱二头肌，适合需要较大抓握力的动作。

缺点：对腕部和前臂的压力较大，可能导致肌肉疲劳。

（2）反握（掌心向后）

特点：手掌朝后，手指和拇指环绕器械。这种握法常用于拉类动作（如反握引体向上、反握划船）。

优点：可以更好地激活肱二头肌，减少前臂疲劳。

缺点：对肩部和肘部的灵活性要求较高，可能增加受伤风险。

（3）中立握（掌心相对）

特点：手掌相对，常用于哑铃训练（如哑铃卧推、哑铃划船）。

优点：对肩部和腕部的压力较小，适合初学者或有肩部问题的练习者。

缺点：可能无法完全激活某些肌肉群，如肱二头肌。

（4）混合握（一手正握，一手反握）

特点：一只手臂正握，另一只手臂反握。常用于硬拉等需要较大抓握力的动作。

优点：可以增加抓握力，减少杠铃滚动。

缺点：可能导致两侧肌肉发展不平衡，且对肩部灵活性要求较高。

2. 握距

（1）窄握距

特点：双手间距小于肩宽。

优点：更多地激活肱三头肌和胸肌，适合卧推、划船等动作。

缺点：对肩部和肘部的压力较大，可能增加受伤风险。

（2）中握距

特点：双手间距与肩同宽或略宽。

优点：平衡地激活胸肌、肩部和肱三头肌，适合大多数基础动作的练习。

缺点：对肩部灵活性要求较高。

（3）宽握距

特点：双手间距大于肩宽。

优点：更多地激活胸肌和背阔肌，适合卧推、引体向上等动作。

缺点：对肩部和腕部的压力较大，可能导致肩部受伤。

（二）动作节奏

动作节奏是指在进行抗阻训练时动作的速度和时间控制。正确的动作节奏可以提高训练效果，减少受伤风险。

1. 离心收缩（负重阶段）

特点：肌肉在拉长的过程中抵抗阻力（如卧推时的下降阶段）。

建议：通常采用较慢的速度，用时 2 ～ 4 秒，这样可以更好地控制动作，增加肌肉的张力。

注意事项：避免快速下降，因为快速的离心收缩可能导致肌肉拉伤。

2. 等长收缩（静止阶段）

特点：肌肉在静止状态下抵抗阻力（如深蹲的底部停留）。

建议：在动作的转折点停留 1 ～ 2 秒，增加肌肉的张力和耐力。

注意事项：不要在静止阶段完全放松肌肉，否则可能导致动作失控。

3. 向心收缩（发力阶段）

特点：肌肉在缩短的过程中产生力量（如卧推时的上升阶段）。

建议：通常采用适中的速度，用时 1 ～ 2 秒，保持动作的连贯性。

注意事项：避免过度用力或借助惯性，这样会影响训练效果并增加受伤风险。

4. 放松阶段（返回起始位置）

特点：动作完成后返回起始位置。

建议：保持平稳的返回速度，避免突然放松或快速移动。

注意事项：在放松阶段仍需保持肌肉的轻微紧张，以避免关节压力过大。

（三）呼吸节奏

呼吸节奏在抗阻训练中非常重要，它可以调节身体的氧气供应，减小身体压力，提高训练效果。

1. 向心收缩（发力阶段）

呼吸方式：呼气。

原理：呼气可以帮助稳定核心肌群，增加腹内压，从而更好地抵抗阻力。

示例：在卧推时，向上推起杠铃时呼气。

2. 离心收缩（负重阶段）

呼吸方式：吸气。

原理：吸气可以为身体提供更多的氧气，同时帮助肌肉放松，更好地控制动作。

示例：在卧推时，下降杠铃时吸气。

3. 等长收缩（静止阶段）

呼吸方式：短暂屏气或保持呼吸平稳。

原理：在静止阶段，短暂屏气可以增加核心稳定性，但时间不宜过长，以免导致血压升高。

示例：在深蹲底部停留时，短暂屏气后继续呼吸。

4. 放松阶段

呼吸方式：自然呼吸。

原理：放松阶段是身体恢复的过程，自然呼吸可以帮助身体恢复氧气供应，缓解疲劳。

示例：在完成一组动作后，自然呼吸，等待下一组动作。

（四）保护带的使用方法

保护带（如护腕、护膝、腰带等）在抗阻训练中可以提供额外的支撑，减少受伤风险，但过度依赖保护带可能削弱自身肌肉的力量。

1. 护腕

作用：减小腕部压力，保护腕关节，尤其适用于卧推、硬拉等需要较大抓握力的动作。

使用方法：将护腕缠绕在手腕处，确保松紧适中。护腕应覆盖腕关节，但不要过紧，以免影响血液循环。

注意事项：不要过度依赖护腕，平时应加强腕部力量训练。

2. 护膝

作用：提供膝关节的额外支撑，减少膝盖压力，尤其适用于深蹲、硬拉等动作。

使用方法：将护膝戴在膝盖处，确保松紧适中。护膝应覆盖膝盖两侧和髌骨，但不要过紧。

注意事项：护膝不能完全替代膝关节完成正确的动作姿势，平时应加强膝关节周围的肌肉训练。

3. 腰带

作用：增加腹部压力，稳定脊柱，减少腰部受伤风险，尤其适用于硬拉、深蹲等负重较大的动作。

使用方法：将腰带系在腰部，确保松紧适中。在发力时，通过吸气将腹部顶向腰带，增加核心稳定性。

注意事项：不要过度依赖腰带，平时应加强核心肌群的训练。

拓展阅读

12 年健美运动成就梦想，南通籍首位健美世界冠军诞生

2024 年 IFBB（International Federation of Bodybuilding and Fitness，国际健美联合会）世界男子健身健美锦标赛于 9 月 23—28 日在伊朗基什岛举行，全球 65 个国家和地区的近 1000 名顶尖运动员参加比赛。连日来捷报频传，代表中国国家健美队参赛的南通籍运动员杨华，在竞技古典健美 180 厘米以上组中夺得冠军，并荣获竞技古典健美全场冠军，南通健身健美首位世界冠军诞生。

据悉，今年 32 岁的杨华是江苏省南通市海安人，从事健身健美行业 12 年。2024 年 8 月，杨华被征召到中国国家健美队 A 队，随后与队友一起出征 2024 年 IFBB 世界男子健身健美锦标赛。在 2023 年举行的黎巴嫩亚洲锦标赛、西班牙世界锦标赛上，杨华曾获得古典健美 180 厘米以上组的亚军。

自 2017 年，杨华在南通市健身健美协会秘书长许其保教练的培养下，开始在各级比赛中崭露头角。他先后获得过南通市古典健美全场冠军、江苏省古典健美全场冠军、全国锦标赛古典健美冠军，此次杨华更是代表中国国家队，在国际赛事上取得了令人瞩目的成绩。

（资料来源：中国江苏网，有删改）

三、身体主要部位的基础锻炼方法

（一）胸部肌肉的基础锻炼方法

1. 俯卧撑

（1）重点锻炼部位

胸大肌、三角肌前束、肱三头肌、腹直肌、腹斜肌、竖脊肌、背阔肌。

（2）动作过程

①起始准备。双手撑地，手掌间距与肩同宽（或略宽），手指自然张开抓地；身体从

头顶到脚跟呈一条直线，核心收紧，臀部不翘不塌；双腿伸直，脚尖着地。

②下降阶段。吸气时，缓慢弯曲手肘（肘部向外张开约45°角，避免过度内收或外展），使胸部逐渐靠近地面，直至胸部距离地面2～3厘米（不要完全贴地）。

③上升阶段。呼气时，手臂发力推地，将身体匀速推回起始位置，直至手臂伸直（但肘部不要完全锁死，保持微弯以保护关节）。

（3）动作要求

姿态稳定，发力正确，呼吸规范，幅度适中。

2. 固定器械推胸

（1）重点锻炼部位

胸大肌、三角肌前束、肱三头肌、前锯肌。

（2）动作过程

①起始准备。调整配重，并调整座椅使握把与胸齐平，坐好后背部贴紧靠背，双手握住握把，手臂自然弯曲。

②推起阶段。用胸肌发力将握把向前推，直到手臂微弯（不锁肘）。

③还原阶段。缓慢收回握把，回到起始时手臂弯曲的位置。

（3）动作要求

身体固定，发力主导，呼吸配合，幅度适中。

3. 坐姿蝴蝶机夹胸

（1）重点锻炼部位

胸大肌内侧、胸大肌前侧、三角肌前束、前锯肌。

（2）动作过程

①起始准备。调整配重，并调整座椅让器械活动轴与胸部中缝对齐，双手握住握把，双臂自然打开，肘部微弯，背部贴紧靠背，双脚踩地。

②夹合阶段。用胸肌发力，将两侧握把缓慢向中间夹合，直到双手接近触碰，至顶点处停顿1秒感受胸肌收缩。

③还原阶段。控制力量，让握把慢慢回到起始位置（双臂打开），全程保持背部贴紧器械。

（3）动作要求

身体固定，发力集中，幅度合理，注意细节。

（二）背部肌肉的基础锻炼方法

1. 坐姿器械划船

（1）重点锻炼部位

背阔肌、斜方肌中下部、菱形肌、肱二头肌。

（2）动作过程

①起始准备。调整配重，坐于器械上，调整座椅高度，使握把与胸前齐平；双脚踩稳前方踏板，双手握住握把，手臂自然伸直。

②拉拽阶段。用背部发力将握把向腹部方向拉（肘部向后收紧），至握把接近身体时稍停。

③还原阶段。缓慢将握把放回起始位置，手臂自然伸直。

（3）动作要求

背部发力，腰背挺直，控制还原，适度拉拽。

2. 坐姿绳索划船

（1）重点锻炼部位

背阔肌、斜方肌中下部、菱形肌、肱二头肌与前臂肌群。

（2）动作过程

①起始准备。调整配重，坐于器械前，双脚踩在踏板上，膝盖微弯；双手握住绳索把手，手臂自然伸直，背部挺直，核心收紧。

②拉拽阶段。用背部力量将绳索向腹部方向拉，肘部向后上方抬起，直至把手靠近腹部，稍作停顿。

③还原阶段。缓慢松开力量，让绳索回到起始位置，手臂随之伸直，背部保持挺直。

（3）动作要求

背部发力，腰背挺直，缓慢还原，幅度适宜。

3. 坐姿高位下拉

（1）重点锻炼部位

背阔肌、斜方肌下部、大圆肌与小圆肌、肱二头肌。

（2）动作过程

①起始准备。调整配重，坐于器械下方，调整座椅高度，使头顶正对拉杆；双手握住拉杆，握距略宽于肩，掌心朝前；背部挺直，核心收紧，双脚平放于地面。

②下拉阶段。用背阔肌力量将拉杆向下拉至胸前，肘部自然向下外侧展开，稍作停顿。

③还原阶段。缓慢放松，让拉杆回到起始位置，手臂随之伸直，背部保持挺直。

（3）动作要求

背部发力，身体稳定，缓慢还原，握距适中。

（三）肩部肌肉的基础锻炼方法

1. 坐姿固定器械推举

（1）重点锻炼部位

三角肌、斜方肌上部、肱三头肌、胸大肌上缘。

（2）动作过程

①起始准备。调整配重，坐于器械上，调整座椅高度，使握把与肩部齐平；双手握住握把，掌心朝前，手臂自然弯曲；背部贴紧靠背，核心收紧，双脚平放于地面。

②推举阶段。用肩部力量将握把向上推至手臂接近伸直（不锁肘），稍作停顿。

③还原阶段。缓慢控制，让握把回到起始位置，手臂自然弯曲。

（3）动作要求

肩部主导，背部贴靠，控制还原，适度伸直。

2. 单侧绳索侧平举

（1）重点锻炼部位

三角肌中束、三角肌前束与后束、斜方肌中部。

（2）动作过程

①起始准备。调整配重，站于绳索器械侧方，单手握住低位绳索把手，手臂自然下垂，掌心朝内；身体直立，核心收紧，另一只手可扶器械保持平衡。

②侧平举阶段。用三角肌中束发力，将绳索向侧上方抬起，直至手臂与肩同高（掌心向下），稍作停顿。

③还原阶段。缓慢控制，让手臂回到起始位置，绳索自然下垂。

（3）动作要求

三角肌中束主导，身体直立，抬至肩高，缓慢还原。

3. 蝴蝶机反向飞鸟

（1）重点锻炼部位

三角肌后束、斜方肌中部、小圆肌与冈下肌。

（2）动作过程

①起始准备。调整配重，坐于蝴蝶机中间，调整座椅高度，使肩部与器械活动轴平齐；双手握住两侧握把，手臂弯曲，约成90°，肘部与肩同高；背部挺直，胸部微挺，核心收紧。

②后展阶段。用三角肌后束发力，将两侧握把向后方展开，直至肘部尽可能向后打开，感受肩部后侧肌肉收缩，稍作停顿。

③还原阶段。缓慢控制，让手臂回到起始位置，握把自然收回。

（3）动作要求

三角肌后束主导，背部挺直，肘部平肩，缓慢还原。

（四）手臂肌肉的基础锻炼方法

1. 站姿哑铃弯举

（1）重点锻炼部位

肱二头肌、肱肌、肱桡肌、三角肌前束。

（2）动作过程

①起始准备。双脚与肩同宽站立，双手各握一只哑铃，手臂自然下垂于体侧，掌心朝前；背部挺直，核心收紧，目视前方。

②弯举阶段。用肱二头肌发力，将哑铃缓慢向上弯举，肘部贴紧身体两侧不动，直至哑铃接近肩部，稍作停顿。

③还原阶段。控制力量，缓慢将哑铃放回起始位置，手臂随之伸直，感受肱二头肌拉伸。

（3）动作要求

肱二头肌主导，身体稳定，肘部固定，缓慢还原。

2. 站姿杠铃弯举

（1）重点锻炼部位

肱二头肌、肱肌、肱桡肌、三角肌前束。

（2）动作过程

①起始准备。双脚与肩同宽站立，双手正握杠铃（掌心朝前），握距与肩同宽，手臂自然下垂于体前；背部挺直，核心收紧。

②弯举阶段。依靠肱二头肌力量，将杠铃缓慢向上弯举，肘部贴紧身体两侧，直至杠铃接近胸前，稍作停顿。

③还原阶段。控制力量缓慢下放杠铃，手臂随之伸直，感受肱二头肌拉伸。

（3）动作要求

肱二头肌主导，身体稳定，肘部固定，节奏可控。

3. 板凳臂屈伸

（1）重点锻炼部位

肱三头肌、胸大肌下部、三角肌前束。

（2）动作过程

①起始准备。背对板凳站立，双手撑在凳面上，手指向前，手臂伸直；双腿向前伸直或弯曲（根据难度调整），臀部悬空，身体略向后倾。

②屈臂下降。弯曲肘部，使身体缓慢下降，直至肘部接近 90°，感受肱三头肌拉伸。

③伸臂撑起。用肱三头肌发力，伸直手臂将身体撑起回到起始位置，稍作停顿。

（3）动作要求

肱三头肌主导，身体后倾，控制下降，肘部稳定。

4. 跪姿窄距俯卧撑

（1）重点锻炼部位

肱三头肌、胸肌内侧、肩部前侧、核心肌群。

（2）动作过程

①起始准备。双膝跪地，小腿交叉抬起；双手撑地，间距窄于肩宽（约 10 ～ 15 厘米），

手指张开；身体从肩部到膝盖呈一条直线，核心收紧。

②屈臂下降。弯曲肘部，身体缓慢向下靠近地面，直至胸部接近地面，感受肱三头肌拉伸。

③伸臂撑起。用肱三头肌发力，伸直手臂将身体撑起回到起始位置，稍作停顿。

（3）动作要求

肱三头肌主导，身体成线，控制节奏，窄距撑地。

（五）腰腹肌肉的基础锻炼方法

1. 卷腹

（1）重点锻炼部位

腹直肌、腹外斜肌、腹内斜肌。

（2）动作过程

①起始准备。仰卧在垫上，双腿弯曲，双脚平放于地面，膝盖间距与肩同宽；双手交叉放于胸前或轻扶头部两侧（避免拉扯颈部），下背部贴紧地面，核心轻微收紧。

②卷腹起身。用腹部力量带动上半身向上卷曲，肩胛骨离开地面，感受腹直肌收缩，稍作停顿。

③缓慢回落。控制身体，缓慢将上半身放回起始位置，下背部始终贴地，避免完全放松。

（3）动作要求

腹部主导，背部贴地，缓慢回落，颈部放松。

2. 两头起

（1）重点锻炼部位

腹直肌、腹斜肌、髋屈肌。

（2）动作过程

①起始准备。仰卧在垫上，双腿伸直，双臂伸直放于头部两侧（或双手抱头），全身放松，下背部贴紧地面。

②起身卷曲。同时收紧腹部，将上半身（头部、肩部、背部）和双腿向上抬起，使双手尽量触碰脚尖（或腿部前侧），身体形成“V”字形，稍作停顿。

③缓慢回落。控制力量，缓慢将上半身和双腿放回起始位置，注意保持腹部持续发力，避免完全放松。

（3）动作要求

腹部发力，同步抬起，控制回落，避免借力。

3. 俯身背起

（1）重点锻炼部位

竖脊肌、臀大肌、腰方肌、下背部深层肌群。

（2）动作过程

①起始准备。俯卧在垫上，双腿伸直，双手抱头（或置于耳侧、体前），背部保持平直。

②背部挺起。用下背部肌肉力量带动上半身缓慢向后上方挺起，同时收紧臀部，感受竖脊肌收缩，稍作停顿。

③缓慢俯身。控制身体，再次缓慢向前俯身回到起始位置，整个过程保持背部挺直，避免含胸驼背。

（3）动作要求

背部主导，臀部收紧，缓慢控制，背部挺直。

（六）腿部肌肉的基础锻炼方法

1. 器械坐姿伸膝

（1）重点锻炼部位

股四头肌、髌骨周围肌群。

（2）动作过程

①起始准备。调整配重，坐在器械上，调整座椅高度，使膝关节弯曲 90° 左右，脚腕处放在器械挡板下方（挡板位置对准脚踝上方），背部贴紧椅背，双手握住座椅两侧把手，保持身体稳定。

②伸膝发力。集中注意力，用股四头肌发力，缓慢将双腿向前伸直，直至膝关节接近伸直（但不锁死），感受股四头肌强烈收缩，稍作停顿。

③屈膝回落。控制力量，缓慢弯曲膝关节，使腿部回到起始位置，整个过程保持背部贴紧椅背，避免身体前倾借力。

（3）动作要求

股四头肌主导，膝不锁死，缓慢控制，背部贴紧。

2. 俯身腿屈曲

（1）重点锻炼部位

腘绳肌、腓肠肌、臀部肌群。

（2）动作过程

①起始准备。俯卧在器械上（或垫上模拟），调整身体位置，使膝关节刚好超过器械边缘（或垫子边缘），小腿自然下垂，脚腕处勾住器械挡板（或用弹力带辅助），双手握住前方把手或放在身体两侧，保持上半身稳定。

②屈膝上抬。集中用腘绳肌发力，缓慢将小腿向上弯曲，直至膝关节尽可能屈曲，感受大腿后侧肌肉强烈收缩，稍作停顿。

③伸腿回落。控制速度，缓慢伸直小腿回到起始位置，整个过程避免借助身体摆动或惯性，保持上半身贴紧器械（或垫子）。半身和双腿放回起始位置，注意保持腹部持续发

力，避免完全放松。

（3）动作要求

腘绳肌主导，身体稳定，控制回落，膝不超伸。

3. 坐姿髋内收

（1）重点锻炼部位

大腿内收肌群、耻骨肌、臀中肌。

（2）动作过程

①起始准备。坐在髋内收器械上，调整座椅位置，使大腿内侧贴紧器械挡板，膝关节与髋关节保持在同一水平线上，双脚踩在踏板上，双手握住座椅两侧把手，背部挺直贴紧椅背，核心轻微收紧。

②向内并拢。集中用大腿内侧肌肉发力，缓慢将双腿向内并拢，直至挡板相互靠近，感受大腿内侧肌肉强烈收缩，稍作停顿。

③缓慢外展。控制力量，缓慢将双腿向外打开回到起始位置，保持肌肉持续紧张，避免借助器械弹力快速回弹。

（3）动作要求

大腿内收肌群主导，背部挺直，控制回弹，髋膝同高。

四、身体主要部位的进阶锻炼方法

（一）胸部肌肉的进阶锻炼方法

1. 平板杠铃卧推

（1）重点锻炼部位

胸大肌、三角肌前束、肱三头肌。

（2）动作过程

①起始准备。躺在平板卧推凳上，双脚平踩地面，臀部、背部、头部贴紧凳面，双手握住杠铃，握距略宽于肩（约为肩宽的 1.5 倍），杠铃位于胸前正上方，手臂自然伸直（但肘关节不锁死）。

②缓慢下降。控制杠铃，缓慢向胸部下方位置下降，肘部与身体成 45° 角左右（避免过度外展），直至杠铃轻触胸部（或接近胸部），感受胸大肌被拉伸。

③发力推起。用胸部肌肉力量主导，将杠铃向上、向外推起，同时肱三头肌辅助发力，直至手臂回到起始伸直位置，稍作停顿。

（3）动作要求

胸部主导，稳定身体，控制节奏，肘部适度展开。

2. 上斜杠铃卧推

（1）重点锻炼部位

胸大肌上束、三角肌前束、肱三头肌。

（2）动作过程

①起始准备。调整上斜凳角度至30°～45°（角度过陡会过度依赖肩部），躺在凳上，双脚平踩地面，臀部、背部、头部贴紧凳面，核心收紧。双手握杠铃，握距略宽于肩，杠铃从架上取下，手臂伸直（不锁肘），将杠铃置于上胸部正上方。

②缓慢下降。控制杠铃向颈部前侧（锁骨下方）缓慢下降，肘部打开角度略大于平板卧推（约与身体成60°），感受胸大肌上束被拉伸。

③发力推起。集中胸大肌上束力量将杠铃向上、向前推起，直至手臂回到起始位置，稍作停顿。

（3）动作要求

胸上部主导，角度适宜，控制下降，贴紧凳面。

3. 龙门架下斜夹胸

（1）重点锻炼部位

胸大肌下束、胸大肌中束、前锯肌。

（2）动作过程

①起始准备。身体站在龙门架中间，双脚前后分开（前脚稳定身体），略俯身呈下斜姿势（髋部向后顶，背部挺直，上半身与地面成30°～45°），核心收紧。双手各握一个把手，手臂自然伸直，肘部微屈（不锁死），将绳索从身体两侧向后牵拉，感受胸大肌下束预拉伸。

②夹胸内收。集中胸大肌下束力量，双臂向前、向上交叉内收，仿佛用手掌在胸前下方“环抱一个球”，直至双手在体前交叉（或接近交叉），感受胸下束强烈收缩，稍作停顿。

③缓慢回放。控制速度，缓慢将双臂向两侧回放至起始位置，全程保持肘部微屈，避免手臂完全伸直，保持胸肌持续受力。

（3）动作要求

胸下部主导，俯身适度，肘不锁死，缓慢回放。

（二）背部肌肉的进阶锻炼方法

1. 引体向上

（1）重点锻炼部位

背阔肌、大圆肌与小圆肌、肱二头肌。

（2）动作过程

①起始准备。双手握住单杠，握距略宽于肩（宽握侧重背阔肌，窄握侧重肱二头肌），掌心朝外（正握），双臂自然伸直，身体悬挂，双脚离地并拢，核心收紧，肩膀下沉（避

免耸肩）。

②发力上拉。集中背部肌肉力量，将身体向上拉起，同时肘部向下、向后拉动，直至下巴超过单杠高度（或胸部接近单杠），感受背部肌肉强烈收缩，稍作停顿。

③缓慢下降。控制力量，缓慢将身体下降回到起始悬挂位置，保持背部肌肉持续紧张，避免突然放松或自由下落。

（3）动作要求

背部主导，不耸肩，全程控制动作，下巴过杠。

2. 站姿杠铃划船

（1）重点锻炼部位

背阔肌中上部、斜方肌中下部、菱形肌、肱二头肌与前臂肌群。

（2）动作过程

①起始准备。双脚与肩同宽站立，双手握住杠铃，握距与肩同宽（正握），身体向前俯身约 45°，膝盖微屈，背部挺直（避免含胸或驼背），头部自然下垂与背部平行，杠铃悬挂于膝盖前方，双臂自然伸直，肩膀下沉（不耸肩）。

②发力拉起。集中背部肌肉力量，将杠铃向腹部方向缓慢拉起，肘部向上、向后抬起，肩胛骨向内收紧，感受背部肌肉收缩，直至杠铃接近腹部位置，稍作停顿。

③缓慢下放。控制力量，将杠铃缓慢下放回起始位置，过程中保持背部挺直，感受背部肌肉被拉伸，避免借助惯性甩动杠铃。

（3）动作要求

背肌主导，背部挺直，控制下放，沉肩收紧。

3. 站姿哑铃划船

（1）重点锻炼部位

背阔肌中下部、菱形肌与斜方肌中下部、竖脊肌、肱二头肌与前臂。

（2）动作过程

①起始准备。双脚与肩同宽站立，双手握住哑铃，握距与肩同宽（正握），身体向前俯身约 45°，膝盖微屈，背部挺直（避免含胸或驼背），头部自然下垂与背部平行，哑铃悬挂于膝盖前方，双臂自然伸直，肩膀下沉（不耸肩）。

②发力拉起。集中背部肌肉力量，将哑铃向腹部方向缓慢拉起，肘部向上、向后抬起，肩胛骨向内收紧，感受背部肌肉收缩，直至哑铃接近腹部位置，稍作停顿。

③缓慢下放。控制力量，将哑铃缓慢下放回起始位置，过程中保持背部挺直，感受背部肌肉被拉伸，避免借助惯性甩动哑铃。

（3）动作要求

背肌主导，背部挺直，控制下放，沉肩收紧。

（三）肩部肌肉的进阶锻炼方法

1. 站姿杠铃推举

（1）重点锻炼部位

三角肌（前束、中束为主）、斜方肌上部、肱三头肌。

（2）动作过程

①起始准备。双脚与肩同宽站立，挺胸收腹，核心收紧。双手握住杠铃，握距略宽于肩，掌心朝前，将杠铃置于胸前锁骨下方位置，肘部弯曲，杠铃贴近身体。

②发力推举。集中肩部和手臂力量，将杠铃垂直向上推举，直至手臂接近伸直（不锁肘），推举过程中保持身体直立，避免腰部过度后弯。

③缓慢下放。控制力量，将杠铃缓慢下放回胸前起始位置，过程中保持肩部稳定，避免耸肩，感受肩部和手臂肌肉的控制。

（3）动作要求

肩臂主导，身体直立，控制下放，核心收紧。

2. 哑铃侧平举

（1）重点锻炼部位

三角肌中束、三角肌前束与后束（辅助稳定）、斜方肌上部。

（2）动作过程

①起始准备。双脚与肩同宽站立，挺胸收腹，核心收紧，双手各握一只哑铃，自然垂于体侧，掌心相对（或掌心朝向身体），手臂微屈（避免肘部完全伸直），肩膀下沉放松（不耸肩）。

②发力抬起。集中三角肌中束力量，将哑铃向两侧缓慢抬起，肘部保持微屈状态，直至手臂与肩同高（或略低于肩，避免超过肩膀高度导致斜方肌过度参与），感受肩部外侧肌肉强烈收缩，稍作停顿。

③缓慢下放。控制力量，将哑铃缓慢下放回体侧起始位置，过程中保持肩部稳定，感受三角肌中束的拉伸，避免借助惯性甩动哑铃。

（3）动作要求

肩中束主导，肘部微屈，控制节奏，不超肩高。

3. 俯身反向飞鸟

（1）重点锻炼部位

三角肌后束、斜方肌中下部、菱形肌。

（2）动作过程

①起始准备。双脚与肩同宽站立，双手各握一只轻重量哑铃（或空手握拳），身体向前俯身 45° ～ 60°，膝盖微屈，背部挺直（避免含胸或驼背），头部自然下垂与背部平行，双臂自然下垂于体前，肘部微屈，掌心相对，肩膀下沉放松（不耸肩）。

②发力抬起。集中三角肌后束力量，将双臂向两侧后方缓慢抬起，肘部保持微屈状态，肩胛骨向中间收紧，直至手臂与背部平行（或略高于背部，感受肩部后侧强烈收缩），停顿 1 ～ 2 秒，强化肌肉刺激。

③缓慢下放。控制力量，将双臂缓慢下放回起始位置，过程中保持背部挺直，感受三角肌后束被拉伸，避免借助身体晃动或惯性甩动。

（3）动作要求

肩后束主导，背部挺直，肘部微屈，慢起慢落。

（四）手臂肌肉的进阶锻炼方法

1. 哑铃锤式弯举

（1）重点锻炼部位

肱二头肌、肱桡肌（前臂主要肌群）、肱肌。

（2）动作过程

①起始准备。双脚与肩同宽站立，挺胸收腹，核心收紧。双手各握一只哑铃，手臂自然垂于体侧，掌心相对，肘部贴近身体两侧，避免耸肩。

②发力弯举。集中手臂肌肉力量，缓慢弯曲肘部，将哑铃向肩部方向抬起，过程中保持掌心相对的握姿不变，肘部始终贴近身体，感受肱二头肌和前臂肌肉的收缩，直至哑铃接近肩部，停顿 1 ～ 2 秒。

③缓慢下放。控制力量，将哑铃缓慢下放回起始位置，过程中保持手臂肌肉的张力，避免借助惯性甩动，感受肌肉被缓慢拉伸。

（3）动作要求

掌心相对，肘部贴紧身体，控制起落速度，避免躯干摆动。

2. 牧师凳弯举

（1）重点锻炼部位

肱二头肌、前臂屈肌（辅助稳定）。

（2）动作过程

①起始准备。坐在凳上，调整配重，胸部贴紧靠板，上臂（从肩部到肘部）平放在靠板上，肘部弯曲，前臂自然下垂于靠板前方，双手掌心向上握住握把。背部挺直，肩膀下沉放松（避免耸肩），核心收紧，确保整个动作过程中上臂始终贴紧靠板，不随意抬起。

②发力弯举。集中肱二头肌力量，缓慢弯曲肘部，将握把收至靠近肩部位置，过程中掌心始终朝上，感受肱二头肌的强烈收缩（尤其是肌肉峰值处），至顶部位置停顿 1 ～ 2 秒，最大化刺激肌肉。

③缓慢下放。控制力量，缓慢将握把下放回起始位置，过程中保持肱二头肌的张力，感受肌肉被充分拉伸，直至前臂完全伸直（但肘部不锁死）。

（3）动作要求

上臂固定，掌心朝上，强调慢放，避免耸肩。

3. 绳索臂屈伸

（1）重点锻炼部位

肱三头肌、肘肌。

（2）动作过程

①起始准备。站于高位滑轮前，双脚与肩同宽，身体稍前倾，双手握绳索把手（握距与肩同宽），上臂贴紧身体，肘部弯曲 90°，肩下沉，核心收紧。

②发力伸直。用肱三头肌力量伸直手臂（仅肘部动，上臂固定），至手臂微屈不锁死，至顶点停顿 1 ～ 2 秒，感受肌肉收缩。

③缓慢回收。控制速度弯曲肘部，将把手收回胸前，保持肌肉张力，避免甩动。

（3）动作要求

上臂固定，肘部微屈，沉肩发力。

4. 俯身臂屈伸

（1）重点锻炼部位

肱三头肌。

（2）动作过程

①起始准备。俯身屈膝，背部平直（与地面约平行），核心收紧，避免含胸驼背；上臂夹紧身体两侧，肘部弯曲约 90°，双手握哑铃，掌心相对（或略朝内），前臂自然下垂。

②发力伸直。保持上臂固定（不随身体晃动），仅通过肘部伸展，将前臂向后方伸直，直至手臂完全伸直（肘部不锁死，仅微屈），感受肱三头肌强烈收缩，至顶点停顿 1 ～ 2 秒。

③缓慢回收。控制力量，缓慢弯曲肘部，让前臂回到起始位置，感受肱三头肌被充分拉伸，避免借助惯性甩动。

（3）动作要求

掌心相对，俯身稳定，上臂固定，肘部微屈。

（五）腰腹肌肉的进阶锻炼方法

1. 负重卷腹

（1）重点锻炼部位

腹直肌、腹斜肌。

（2）动作过程

①起始准备。仰卧屈膝，双脚踩地，双手握负重物（哑铃 / 杠铃片）放胸前，下背部贴紧地面，核心收紧，下巴微收。

②发力卷腹。用腹部力量卷起上半身，至肩胛骨离地，感受腹部收缩，至顶点停顿 1 秒。

③缓慢回落。控制速度下放，回到起始位（肩不触地），保持腹部张力。

（3）动作要求

腹部主导，腰背贴地，控制节奏，颈部放松。

2. 山羊挺身

（1）重点锻炼部位

竖脊肌、臀大肌、下背部深层肌群。

（2）动作过程

①起始准备。俯卧于山羊挺身器械上，髋部位于器械边缘（身体自然分上下两段），双腿固定（勾住器械），上半身悬空，双手交叉放胸前（或抱头，避免拉扯颈部），腰背挺直，目视前下方。

②俯身下放。保持身体放松，缓慢向前俯身，使上半身自然下垂（感受下背部轻微拉伸），至背部与地面平行或略低（根据柔韧性调整，不强行追求幅度）。

③挺身收缩。集中竖脊肌和臀部力量，将上半身向后上方抬起，直至躯干挺直（不超伸），感受下背部肌肉强烈收缩，至顶点停顿 1 ～ 2 秒。

（3）动作要求

腰背主导，不超伸，核心收紧，缓慢控制。

（六）腿部肌肉的进阶锻炼方法

1. 哑铃弓箭步

（1）重点锻炼部位

股四头肌、臀大肌、股二头肌、臀中肌。

（2）动作过程

①起始准备。双脚并拢站立，双手各握一只哑铃（自然垂于体侧），挺胸收腹，目视前方。

②跨步下蹲。一腿向前跨出一大步，下蹲至前腿屈膝 90°（大腿与地面平行），后腿膝盖接近地面（不触地），躯干保持直立（不前倾）。

③起身回位。前腿发力蹬地，起身回到起始站立姿势，感受前腿股四头肌和臀部收缩。

（3）动作要求

躯干挺直，步幅适中，膝盖对位，发力均衡。

2. 高脚杯深蹲

（1）重点锻炼部位

股四头肌、臀大肌。

（2）动作过程

①起始准备。双脚与肩同宽（或略宽）站立，脚尖稍向外撇，双手合握一只哑铃（或壶铃），将其置于胸前（贴近下巴，类似“抱高脚杯”），挺胸收腹，腰背挺直。

②下蹲发力。臀部向后下方坐，同时屈膝下蹲，直至大腿与地面平行（或略低，根据柔韧性调整），膝盖方向与脚尖一致（不内扣），躯干保持直立（不前倾）。

③起身还原。脚跟发力蹬地，同时收紧臀部和大腿前侧，将身体推回起始站立位，全程保持哑铃位置稳定。

（3）动作要求

躯干直立，膝盖对位，负重稳定，臀部下沉。

3. 倒蹬机练习

（1）重点锻炼部位

股四头肌、臀大肌、腘绳肌、小腿肌群。

（2）动作过程

①起始准备。坐于倒蹬机上，双脚踩在踏板中央（与肩同宽或略宽，脚尖稍向外撇15°～30°），背部贴紧靠背，臀部坐实，双手握住两侧把手，膝盖弯曲至大腿与身体成90°左右（避免膝盖过度内扣）。

②发力蹬伸。脚跟发力，缓慢将踏板向前蹬出，直至双腿接近伸直（保留膝盖微屈，不锁死），感受大腿前侧和臀部肌肉收缩，至顶点停顿1秒。

③控制回落。缓慢松开力量，让踏板带着双腿回到起始位置（膝盖不超过胸部，避免髋关节过度折叠），保持肌肉持续受力，不借助惯性。

（3）动作要求

背部贴实，膝盖对位，避免锁膝，控制速度。

楷模风范

钟南山的不老之道——锻炼不仅需要自我约束，更需要自觉

钟南山院士每天坚持跑步，此外，扩胸器和哑铃也是他常用的锻炼器械。为了加强肌肉训练，钟南山院士在卧室的墙壁上安了一个单杠，平时做引体向上。钟南山院士说："我现在的状态感觉像是中年，还没有到功能减退的时候，还需要加强体质锻炼。"钟南山院士力气很大，这就是肌肉的功劳，而用单杠、哑铃等进行拉力训练是锻炼肌肉的最好方法。人体肌肉得不到锻炼，新陈代谢就会减弱，内脏和中枢神经都会受影响，肌肉是力量的储存库。钟南山说，传统医学的说法是"久坐伤肉"，就是说长时间坐的人肌肉力量会受到损伤。所以每天坐在办公室里的上班族，最应该进行肌肉锻炼。因为肌肉力量不足甚至萎缩的时候，也就是各种慢性疾病容易侵袭的时候。肌肉是年轻和健美的象征，肌肉的力量不足，只能加速人衰老的进程。所以用他的话说，人必须锻炼。他深有体会的是："用轮换的方式，体能和脑力交替运动，这样会保持脑子清醒、敏锐。"他工作了几十年，也锻炼了几十年，他说："身体的锻炼，提高了我的工作效率，不然的话，我这样的年龄，每天怎么能完成那么多的工作？"

第五节　花样跳绳

花样跳绳

一、花样跳绳简介

花样跳绳，在国际上被称为rope skipping，是在传统跳绳的基础上融合舞蹈、技巧、武术、街舞和音乐等多种运动及艺术形式，将速度与力量、难度与花样相结合，逐步发展成集健身、娱乐、竞技、表演多种功能于一体的运动项目。作为一种全身性、综合性的有氧运动，花样跳绳具有娱乐性、多样性、观赏性、表演性和竞技性等多种特质。

花样跳绳历史悠久，其起源可追溯至古代。早期跳绳更多作为一种民间游戏，在街头巷尾、庭院村落中，人们手持绳索，欢快跳跃，以此娱乐健身。随着时代发展，花样跳绳不断演变，融入了更多舞蹈、体操元素，动作愈发丰富多样，逐渐形成了如今具有独特魅力的运动项目。

在现代，花样跳绳深受各个年龄段人群喜爱。在校园中，它是热门的体育活动，能有效提高学生身体的协调性、灵敏性，培养团队合作精神与创造力；在全民健身热潮下，花样跳绳也成为大众日常健身优选，其不受场地限制、器材简便的特点，让人们随时随地都能开启活力跳跃。同时，花样跳绳在各类体育赛事、表演活动中频繁亮相，以其精彩绝伦的表现吸引着众多目光，展现出强大的生命力与独特魅力。

二、花样跳绳的基本方法

（一）握绳方法

握有把（柄）的绳，手自然握住即可；握无把（柄）的绳，要把跳绳两端绕在手心和手背上，用拇指与食指第一、二关节握住跳绳。

（二）量绳方法

可双脚开立（间距不应宽于肩）或一脚踏在跳绳中间部位，两手握绳的两端，两臂屈肘与体侧成直角，然后拉直跳绳，测量绳的长短。

（三）摇绳方法

摇绳时大臂靠近身体两侧，肘稍外展，上臂近似水平，用手腕力量做外展内旋运动，使两手在体侧做画圆动作，每摇动一次，绳子从地面经过身后向上向下，回旋一周，绳子转动的速度和手摇动的速度成正比，摇动越快，绳子回旋越快。开始时，以两肩为轴，双臂双手腕同时用力，手臂抡绳动作比较大。技术熟练后，手臂抡绳动作可逐渐减小幅度，以两肘为轴，用两前臂和手腕配合摇绳，摇绳的位置位于体侧前约15厘米处。

（四）跳绳方法

目视前方，腰背伸直；手臂与手肘约成90°；以手腕力量摆绳；跳跃时双脚并合，脚尖或前脚掌有节奏地踏地跳；着地时膝盖微曲，以吸收跳跃时的震荡力；踏跳时以前脚掌着地，脚跟大部分时间是不着地的。

（五）停绳方法

当跳绳由后向前摇转时，一脚向前伸，脚跟着地，脚尖抬起，使跳绳中段停在脚掌下。

三、全国大众花样跳绳等级动作

（一）花样跳绳一级规定动作

花样跳绳一级规定动作共八个，分别为左右甩绳、并脚跳、双脚交换跳、开合跳、弓步跳、并脚左右跳、基本交叉跳和勾脚点地跳。

1. 左右甩绳

两手臂向前摇绳，将绳子摇至一边体侧，此时绳子不过脚，接着迅速甩绳至另外一边体侧，按照这样的节奏，一拍一动，左右边各进行四次，即为完成左右甩绳动作。在练习这个动作时，要先学会单手前摇绳或后摇绳，打下基础后再进行左右甩绳练习。甩绳过程中，两手腕需保持放松状态，自然且柔和地摇绳，同时膝盖也要放松，与手部节奏保持一致，抖动时富有弹性。另外，要时刻注意身体保持直立姿态，目视前方，面带微笑，展现出积极的运动风貌。

2. 并脚跳

两手持绳向前摇，双脚并拢，在绳子绕过身体一周的同时，双脚跳跃过绳，以一摇一跳的节奏，连续完成并脚跳，也就是我们常说的并脚单摇跳。学习并脚跳，可先从单手前摇绳或后摇绳开始练习，之后再尝试单手带绳摇与跳动的配合。跳绳时，两手腕要放松，柔和地摇绳，膝盖与手部节奏同步，踝关节与膝关节富有弹性，采用前脚掌着地的方式。身体要始终保持直立姿态，目视前方，面带微笑。

3. 双脚交换跳

两手持绳向前摇绳一次，两脚分先后依次向前抬腿跳跃过绳，连续以单脚交换的方式跳跃过绳，保持一摇一跳的节奏，左右脚各进行四次，完成双脚交换跳动作，这个动作也被称为踩单车跳。练习时，可先进行徒手动作练习，将手部摇绳和脚部抬腿动作分开练习，熟练后再将单手带绳摇与单脚跳动相结合。做双脚交换跳时，手腕要放松，摇绳自然柔和，手与脚的节奏严格做到一摇一跳、一摇一抬腿。抬脚时，踝关节与膝关节要放松，合理控制抬腿高度，前脚掌着地，使动作富有弹性，同时身体保持直立姿态，目视前方，面带微笑。

4. 开合跳

两手持绳向前摇，当绳子过脚置于空中时，两脚迅速跳跃成开立状态，膝盖微微弯曲；当绳子即将打地时，两脚快速合并跳过绳，以一拍一动的节奏，完成开合跳。练习前，可先进行徒手练习，分别练习手部摇绳和脚部开合动作，之后再进行单手带绳摇与双脚开合跳配合。做开合跳时，手腕放松，摇绳自然，手与脚的节奏要契合，做到一摇一跳、一开一合。同时，踝关节与膝关节放松，精准控制节奏与时机，前脚掌着地，富有弹性。注意身体保持直立姿态，目视前方，面带微笑。

5. 弓步跳

两手持绳向前摇，当绳子过脚置于空中时，两脚迅速分开成前后弓步动作，前脚大腿与地面平行，小腿垂直于地面，后脚脚尖着地；当绳子打地快过脚时，双脚并拢跳过绳，一拍一动，左右边各做四次，完成弓步跳。练习时，可先进行徒手练习，分别练习手部摇绳和脚部弓步跳动作，熟悉后再单手带绳摇与双脚成弓步跳配合。做弓步跳时，手腕放松，摇绳自然，手与脚的节奏要协调，做到一摇一跳、一弓一并。同时，踝关节与膝关节放松，控制好节奏与时机，前脚掌着地，富有弹性，同时保持身体直立姿态，目视前方，面带微笑。

6. 并脚左右跳（滑雪跳）

两手持绳向前摇，当绳子过脚置于空中时，双脚并拢迅速向右侧或左侧跳跃，一拍一动，左右边各进行四次，完成并脚左右跳，因其动作类似滑雪，也被称为滑雪跳。练习时，可先进行徒手练习，分别练习手部摇绳和脚部左右跳动作，之后再进行单手带绳摇与双脚左右跳配合。做并脚左右跳时，手腕放松，摇绳自然，手与脚的节奏要一致，做到一摇一跳、一左一右。同时，踝关节与膝关节放松，控制好节奏与时机，前脚掌着地，富有弹性，身体保持直立姿态，目视前方，面带微笑。

7. 基本交叉跳（间隔交叉单摇跳）

两手持绳摇，此动作分两拍完成，第一拍两手为直摇绳，第二拍两手为交叉摇绳，一拍一动，开与合各进行四次，完成基本交叉跳。练习时，可先进行徒手练习，原地静止练习手部交叉摇绳动作，熟练后再带绳做交叉跳。做间隔交叉单摇跳时，手腕放松，摇绳自然，注意摇绳时手部交叉的位置，手与脚的节奏要做到一摇一跳、一开一合。下肢部位的踝关节与膝关节要放松，控制好节奏与绳过脚的时机，前脚掌着地，富有弹性，同时保持身体直立姿态，目视前方，面带微笑。

8. 勾脚点地跳

两手臂向前摇绳，其中一只脚勾脚的同时向前点地，另外一只脚直立跳跃过绳，接着交换另外一只脚做同样的动作，一拍一动，左右各做四次，完成勾脚点地跳。练习时，可先进行徒手练习，分别练习手部摇绳和脚部勾脚点地跳动作，之后再将两者配合起来。做勾脚点地跳时，手腕放松，摇绳自然，手与脚的节奏要协调，做到一摇一跳、一勾点一并跳。下肢部位的踝关节与膝关节放松，控制好节奏与时机，前脚掌着地，富有弹性，同时身体保持直立姿态，目视前方，面带微笑。

（二）花样跳绳二级规定动作

1. 弹踢腿跳

两手持绳向前摇，踝关节绷直，小腿快速向前方弹踢，左右脚交替进行，一拍一动，左右各做四次，完成弹踢腿跳。练习前，可先进行徒手练习，分别练习手部摇绳和脚部弹踢腿跳动作，之后再将手脚配合起来。做弹踢腿跳时，手腕放松，摇绳自然，手与脚的节奏要做到一摇一跳、一踢一跳。下肢部位的踝关节与膝关节放松，控制好节奏与绳过脚的时机，前脚掌着地，富有弹性，同时身体保持直立姿态，目视前方，面带微笑。

2. 后吸腿跳

两手持绳向前摇，当绳子过脚置于空中时，一脚向后折叠后踢，另外一脚直立跳跃过绳，反之，另一只脚折叠后踢，一只脚直立跳跃过绳，一拍一动，左右边各做四次，完成后吸腿跳。练习时，可先进行徒手练习，分别练习手部摇绳和脚部后吸腿跳动作，熟悉后再将手脚配合。做后吸腿跳时，手腕放松，摇绳自然，手与脚的节奏要做到一摇一跳、一吸一跳。下肢部位的踝关节与膝关节放松，控制好节奏与绳过脚的时机，前脚掌着地，富有弹性，同时身体保持直立姿态，目视前方，面带微笑。

3. 提膝跳

两手持绳向前摇，当绳子过脚置于空中时，一只脚向前提膝，大腿与地面平行，小腿自然下垂，另外一只脚直立跳跃过绳，反之亦然，一拍一动，左右边各做四次，完成提膝跳。练习时，可先进行徒手练习，分别练习手部摇绳和脚部提膝跳动作，之后再进行手脚配合。做提膝跳时，手腕放松，摇绳自然，手与脚的节奏要做到一摇一跳、一提一跳。下肢部位踝关节绷直，膝关节与大腿保持水平垂直，控制好节奏与绳过脚的时机，前脚掌着地，富有弹性，同时身体保持直立姿态，目视前方，面带微笑。

4. 左右钟摆跳

两手持绳向前摇，当绳子过脚置于空中时，一脚向同一侧摆动，摆动幅度适中，另外一只脚直立跳跃过绳，反之亦然，一拍一动，左右边各做四次，完成左右钟摆跳。练习时，可先进行徒手练习，分别练习手部摇绳和脚部左右钟摆跳动作，之后再将手脚配合。做左右钟摆跳时，手腕放松，自然摇绳，手与脚的节奏要协调。下肢部位的踝关节与膝关节放松，控制好节奏与绳过脚的时机，前脚掌着地，富有弹性，同时身体保持直立姿态，目视前方，面带微笑。

5. 踏跳步

两手持绳向前摇，双脚做踏跳跳跃动作，以一摇一跳的节奏，完成踏跳步。练习时，

可先进行徒手练习，分别练习手部摇绳和脚部踏跳步动作，熟练后再将手脚一起配合。做踏跳步时，手腕放松，摇绳自然，脚的踏跳动作要轻盈、有节奏感，踝关节与膝关节放松，前脚掌着地，富有弹性，同时身体保持直立姿态，目视前方，面带微笑。

6. 左右侧摆直跳

两手持绳向前摇绳至左边体侧甩绳，再向右边甩绳，接着两手打开成直摇姿态，双脚并拢跳跃过绳，完成一个完整动作。练习时，先进行徒手练习，再接着两手做左右侧摆绳。做左右侧摆直摇跳时，注意两手腕自然放松、柔和地摇绳，手与脚的节奏注意做到协调。下肢部位踝关节与膝关节注意放松，控制好节奏与绳过脚的时机，做到前脚掌着地，富有弹性。身体保持直立姿态，目视前方，面带微笑。

7. 手臂缠绕

练习时，先学会同一方向的缠绕，如一边向前缠绕后接着向后打开，再接着左右手一起配合。做手臂缠绕时，两手腕注意放松，自然、柔和地摇绳，摆动的弧度适中，手的节奏做到一摇一绕，一摇一打地。下肢部位踝关节与膝关节注意放松，控制好绳子与身体节奏，膝关节富有弹性。身体保持直立姿态，目视前方，面带微笑。

8. 前后转换跳

完成此动作分成两拍，第一拍为两手持绳向前摇绳，双脚并拢跳跃过绳一周，第二拍为双手持绳从身体的一侧随身体转动，成后摇绳姿态，动作连接起来，便成前后转换跳。练习时，首先学会手控制绳子的方向，再学会绳随身体转动而摆动。做前后转换跳时，两手腕注意放松，自然、柔和地摇绳，手与脚的节奏注意做到一摇一跳。下肢部位踝关节与膝关节注意放松，控制好节奏与绳过脚的时机，做到前脚掌着地，富有弹性。注意保持直立姿态，目视前方，面带微笑。

花样跳绳的一级和二级规定动作各有特色，通过反复练习这些动作，不仅能提升身体素质，还能收获运动带来的快乐。

思考与练习

1. 请思考，在跳绳之前，需要做哪些准备运动？
2. 思考音乐的节拍速度（如每分钟的拍数）与花样跳绳动作速度之间的关系。当音乐节拍速度加快或减慢时，你认为花样跳绳动作应如何相应调整？

四、车轮花样跳绳

车轮花样跳绳是跳绳运动中极富趣味与技巧性的一种跳绳形式，它突破了传统跳绳单人单摇或多人同步跳跃的模式，融入了丰富多样的动作变化，因其动作过程中跳绳轨迹形似车轮滚动而得名。参与者通过巧妙地控制跳绳节奏、身体姿态以及手臂与腿部的协同配合，展现出充满活力与动感的跳跃画面。

车轮花样跳绳具有独特的魅力。从健身角度来看，它能全面锻炼人体的协调性、节奏感、灵活性以及心肺功能。在不断变化的跳绳动作中，身体各部位的肌肉群得到有效刺激，增强了肌肉力量与耐力。同时，相较于普通跳绳，车轮花样跳绳因其丰富的变化，更能吸引参与者的注意力，减少运动过程中的枯燥感，从而让人们更易坚持锻炼。从社交层面而言，车轮花样跳绳常以多人配合的形式呈现，这极大地促进了参与者之间的沟通与协作，增强了团队凝聚力，成为学校、社区等场所中备受欢迎的健身娱乐活动。

（一）车轮跳的基础动作

1. 动作要领

站立姿势：双脚并拢，身体挺直，双眼平视前方，双手握住跳绳手柄，自然垂于身体两侧，跳绳置于身后。

启动跳绳：双手向前摆动跳绳，同时双脚轻轻跳起，跳绳从脚下通过后，双手迅速将跳绳向后摆动，完成一次跳跃。在这个过程中，手臂以肩部为轴，自然摆动，幅度适中，不宜过大或过小。

节奏把握：保持均匀、稳定的跳跃节奏，呼吸自然顺畅。可以通过数节拍的方式来辅助节奏控制，例如“1、2，1、2”，每一拍对应一次跳跃与跳绳的摆动。

2. 练习方法

先进行无绳模拟练习，按照动作要领，反复练习手臂的摆动与双脚的跳跃动作，熟悉动作节奏与身体的协调配合，每次练习持续 2 ～ 3 分钟，进行 3 ～ 4 组。然后再持绳练习，先缓慢地进行跳绳，重点关注动作的规范性，每组练习持续 1 分钟，进行 5 ～ 6 组。

在熟练掌握基本动作的基础上，逐渐加快跳绳速度。每次提速幅度不宜过大，以能够保持动作规范为前提，通过多次练习，不断挑战自己的速度极限。

3. 注意事项

在进行车轮花样跳绳时，跳绳者需保持身体重心平稳，避免在跳跃过程中出现重心偏移，导致失去平衡。同时，脚步要轻盈，落地时尽量采用前脚掌着地，减少对地面的冲击力，这样既能提高跳跃的效率，又能降低受伤的风险。双手摇绳要自然下垂，与身体动作保持协调一致，摇绳的力度要适中，不能过猛或过轻，确保绳子能够顺畅地通过脚下，与脚步动作完美配合，形成优美的跳绳节奏。

（二）车轮跳转身动作

1. 动作要领

在完成若干次基本车轮跳后，当跳绳即将从身后向前摆动时，双脚同时用力蹬地，身体以双脚为轴，迅速向左或向右转体 180°，同时双手继续保持跳绳的摆动节奏，使跳绳顺

利从脚下通过。

转身过程中，身体保持挺直，头部跟随身体转动，眼睛注视前方，以维持身体平衡。手臂的摆动幅度和速度要与转身动作协调配合，避免因动作不协调导致跳绳中断。

2. 练习方法

原地转身练习：先进行无绳状态下的原地转身练习，双脚站立，按照动作要领反复练习转身动作，感受身体的转动与平衡控制，每次练习进行 20 ～ 30 次转身，进行 3 ～ 4 组。

持绳慢速转身练习：在原地转身练习熟练后，持绳进行慢速的车轮跳转身练习。先进行基本车轮跳，在跳绳摆动 3 ～ 5 次后，进行一次转身动作，每组练习包含 5 ～ 8 次转身，进行 4 ～ 5 组。随着熟练程度的提高，逐渐增加转身的次数与连贯性。

3. 注意事项

转身速度要适中，过快容易失去平衡，过慢则会影响跳绳的节奏。注意控制身体重心，避免在转身过程中重心偏移，导致摔倒。

（三）车轮跳换位动作

1. 动作要领

多人进行车轮花样跳绳时，以两人一组为例，两人并排站立，同时进行车轮跳。当跳绳摆动到一定次数后，两人在跳绳从身后向前摆动的瞬间，外侧脚（如站在左侧，左脚为外侧脚；站在右侧，右脚为外侧脚）同时向前迈出一步，交叉至对方身前，内侧脚跟随移动，完成一次换位。

在换位过程中，双手要持续稳定地摆动跳绳，保持跳绳的正常节奏，身体微微下蹲，以降低重心，提高动作的稳定性。同时，两人之间要保持良好的沟通与默契，确保换位动作同步进行。

2. 练习方法

模拟换位练习：两人一组，不持跳绳，先进行模拟换位动作练习。按照动作要领，反复练习换位的脚步移动，熟悉动作顺序与节奏，每次练习持续 3 ～ 4 分钟，进行 3 ～ 4 组。

持绳慢动作练习：持绳后，先进行缓慢的车轮跳，在跳绳摆动 5 ～ 8 次后，尝试进行一次换位动作。在练习初期，注重动作的准确性与协调性，每组练习包含 3 ～ 5 次换位，进行 4 ～ 5 组。随着熟练程度的提升，逐渐加快车轮跳的速度与换位频率。

3. 注意事项

在进行换位的过程中，要注意避免两人的脚相互绊倒，脚步移动要轻盈、准确。加强两人之间的眼神交流与语言沟通，提前做好换位准备，确保动作的流畅性。

（四）车轮跳交叉动作

1. 动作要领

在进行车轮跳的过程中，当跳绳从身后向前摆动至身体前方时，双手迅速交叉，将跳绳从交叉后的手臂下方通过，然后双手再迅速打开，恢复正常的跳绳摆动姿势，完成一次交叉动作。

交叉时，手臂交叉的速度要快，同时保持跳绳的摆动节奏不变，身体微微向上跳起，为跳绳通过提供足够的空间。注意手臂交叉的幅度不宜过大，以免影响跳绳的正常轨迹。

2. 练习方法

先进行无绳状态下的手臂交叉练习，双手自然下垂，按照动作要领，快速进行手臂交叉与打开的动作，每次练习进行 30 ～ 40 次，进行 3 ～ 4 组。然后持绳进行慢动作练习，在跳绳摆动过程中，缓慢地进行手臂交叉动作，感受动作的协调性，每组练习持续 1 分钟，进行 4 ～ 5 组。

在分解练习熟练后，逐渐加快跳绳速度，连贯地进行车轮跳交叉动作练习。从每次跳绳摆动中进行一次交叉，逐渐增加到连续进行 2 ～ 3 次交叉，每组练习持续 2 ～ 3 分钟，进行 3 ～ 4 组。

3. 注意事项

手臂交叉时，要注意避免跳绳缠绕在手臂上，保持跳绳的顺畅通过。初期练习时，不要过度追求速度，以保证动作的规范性与准确性为主。

拓展阅读

亚洲跳绳锦标赛

花样跳绳作为一项具有独特魅力的体育运动，在国际交流与文化传播方面发挥着重要作用。

随着全球化的发展，花样跳绳逐渐成为各国之间体育文化交流的重要桥梁。许多国家都成立了花样跳绳协会或组织，积极开展花样跳绳的培训、比赛和交流活动。

每年，世界各地都会举办众多极具影响力的花样跳绳赛事。其中，世界跳绳锦标赛堪称全球跳绳领域最顶尖的赛事，每两年举办一届，汇聚了来自全球各地的精英选手。赛事项目丰富多样，涵盖了速度跳绳的 30 秒单摇跳、3 分钟单摇跳等，以及极具观赏性的个人花样、双人花样等多个类别。选手们在赛场上各展绝技，不仅比拼跳绳速度，更通过创意编排和精彩演绎，展现出花样跳绳的艺术魅力。例如在个人花样比赛中，选手们将舞蹈元素、高难度动作与跳绳技巧完美融合，让观众领略到花样跳绳的无限可能。

亚洲跳绳锦标赛是亚洲地区水平最高、影响力最大的跳绳国际赛事。以 2024 年亚洲跳绳锦标赛为例，该赛事于 7 月 24 日至 30 日在日本川崎盛大举行，吸引了来自中国、日本、印度、伊朗、韩国、新加坡、马来西亚等 12 个国家和地区的 1000 余名运

动员踊跃参与。赛事精心设置了30秒单摇跳、3分钟单摇跳、个人花样等16个小项，还设有大师赛、单绳团体、交互绳团体等项目，并按照年龄分为9～11岁组、12～15岁组、16岁及以上组，充分考虑到不同年龄段选手的特点和竞技水平。在此次锦标赛上，中国跳绳国家队首日便强势斩获12枚金牌。7月25日，中国跳绳队广州花都代表队的岑小林、李伟乐以207次的惊人成绩，成功刷新2×30秒双摇跳接力世界纪录；陈楚淇、廖娅琦、曾淑婷和黄章茹以434次的佳绩，打破4×30秒交互绳速度跳世界纪录；陈楚淇、廖娅琦、曾淑婷更是以460次的成绩，大幅刷新女子组1×60秒交互绳速度跳世界纪录。此外，东荟花园小学的何佩琪、何佩玗、丘吉妍3名12岁选手，以一分钟448次的好成绩，打破比利时选手在2022年世界跳绳锦标赛创造的一分钟432次的纪录。郭永鑫、简子垣、罗煜清3名选手，在12～15岁组1×60秒交互绳速度跳中勇夺冠军，并以1分钟492次的“暴风脚速”打破中国香港选手在2023年世界跳绳锦标赛创造的1分钟488次的世界纪录。这些辉煌成绩不仅展现了中国选手的超强实力，也让花样跳绳的竞技水平达到了新的高度。

五、花样跳绳竞赛规则

全国跳绳推广委员会在《全国跳绳运动竞赛规则》中为花样跳绳运动竞赛规定了客观、统一的竞赛标准。

（一）场地与器材

1. 场地

计数赛场地5米×5米；3分钟10人长绳“8”字跳，要求两名摇绳运动员的间距不小于3.6米；花样赛场地12米×12米；个人花样规定赛场地12米×12米；其他规定赛场地不小于15米×15米；小、大型集体自编赛，交互绳自编赛场地不小于15米×15米。

2. 器材

跳绳比赛时使用的绳具通常要求必须达到保障人体安全的环保要求（无毒、无害、无异味），并可做适当修饰。常见的绳有珠节绳、棉绳和速度绳等。

（1）珠节绳

珠节绳采用串珠式珠节设计，用高密度的白色内芯绳将螺旋状珠节和舒适耐用的绳柄连接在一起。珠节绳打地的声音可以清晰地提醒跳绳运动员把握节奏，珠节绳很适合初学者，也是现代专业花样跳绳的首选绳具。

（2）棉绳

棉绳的制作材料多为棉纶和涤纶。棉绳绳速较慢，容易控制，便于摇绳运动员掌握正确动作，以及控制跳绳运动员跳过绳具的时间，因此常被用于两人或多人花样跳绳。

（3）速度绳

速度绳的主要材料为钢丝，外包耐磨尼龙材料。速度绳的绳体较细，在空气中受到的阻力较小，绳速非常快，主要用于各种比赛。

（二）赛场礼仪

运动员上场后须积极向裁判组和观众鞠躬行礼（绳礼）。绳礼的具体动作：运动员直立，脚心踩住绳子中间位置，双手各握一绳柄，拉绳于身体两侧；双手一手在前，一手在后做前后异面交叉动作，同时鞠躬示意。

（三）失误与犯规

《全国跳绳运动竞赛规则》涉及多种竞赛项目，这里以花样赛（精英级）为例介绍竞赛规则。花样赛指在规定的时间内按照跳绳运动的基本规律，合理运用身体姿势的变化或人、绳之间的配合，凭借选手的想象力和创造性将各跳绳技术动作有机地融合在一起，通过完成有效动作来全面展示各花样跳绳项目的技巧性和艺术性。

在花样赛中，以下情况认定为失误。

①因绳子缠住运动员身体（除缠绕动作）、两根或多根绳子缠在一起、绳子把柄掉地、绳子绊脚、绳子触碰到跳绳者或摇绳者身体、遗忘动作等情况而使动作延迟或停顿。

②运动员在完成放绳时，在释放过程中没有抓住绳柄的任何部分。

③花样赛中运动员失误后，下一次尝试跳绳时没有成功，则记录另一次失误。

犯规主要包括时间违例、空间违例和其他犯规（如头发松散、发饰掉落，比赛着装不正确，佩戴饰物等）。

（四）评分方法

花样赛（精英级）的评分包括花样赛难度、花样赛完成和花样赛规定元素三个方面。

花样赛难度即裁判要对规定时间内成功完成的每一个高质量动作进行难度评判。花样赛完成评判分为两部分，一是对运动员动作技术的评判（Pa），二是对整个套路编排、音乐使用的评判（Pr）。为了确保花样赛套路常规动作的全面性和多样性，运动员需要完成某些规定的技能元素，未完成规定的元素会被扣分。

◆ 实训营

创编自己的健美操套路

一、实训目标

①学会编排简单的健美操套路，能够根据音乐节奏完成表演。

②提升身体协调性、灵活性和节奏感。

③培养对健美操运动的兴趣，增强团队合作意识和集体荣誉感。

二、实训设备与材料

音响设备（用于播放音乐）、音乐素材（多种风格的健美操音乐）、场地（体育馆或舞蹈教室）、摄影设备（用于记录表演过程）。

三、实训内容

1. 音乐选择与节奏分析

①任务：每组选择一首适合健美操表演的音乐，并分析音乐节奏。

②方法：

• 提供多种风格的音乐供学生选择（如动感流行音乐、节奏强烈的电子音乐等）；

• 学生分组讨论音乐节奏，标记音乐中的强拍和弱拍，确定适合的动作编排点。

2. 健美操套路编排

①任务：每组根据所学基础动作和音乐节奏，编排一套完整的健美操套路。

②方法：

• 小组讨论编排思路，确定动作顺序和队形变化；

• 结合音乐节奏，将基础动作组合成一套完整的套路，注意动作的连贯性和节奏感；

• 进行多次彩排，调整动作细节和队形变化，确保表演效果。

3. 表演与展示

①任务：每组进行健美操表演展示，展示编排成果。

②方法：

• 提前布置表演场地，准备好音响设备和音乐；

• 每组依次进行表演，展示编排的健美操套路；

• 表演结束后，组织观众（其他小组成员）进行投票或评价，评选出最佳表演小组。

4. 成果总结与汇报

①任务：每组总结编排和表演过程中的经验教训，撰写实训报告。

②方法：

• 制作 PPT 或海报，展示编排思路、动作设计、表演照片和视频等内容；

• 小组成员汇报编排和表演过程中的亮点和不足，分享改进措施；

• 学生撰写个人实训报告，总结实训收获和体会。

四、实训评价

1. 技能掌握评价

评价学生对健美操基本动作的掌握程度，重点关注动作的规范性和协调性。

2. 编排与表演评价

①评价编排的创意性、动作的连贯性和节奏感。

②评价表演的整体效果，包括团队协作、舞台表现力和观众反馈。

3. 成果展示与汇报评价

①评价小组展示的内容完整性、逻辑性和创新性，以及团队成员的协作能力。

②评价个人实训报告的深度和广度，重点关注对编排和表演过程的反思和改进建议。

4. 小组互评与教师评价

小组成员互评，评价团队成员在编排和表演过程中的参与度和贡献；教师综合评价，给出改进建议。

参考文献

[1] 田刚，闫俊峰，符谦 . 生命在于运动：体育与健康教程 [M]. 上海：上海交通大学学出版社，2020.

[2] 孙天明，毛伟胜 . 体育与健康教程 [M]. 北京：北京体育大学出版社，2021.

[3] 尹军，袁守龙，武文强 . 大学体育与健康 [M].3 版 . 北京：人民邮电出版社，2023.

[4] 邹正，黄芳，孟彦迪 . 体育与健康教程 [M]. 北京：中国言实出版社，2022.

[5] 赫忠慧，张凯 . 体育与健康 [M]. 北京：北京理工大学出版社，2019.

[6] 梁小云，王莹 . 体育与健康 [M]. 哈尔滨：哈尔滨工业大学出版社，2022.

[7] 邹昆，宋金超，高峰，等 . 体育与健康 [M]. 北京：中国言实出版社，2021.

[8] 邱伟东 . 体育与健康 [M]. 南昌：江西高校出版社，2019.

[9] 胡锐，张华，邓雁方 . 新时代大学体育与健康教程 [M]. 上海：上海交通大学出版社，2022.

[10] 黄霞 . 瑜伽健身功效与习练 [M]. 长春：吉林科学技术出版社，2020.